Why Beautiful People Have More Daughters

Alan S. Miller and Satoshi Kanazawa

進化心理学から考えるホモサピエンス

アラン・S・ミラー／サトシ・カナザワ 著

伊藤 和子 訳

JN127972

WHY BEAUTIFUL PEOPLE HAVE MORE DAUGHTERS
by Alan S. Miller and Satoshi Kanazawa

Copyright © 2007, 2008 by Alan S. Miller and Satoshi Kanazawa

Japanese translation published by arrangement with Satoshi Kanazawa
c/o The Stuart Agency through The English Agency (Japan) Ltd.

長年外国人と連れ添い苦労を重ねてきたわれわれの妻たち、
平峰美代子、ザリヴィナ・イリーナ・ウラジミロヴナに本書を捧げる

目次

まえがき

アラン・S・ミラーと初めて会ったのは大学院時代だ。私は一九八五年にワシントン大学社会学部大学院に進んだが、アランは一年遅れて、カリフォルニア州立大学ドミンゲスヒルズ校で修士号を取得したのち、こちらの大学院に移ってきた。二人とも「合理的選択理論」を専攻していた。これは社会学の一分野で、ミクロ経済学の理論を社会問題に応用したものだ。私はワシントン大で修士号を取得したのち、アリゾナ大の大学院に移って博士論文の準備に取りかかった。アランは九一年にワシントン大で博士号を取得し、ノースカロライナ大学シャーロット校で教職に就いた。

その後は、九三年八月にマイアミビーチで開かれた米国社会学会の年次総会を最後に、会って話をする機会はなかったが、メールや電話で連絡を取り合っていた。九八年にアランは、合理的選択理論の観点から日本社会の集団的なしがらみや秩序を論じた著書の執筆に取りかかった。彼は九六年から北海道大学でこのトピックを教えており、これに関連した分野で学生たちに読ませる適当な文献がないことを不満に思っていた。そこで自分が書こうと思い立ったのである。日本研究の専門家であり、日本で数年間暮らした経験から、日本人の生活のさまざまな側面を取り上げた章は、彼が単独で書き上げることができたが、理論を述べた章では助けが必要だった。彼は私に共著者として一部を執筆するよう依頼してきた。たった二章を担当するだけで、共著者扱いにするという非常に寛大な条件である。日本についての私の知識はごく限られたものだが、彼の仕事にできるかぎり協力することにした。その本は二〇〇〇年に出版された。[1]

　この最初の共著書に取り組んでいる間に、私はアランに進化心理学を紹介した。彼はたちまち〝食いついて〟きた。私と同様、進化心理学の底知れぬ価値に気づき、この分野の文献を片っ端からむさぼり読みはじめた。あとになって私たちは、二人の最初の共同作業がもたらした最高の恵みは、共著書そのものではなく、アランが進化心理学に鞍替えしたことだと話したものだ。進化心理学の話になると、議論のタネが尽きなかった。それほど興味深い分野だった。まるで泉のようにアイデアが次から次に湧き出てくる。

　二〇〇〇年九月、最初の共著書が出てまもなく、アランは次の共著書のアイデアを思いついた。一般読者向けに進化心理学の入門書を書こうというのである。子供向けの科学の本でよく使われる問いと答えの形式を採用しようと言いだしたのもアランだった。私はすばらしいアイデアだと思い、早速二人でこの第二の共著書に取りかかった。

　その後、二〇〇一年初めにアランは体調を崩し、しばらくして悪性リンパ腫の一種であるホジキン病と診断された。二年ほど入退院を繰り返し、何度か手術も受け、化学療法と放射線療法を受けつづけた。当初は七〇%の生存率と言われ、まずまず希望がもてたものの、病状は悪化の一途をたどった。私は二〇〇二年一二月に札幌の病院を訪ねたが、容態が悪く、妻以外は面会謝絶で、アランに会うことはできなかった。アランは二〇〇三年一月一七日に四四歳という若さで亡くなった。彼ほど親しい友人をなくしたのは初めてで、私にはひどくこたえた。これを乗り越えられる日がくるのかどうか、今はまだわからない。

亡くなる前、まだ比較的元気だったうちに、アランはこの本のいくつかの章の最初の草稿を書き上げた。私の担当分の最初の草稿についてコメントもしてくれた。しかし、彼が亡くなった後に、この本の性質が変わったため、アランが書いた章は、もとの彼のアイデアを生かして、すべて私が書き直すことになった。

このような事情で、アランは最終的な原稿に目を通すことができなかった。彼が書いた章に私が加えた二次的な修正をチェックすることもできなかった。それでも私は第一の著者として彼の名前を残すことにした。この本のための共同作業を始めたときに、私たちはそう取り決めたし、この本はもともと彼のアイデアで生まれたものだからだ。しかし、アランは最終的な原稿を読んで、内容に同意する機会を与えられなかったため、文責は私が一手に負うことをお断りしておかなければならない。この本の背景にある卓越した論考はすべてアランの功績であり、なんらかの問題点があれば、それらはすべて私の責任である。

サトシ・カナザワ

謝辞

この本が日の目をみるまでには長い時間がかかった。扱っている問題が一部の激しい反発を招くおそれがあり、「政治的に正しくない」とみなされるような事柄も多々あるため、出版に際しては各方面の反対にあい、壁にぶつかった。三社の出版社から次々にオファーがあったものの、いずれもあとになって契約を解消したいと言ってきた。

難産の果てにようやくこの本が出版の運びとなったのは、ひとえにペリジー社の編集者マリアン・リッツィの尽力の賜物だ。彼女はこの企画で、他のどの編集者にもまして、私を信頼してくれた。マリアンに会うまで、編集者がこれほど著者を支え、励ましてくれる存在になるとは知らなかった。彼女は完全に「私の側」につき、私の立場を思いやってくれた。マリアンと出会えたのは、有能な出版エージェント、アンドルー・スチュアートのおかげである。彼は世界中にサブエージェント網をもち、この本を他の三つの大陸で翻訳出版できるよう外国の数社の出版社と話をつけてくれた。

初期の段階でこの本の一部にコメントしてくれたローラ・L・ベツィグ、マーティー・G・ヘーゼルトン、カージャ・ペリナ、さまざまな情報を提供してくれたセーラ・E・ヒル、ボビー・

S・ロウ、フランク・J・サロウェー、ロバート・L・トリバースにも感謝したい。デヴィッド・M・バスには謝らなければならない。彼は私とこの本の企画を支持してくれたが、この本の英語版タイトル『Why Beautiful People Have More Daughters（美しい親からはなぜ娘が多く生まれるのか）』には眉をひそめるだろうから（断っておくが、このタイトルを決めたのはマリアンだ）。

私のキャリアとこの本の進行過程で、サイコロジー・トゥデー誌の二人の編集長が大きな役割を果たしてくれた。前編集長のハラー・エストロフ・マラーノは、私にインタビューし、私の研究をメディアで取り上げてくれた最初のジャーナリストである。以来、私たちは友達になり、彼女はずっと私を助け、賢明なアドバイスと温かな励まし、舌がとろける洋梨のデザート、ジンジャー・ポーチド・ペアーを差し入れてくれ、何よりもエージェントのアンドルー・スチュアートと同僚のカージャ・ペリナに私を引き合わせてくれた。

サイコロジー・トゥデー誌の現在の編集長で、私の親愛なる友人カージャ・ペリナは、私と私のキャリア、この本の企画を一貫して支えつづけてくれた。カージャは、私の知るかぎり最も知的で、教養があり、洗練された美しい女性である。彼女は二七歳という驚くべき若さでサイコロジー・トゥデー誌の編集長になった。今のペースで行けば、三五歳でアメリカの大統領になってもおかしくないが、そんな職務にはもったいない人材である。非常な重責を伴う、過酷な仕事をこなしながら、イギリスからニューヨークのオフィスにいる彼女に電話をかけると、いつでも時間を割いて話を聞き、鋭い洞察と良識あるアドバイスを提供してくれる。この本の背景にある知恵と成熟の源はカージャである（残念ながら、私は二つとも持ち合わせていない）。

私はペンシルベニア州西部で知的障害者のためのコミュニティー・カレッジで年間契約の助教を務めていたが、この本を執筆中に、ロンドン・スクール・オブ・エコノミクス・アンド・ポリティカル・サイエンスの上級講師として終身在職権を与えられた。私が象牙の塔から締めだされている間も、信頼しつづけてくれたデニーズ・L・アンソニー、ポーラ・イングランド、ロベルト・フランツォシ、デブラ・フリードマン、マイケル・ヘクター、クリスティーン・ホーン、ライザ・キースター、マイケル・W・マーシー、山岸俊男、ローレンス・A・ヤング、そしてほかならぬメアリー・C・スティルに感謝したい。父親らしいことがしてやれぬのに、すばらしい娘に育ってくれたキャリー・リー・コリエルとアビゲール・アイリス・コリエルには感謝と尽きない愛情を捧げる。最後になったが、私を救出してくれたブルース・J・エリスとダイアン・J・レイニアーズ、デヴィッド・デ・メサに深い恩義を感じている。

サトシ・カナザワ

序章 人間の本性を探る

この本で、私たちは人間の本性について述べたいと思う。「人間の本性」というと、誰もがなんとなくわかっているようでもあり、日常会話でも「人間はそういうものだから」などとしたり顔で言ったりもする。しかし、いざ定義しようとすると厄介だ。人間の本性とは何か。

その答えは複雑でもあり、驚くほど単純でもある。恋に落ちるときも、夫婦喧嘩をするときも、好きなテレビ番組を楽しむときも、夜中に物騒な界隈を歩くのが怖いときも、自分の国に移民がどっと押し寄せることに当惑するときも、教会に行くときも、私たちは（部分的には）進化によって形成された独自の性質をもつヒトという動物として行動している。この独自の性質が人間の本性である。

これは二つのことを意味する。一つは、私たちの考え、感情、行動は、生まれてからの経験や環境だけでなく、気の遠くなるような長い年月の間に私たちの祖先が遭遇した出来事によって形づくられているということ。人間の本性は、私たちの祖先の過去の体験の集積であり、それが現在の私たちの考えや感情、行動に影響を与えているのだ。

二つ目は、人間の本性は普遍的なものであり（人類全体に共通するものもあれば、男または女に共通のものもある）、私たちの考えや感情や行動はかなりの部分、すべての人間（あるいは、すべての男かすべての女）に共通するということである。地球上にはさまざまな文化があるが、アバディーンでもムンバイでも、カイロ、西安、ユーコン、ザンジバルでも、人々の悲喜こもごもは本質的には同じなのだ。

人間の行動を決定するのは、生まれもった本性、それに各人の個人的な体験と育ってきた環境である。いずれも、私たちの考え、感情、行動を大きく左右する。この本では体験と環境の影響はほとんど無視して、人間の本性を重点的に扱う。これには理由がある。

人間の生まれもった本性——等式の忘れられた一方

体験と環境が人間の行動に大きな影響を及ぼすことは、誰もが認める。少なくとも、生物学的・遺伝的要因のみで人間の行動が決定されると本気で主張する科学者はいない。[1] ハンチントン病のように、一〇〇％遺伝子に左右される遺伝病もわずかながらある。こうした病気の遺伝子をもっていれば、生活習慣や環境に関係なく、必ず病気を発症する。[2] 目の色と血液型も一〇〇％遺伝子で決まる。この二つに加え、完全に遺伝子で決まる特徴がごくわずかあるにしても、それらを例外として、一〇〇％遺伝子で決まるような人間の特徴なり行動はないし、まともな科学者であれば、あるとは言わないだろう。

しかし、社会科学者やジャーナリスト、その他の人たちの中には、人間の性質や行動がほぼ一〇〇％環境によって形づくられると信じている人たちが大勢いる。[3] 第1章と2章で述べるように、社会科学者の多くは環境決定論者であり、人間の行動は一〇〇％個人の体験と社会的環境によって形づくられ、遺伝・生物学的要因が関与する余地はないと信じている。

私たちが生物学的な要因を強調するのは、それが環境要因よりも重要だからではなく、強調する必要があるからだ。人間の行動には一〇〇％遺伝子で決まるものなどないように、一〇〇％環境で決まるものもない。前者は誰もが認めるところだが、後者は十分認識されておらず、論争の的になる。それゆえ私たちはこの本で生物学的要因に重点を置くのである。

進化心理学は人間の本性を扱う新しいサイエンスであり、その視点は、人間の趣向や価値観、感情、認知、行動に対する生物学的、進化的影響を理解する上で、今のところ行動遺伝学の視点と並んで、最も有効であると思われる。[4] この本では、できるだけ幅広い読者に進化心理学の成果を紹介したいと思う。進化心理学は社会科学と行動科学に取って代わりつつある分野だというのに、一般向けの進化心理学の入門書で、最近刊行されたものはあまりない。[5] この分野では毎年興味深い研究が数多く発表されており、一般向けの入門書も逐次、内容を新たにする必要がある。

本書では質問と答えの形式をとり、日常生活でよく体験する事柄や社会現象、社会問題を取り上げ、進化心理学の立場から説明を試みる。進化心理学の視点を持ち込むことで、古くからある問題に新しい光をあてるのが、私たちのねらいである。言ってみれば、この本は進化心理学のQ&A（問いと答え）ブックだ。

進化心理学の対象はセックスと配偶者選びだけではないことも、おわかりいただきたいと思う。セックスとヒトの配偶者選びについては、この分野で非常に興味深い研究が進んでおり、それについては第3章で述べるが、それ以外の人間の行動も進化心理学のアプローチで説明できるものが多くある。人間生活のあらゆる領域にみられる一筋縄では行かないさまざまな問題。進化心理学の視点がそれらを解く糸口になることを実例をあげて示したいと思う。Q&Aの形式をとったねらいは、そんなところにある。

二つの誤謬を避ける

進化心理学の議論では、二つの重大な誤謬――「自然主義的な誤謬」と「道徳主義的な誤謬」を避けることが非常に重要である。自然主義的な誤謬はジョージ・エドワード・ムーアが二〇世紀に使いはじめた言葉だが[6]、それよりかなり早くスコットランドの哲学者デイヴィッド・ヒュームがこの論理的な誤りに気づいていた[7]。自然主義的誤謬とは、「～である」から「～であるべきだ」への論理的な飛躍だ。言い換えれば、「自然なものは善である」と思い込むこと、「こうなのだから、こうあるべきだ」という論法である。一例をあげれば、「人には遺伝的な差異があり、生まれつきの能力や才能はそれぞれ違う。だから、差別があるのは当然である」という主張も、自然主義的な誤謬によるものだ。

道徳主義的な誤謬は、ハーバード大学の微生物学者バーナード・デイビスが一九七〇年代に提唱した。[8] 自然主義的な誤謬とは逆に、「〜であるべきだ」から「〜である」に飛躍すること、「こうあるべきだから、こうなのだ」と言い張ることである。「善であるものは自然なものである」と信じてしまう傾向と言ってもいい。たとえば、「誰もが平等であるべきだから、生まれつきの遺伝的な差異があるはずがない」と主張することだ。サイエンスライターのマット・リドレーはこれを「逆の自然主義的な誤謬」と呼んでいる。[9]

どちらも誤った論理であり、このような主張は科学全般、なかんずく進化心理学の進歩を妨げる。しかし、リドレーが的確に指摘しているように、政治的な保守派は自然主義的な誤謬に陥りやすく（「自然の摂理では、男は闘い、女は育むようにつくられている。だから女は家にいて子育てに専念し、政治は男に任せるべきである」）、リベラル派は道徳主義的な誤謬に陥りやすい（「欧米のリベラルな民主主義は男女平等を掲げている。その立場からすれば、男と女は生物学的に同一であり、それを否定するような研究は出発点からしてまちがっている」）。学者、とりわけ社会科学者にはリベラルな左派が多く、進化心理学の学問的な議論では自然主義的な誤謬よりも、道徳主義的な誤謬のほうがはるかに大きな問題となる。大半の学者は自然主義的な誤謬を犯すことはまずないが、道徳主義的な誤謬にはしばしば足をすくわれる。

この本では、「〜であるべき」という議論をいっさいせず、「〜である」に徹することで、この二つの誤謬を避けたいと思う。「あるべき姿」について語らなければ、どちらの誤謬にも陥ることはない。私たちはこれから述べる経験的な事実から道徳的な結論を引きだそうとはしないし、道徳律に導かれて観察を行うこともしない。

科学のアイデアなり理論を評価する正当な基準は二つしかない。論理と証拠だ。この本で提示するものも含めて、進化心理学の理論に論理的な矛盾があったり、その理論に反する信頼に足るデータがあれば、その理論を批判するのは正当な行為である。科学に携わる者として、私たちはそのような批判を真摯に受け止める。しかし、ある理論が非道徳的な事実、私たちの理想に反するような醜悪な事実、一部の人々にとって受け入れがたい事実を示唆するからといって、その理論を批判するのはおよそ正当な行為とは言えない。今のうちに断っておくが、この本で提示するアイデア（私たちが提唱するものであれ、他の研究者によるものであれ）の多くは、非道徳的で醜悪な、人々の理想に反する、男性もしくは女性にとって受け入れがたい含みをもっている。しかし、私たちはそれを提示しなければならない。科学的判断から、真実であると確信しているからだ。提示したからといって、私たちの観察なり確信から導きだせる帰結なり結論が、よいとか正しいとか、望ましいとか正当であると考えているわけではない。

真実こそ、科学研究を導く指針であり、科学者にとって最も重要なものである。さらに、社会問題を解決するには、いかなる場合もまず問題そのもの、そして考えうるその原因を正確に把握しなければならない。根本的な原因を知らなければ、正しい解決策を導きだすことは不可能だ。事実の正確な観察は、基礎科学にとってだけでなく、社会政策を立案する上でも、重要な土台となる。

ステレオタイプについて

私たちが想定した質問の多く――たとえば、「だめな父親は多いのに、だめな母親が少ないのはなぜか」とか「なぜ暴力的な犯罪者はほぼ例外なしに男なのか」といったもの――は、ただのステレオタイプとして片付けられてしまうようなものかもしれない。だが、待ってほしい。この本で取り上げた事柄の多くは、たしかにステレオタイプ的なものだ。しかし、ステレオタイプというだけで、それが事実ではなくなる、もしくは議論する価値がなくなるかのように言うのはいかがなものだろう。

多くの「ステレオタイプ」は、統計をもとに、観察から導きだした一般論であり、それゆえ事実であることが多い。ステレオタイプと一般論の問題点はただ一つ、個別のケースには必ずしもあてはまらないことである。ステレオタイプには、常にそれにあてはまらない例外がある。世の中には子供の世話をよくみる父親も女性の犯罪者も大勢いる。だからといって一般論がまちがっているわけではない。危険なのは、統計にもとづく一般論を個々のケースにそのままあてはめることである。「ステレオタイプ」というとよくないものという印象があるが、多くは経験にもとづく一般論にすぎないかもしれない。それが誰かにとって気に食わないか、ある集団に対して批判的であったり侮辱的であったりすれば、ステレオタイプというレッテルを貼られる。ある観察が真実であれば、経験的な一般論となる。誰かがそれに異議を唱えたとたん、それがステレオタイプになる。たとえば、「男性は女性より背が高い」というのは、経験的な一般論だ。一般論としてはまちがっていない。ちなみに、この現象についても進化心理学の説明がある。[10]だが、この一般論にも個別的な例外がある。平均的な女性より背が低い男性は大勢いるし、平均的な男性よりも長身の女性も珍しくない。しかし、例外があっても、一般論が否定されるわけではない。人間社会ではどこでも、男性は平均して女性より背が高い。誰もがこの事実を知っているが、誰もそれをステレオタイプとは呼ばない。誰もこの見方に異を唱えないからだ。さらに言えば、一般的に男性は女性よりも長身でありたいと思い、女性は男性より小柄でありたいと思っているからである。[11]

しかし、男女を入れ替えて、これとはちょっと違うことを言ったらどうだろう。「女性は男性より脂肪が多い」――これも事実であることに変わりはないが、こちらはステレオタイプとされる。なぜか。誰も太っていると思われたくないからである。とくに女性はそうだ。それでも、これは事実である。女性は生涯を通じて、男性よりも体脂肪率が高い。[12]これについても例外はいくらでもあるが、集団レベルでみたときには、この一般論は正しい。

この本では、多くの例外があっても、現段階で入手できる科学的な証拠から事実と考えられる観察と現象を指摘し、説明したいと思う。私たちは一般論が個々のケースにあてはまるとは考えていない。私たちが指摘する事実の多くは、ある集団にとっては気に入らないものかもしれない。だからといって説明を控えるつもりはない。私たちはそのような事実からなんらかの帰結なり結論を導きだすことはしない。ただ事実を述べ、説明するだけだ。自然主義的・道徳主義的な誤謬に足をすくわれたくないからだ。ステレオタイプ、もしくは経験にもとづく一般論は、善でも悪でも、望ましいものでも、望ましくないものでもなく、道徳的でも非道徳的でもない。ただの事実である。ステレオタイプは、どう行動すべきか、他の人々（他の集団）をどう扱うべきかを示唆するものではない。ステレオタイプは私たちが経験する世界で観察される事実であって、行動規範ではない。ある集団に関する経験的な事実から、その集団のメンバーをどう扱うべきかを決めるのはおかしな話だ。

ステレオタイプが示唆するのは、ある集団の人々が一般的にこれこれの特徴をもつとか、これこれの行動をするということだけで、彼らをどう扱うべきかはまた別の話だ。繰り返すが、科学には「〜すべき」という表現が入る余地はない。

この本の使い方

「はじめに」に続く第1章と2章は導入部で、そこまで読んでいただいたら、あとは興味のおもむくままに、どの章、あるいはどのセクションから読んでいただいてもかまわない。どの章も、また章の中のどのセクションも、それ自体で完結しているので、第2章までの内容が頭に入っていれば、話の筋道に迷うことはない。第1、2章では、進化心理学の基本的な法則を紹介する。第3章から8章は、日常生活のさまざまな領域――セックスと配偶者選び、結婚、家族、犯罪と暴力、経済、政治、宗教を扱う。各章で、読者が生活の中で疑問に感じているであろう問題をいくつか取り上げ、それに対する進化心理学の答えを提示する。進化心理学でまだ解決できていない問題は第9章でまとめて述べる。

なお、この本で述べる事柄はすべて実証的な研究を参考にしている。文献と注釈は巻末にまとめた。

第1章　進化心理学について

進化心理学は台頭しつつある新しい分野である。一九八〇年代後半に先駆的な論文の数々が発表され[1]、九二年にレダ・コスミデスとジョン・トゥービーらの論文を収めた『Adapted Mind: Evolutionary Psychology and the Generation of Culture（適応した心　進化心理学と文化の生成）』が刊行された。しばしば進化心理学のバイブルと言われる[2]、この本の刊行をもって、現代進化心理学が誕生したと言っていい[3]。では、それ以前はどうか。「進化心理学とは何か」を語る前に、進化心理学以前の状況をみておこう。進化心理学が登場するまで、社会科学者は人間の行動を説明するためにどのようなアプローチを試みていたのだろう。

人間の本性に対する社会科学の見方

一般的にみて、社会科学者は多かれ少なかれある前提に立って人間の行動を説明する。それは

「標準社会科学モデル」と呼ばれるものだ。[4] 社会科学とその理論は、一般の人々に大きな影響を与えるので、普通の人々が日常生活の中で人間の行動を考えるときにも標準社会科学モデルが土台になっている。

では、その標準社会科学モデルとはどういうものなのか。その主要な主張を特徴づける一連の原則をあげてみよう。

原則1　人間は生物学の対象ではない。 標準社会科学モデルを信奉する社会科学者も、人間以外の生物の行動を説明するのに、生物学（そして、その一部門である動物学や鳥類学、昆虫学など）が有効であると知っている。ところが、人間の行動だけは例外的に生物学の法則や理論では説明できないというのである。人間を別格に扱う点が、標準社会科学モデルの特徴である。多くの社会科学者は、人間の行動を生物学の視点から説明した論考に拒否反応を起こす。[5] 人間だけは自然界の例外だと、彼らは固く思い込んでいる。

原則2　進化の影響は首から下までである。[6] 標準社会科学モデルを支持する社会科学者は、人間の行動や認知は生物学では説明できないとしながらも、人間の解剖学的な特徴が進化によって形成されたことは認める。指とかつま先などの体のパーツは、長い進化の歴史を通じて、自然淘汰と性淘汰によって形成されたと認めているのだ。しかし、人間の脳の中身、人間の精神は、進化に影響されていないという。人体の中で、脳だけは別格扱いなのである。

原則3　人間の本性は何も書かれていない書字板である。[7] 原則2に従えば、人間はまっさらな書字板のような心をもって生まれることになる。ここでも、標準社会科学モデルの立場をとる社会科学者は、人間を特別扱いする。すなわち人間以外の他の生物はすべて生まれつきの本性を備えている。犬は生まれつきの犬の性質を備えており、生活環境や個々の体験がどうあれ、多かれ少なかれ同じような行動をするし、猫は猫の性質をもち、犬とは違う猫らしい行動をする。自然界のすべての生物がそうだが、人間だけは別だというのだ。原則3もまた、人間だけを別格に扱う考え方である。

原則4　人間の行動はほぼすべて環境と社会化によって形成される。 標準社会科学モデルに従えば、人間はその行動を導く生まれつきの性質をもたないのだから、まっさらな書字板に文字が書かれるように、人間の本性は誕生後に形づくられることになる。標準社会科学モデルは、この人間性の形成を生涯にわたって続く社会化のプロセスとみなす。社会化とは、親や家族、教師、社会の中の他の大人、メディアといった媒介者によって、教育または模倣による学習により、習慣なりものの見方が形づくられることだ。人間は社会化によって人間らしくなる。言い換えれば、社会化が人間をつくる。とくに、男らしさや女らしさは社会化によって身につくものだという。標準社会科学モデルの別称が環境主義であるゆえんだ。大半の社会科学者は、環境と人生経験が、人間の行動をほぼ一〇〇％形づくり、決定すると考えている。

以上は、標準社会科学モデルの説明としては、多少単純化されたものであることを認めよう。しかし、それほど本質からずれていないはずだ。すべての社会科学者が以上四つの原則を全部認めているわけではないが、大半の社会科学者がこれらの原則をおおむね受け入れており、すべて受け入れている社会科学者も大勢いる。[8] 社会学と心理学の入門の教科書を調べた最近の調査では、人間の進化とそれが行動に及ぼす影響に関して、非常に奇抜（かつ、往々にして不正確な）記述がみられることが確認されている。[9]

人間の本性に対する進化心理学の見方[10]

では、進化心理学の基本的な原則をみてみよう。これらの原則が標準社会科学モデルの原則とあざやかな対照をなすことがおわかりいただけるだろう。

序章で述べたように、進化心理学は人間の本性を研究する学問である。「人間の本性」という言葉は、一般的には人間のもつ本質的な性質といったあいまいな意味合いで使われるが、進化心理学では厳密な定義がある。進化によって形成された心理メカニズムないしは心理的な適応（この二つはおおむね同じ意味）の全体が人間の本性である。人間の本性は、進化によって形成された心理的なメカニズムの総体であり、進化心理学は人間のもつそのような心理的な適応を一つひとつ明らかにしていく学問である。では、進化によって形成された心理メカニズム、あるいは心理的適応とは何なのか。

進化的心理メカニズム――人間の本性を形づくるもの

適応形質は自然淘汰と性淘汰による進化の産物である[11]。体の器官は特定の問題を解決するように適応を遂げてきた[12]。私たちの体は適応の賜物だ。目もそうだ。物をみることができ、効率的かつ安全に動きまわれる。獲物を見つけ、捕食者を避けられる。手もしかり。うまく物をもち、操作できる。食べ物を採取し、食べ、物を投げ、道具をつくり、使用できる。目なり手のない生活を想像すれば、身体的な適応がいかに多くの問題を解決したかがわかる。適応によって解決される問題を「適応上の問題」と呼ぶ。適応上の問題とは、生存と繁殖の問題である。適応上の問題を解決しなければ、私たちは生き残ることができず、子孫を残すことに成功できない。

心理的な適応も、身体的な適応と同じように私たちの体にみられる。ただし、もっぱら脳にみられる。心理的な適応とは、私たちが生まれつきもっている思考パターンや感情パターンであり、適応上の問題を解決するために獲得された考え方や感じ方である。私たちはいちいち考えずに物をみたり操作するが、それと同じように心理的適応はしばしば無意識のうちに働く。身体的であれ心理的であれ、適応は特定領域に特化したものである。生活上のごく狭い範囲で、問題解決に生かされる。目は物をみるための器官であり、物を操作することはできない。手を使えば物を操作できるが、物はみられない。目にできることが手にはできず、逆もしかりだ。心理的適応も同じである。ごく狭い範囲での問題解決にしか役立たない。

私たちが甘いものや脂っこいものを好むのも、進化によって形成された心理メカニズムの一例である。[13] ヒトの進化の歴史のほとんどを通じて、十分なカロリーをとることは深刻な問題だった。栄養不良や飢餓があたりまえだった環境では、遺伝子のランダムな変異により、高カロリーの甘いものや脂っこいものを「好む」性質をもつ個体は、そのような好みをもたない個体より肉体的に有利になる。甘いもの好きはそうでない人々より長寿を保ち、より健康的な生活を送り、健康な子供をより多く残せる。その子供たちも甘いものを好む遺伝子を子孫に伝え、何世代にもわたってそれが繰り返されていく。どの世代でも、甘いもの好きがそうでない人たちより多くの子孫を残し、そうやって世代を重ねた結果、現代人の多くが甘いものや脂っこいものに強い嗜好をもつようになった。

男の嫉妬深さも、進化によって形成された心理メカニズムだ。[14] ヒトと大半の哺乳類では、胎児は母胎内で育つので、雌はお腹の子が自分の子だと安心していられるが、ヒトの男性も含め雄は、つがい相手の子が自分の子かどうか確信がもてない。言い換えれば、自分の遺伝子を受け継いでいない子をそれと知らずに育てる「間抜けな寝取られ男」になりかねないのだ。妻が不倫して妊娠し、その子を自分の子だと夫に信じ込ませた場合である。ある推計によると、今日のアメリカでは一三～二〇％、ドイツでは九～一七％の子供が、出生証明書に記載された法律上の父親の遺伝子を受け継いでいないという。[15] 別の調査では、メキシコの子供の約一〇～一四％は、法律上の父親の血を受け継いでいないという。[16] それより前にアメリカ、イギリス、フランスで実施された調査では、約一〇～三〇％という結果が出ている。[17] テレビの昼間のトークショーをみればわかるように、寝取られ男の悲哀は現実にはあり得ない話ではないのだ。子供たちの一〇人に一人、ないしは三人に一人は、遺伝的な結びつきのない男に育てられているのである。

進化の視点でみれば、よその男の子供を育てるために経済的、情緒的な資源を投じる寝取られ男は、次の世代に自分の遺伝子を伝えることができず、もてる資源を無駄にすることになる。そのため男には嫉妬深くなる進化的な動機づけが強く働くが、女は子供が自分の子かどうか確実にわかるから、その必要はない。この心理メカニズムから、男たちはしばしば体を張って妻を守ろうとする。これも、妻が他の男と性的接触をする可能性を最小限にするための行為だが、ときとしてそれが悲劇的な結末を招く。[18]

恋愛関係では、男も女も同じような頻度で、同じように激しく嫉妬の感情をいだくが、[19] 何が嫉妬を招くかにははっきりした男女差がある。さまざまな文化圏で実施された調査と心理学的な研究から、男性は恋人の性的な不貞に嫉妬することがわかっている。その根底には寝取られ男になることへの警戒心がある。それとは対照的に、女性は恋人が他の女性に感情的に引かれることに嫉妬する。感情的なかかわりをもてば、自分と自分の子に投じられるはずの恋人の資源がライバルにとられるおそれがあるからだ。[20] 進化心理学に批判的な論客は、こうした結論におもに方法論的な見地から異議を唱えているが、[21] 強固な進化の論理と圧倒的に多くの証拠が、ここに述べたような男女の嫉妬の違いを支持している。[22]

あらかじめ書かれたテキスト

思いだしていただきたい。進化的な心理メカニズムはおおむね無意識のうちに働く。私たちは意識して甘いものや脂っこいものを選んだり、好きになろうと決断しているわけではない。なぜか知らず好む。甘いものや脂っこいものは、おいしく感じられるのである。私たちはある状況下で、ある事柄に反応して、嫉妬を感じるが、なぜ感じるかは自分自身ではよくわかっていない。進化心理学は、こうした心理メカニズムが私たちの嗜好、欲求、感情の多くの背後にあり、私たちの行動を一定の方向に導いていると考える。こうした心理メカニズムと、それが私たちの中に生みだす嗜好、欲求、感情、そしてそれがあらわれる現在の環境との相互作用として、人間の行動を説明する。それゆえ、人間の行動を完全に説明しようとするなら、生物学的な要因と環境要因の両方が重要なのである。ただし、序章で述べた理由により、この本ではおもに生物学的要因のほうを取り上げる。

進化心理学は、進化生物学を人間の行動にあてはめたものである。この分野を特徴づけるのは、以下の四つの原則だ。これらは、すでに述べた標準社会科学モデルの四つの原則と明らかな対照をなす。

原則1　人間は動物である。[23] 進化心理学の第一の、最も根本的な原則は、人間はちっとも特別な存在ではないということ。人間も動物の仲間である。だからといって、人間はユニークではないということではない。人間はユニークだ。もっと言えば、どんな生物もユニークである。人間がユニークでないとしたら、ヒトという種は存在しないことになる。ヒトという種があるのは、他の動物のもたない一連の特徴が、ヒトにはあるからだ。同じことはチンパンジーにも言えるし、ゴリラや犬や猫、キリンにも言える。人間はユニークだが、ショウジョウバエがユニークであるという意味で、ユニークなのだ。あらゆる生物にあてはまる進化の法則は、人間にもあてはまると、進化心理学は考える。それゆえ人間を別格に扱う標準社会科学モデルに異を唱える。偉大な社会生物学者ピエール・L・ファン・デン・ベルへの言葉を借りれば、「たしかに私たちはユニークだが、ユニークであるという点ではユニークではない。あらゆる生物種がユニークであり、置かれた環境に適応してユニークに進化してきた[24]」のである。

原則2　脳は特別な器官ではない。 進化心理学にとって、脳は手や膵臓と同じように人間の体の一部にすぎない。何百万年もの進化の歴史で、手や膵臓が特定の機能を果たすように徐々に形づくられてきたように、脳もまた、適応上の問題を解決し、生き延びて、繁殖に成功できるよう、その機能を果たすべく進化によって形成されてきた。進化心理学は、脳の進化にも、体の他の部分と同じ進化の法則をあてはめる。進化で形成されるのは首の下までではない。頭も含めて、私たちのすべてが進化の産物だ。

原則3　人間の本性は生まれつきのものだ。犬が生まれつき犬で、猫が生まれつき猫であるように、人間も生まれたときから人間である。これはすでに述べた原則1から言えることだ。犬と猫にあてはまる真実は、人間にもあてはまる。人間の場合、社会化と学習は非常に重要だが、人間は文化的な学習の能力を生まれつき備えているのであり、これは生まれもった性質である。文化と学習もまた、人間が進化によって獲得してきたものなのだ。社会化は、すでに私たちの脳にあるもの（善悪の意識など）を再度植えつけ、補強するにすぎない。この進化心理学の原則は、まっさらな書字板という標準社会科学モデルの前提とは大きく異なる。これについては、しばしばダーウィン以降の最も偉大なダーウィン論者とみなされるウィリアム・D・ハミルトンの印象的な言葉を引用しておきたい。「人間の本性という書字板はまっさらではなく、そこに書かれた文字が今まさに読み解かれようとしている」[25]。進化心理学は書字板に書かれた人間の本性というテキストを読み解く学問なのである。

原則4　人間の行動は生まれもった人間の本性と環境の産物である。遺伝子が何もない状況下で働くことはまずあり得ない。遺伝子が働き、行動となってあらわれるのは、多くの場合一定の環境下であって、環境がその働きを導く。同じ遺伝子でも、環境が違えば、あらわれ方は違ってくる。その意味で、遺伝子のプログラムである生まれもった人間の本性とともに、人間が成長する環境も、行動に決定的な影響を与える。標準社会科学モデルを土台にする学者たちと違って、進化心理学者はどちらか一方の要因が一〇〇％人間の行動を決定するとは考えない。しかし、序章で述べたように、生まれもった人間の本性は、等式の忘れられた一方なので、私たちはおもにこの要因に焦点をあてる。

サバンナ原則――私たちの脳は石器時代のままだ

すでに述べた進化心理学の基本原則2「脳は特別な器官ではない」から、重要な結論が導かれる。手や膵臓の基本設計が、およそ一万年前の更新世の終わり（いわゆる氷河時代）から変わっていないように、脳の基本的な機能もこの一万年間あまり変わっていない。脳を含め人間の体は、人類が暮らしていたアフリカのサバンナや地球上のその他の場所で何百万年もの間に進化してきた。人類が一五〇人程度の血縁集団で狩猟採集生活をしていた環境は、進化的適応の環境、もしくは祖先の環境と呼ばれる。[26] 脳も含め私たちの体はこの祖先の環境に適応してきた。二一世紀に暮らしていても、私たちは石器時代の手や膵臓をもっているように、石器時代の脳をもっている。

進化的心理メカニズムが引き起こすのは、祖先の環境に適応した行動だ。適応行動は、適応上の問題を解決することで、生存と繁殖の確率を高める行動である。高カロリーの甘いものや脂っこいものをたくさん食べることは、生存のために十分な栄養をとるという適応上の問題の解決に役立つ。また、配偶相手が不貞を働いた疑いがほんの少しでもあれば嫉妬し、他の男と性的接触をもたないよう監視する行為は、父性の不確実さという男性特有の適応上の問題の解決に役立つ。

ヒト科の祖先はその進化の歴史の九九・九%をアフリカのサバンナや地球上の他の場所で、狩猟採集民として過ごしてきた。農業革命が起き、私たちの祖先が農耕と牧畜で食料を確保できるようになったのはつい一万年前のことである。都市、国家、住宅、道路、政府、文字の記録、避妊、テレビ、電話、コンピューターなどなど、今日私たちの周囲にあるものはほとんど、この一万年間に登場した。思いだしてほしい。私たちの体は祖先の環境に合わせて適応を遂げている。私たちは「石器時代」の体（脳も含めて）をもっているのだ。それはとりもなおさず、私たちの体は、およそ一万年前の更新世の終わり以降に登場したものには必ずしもうまく適応していないということを意味する。進化の時間的な尺度からすれば、一万年というのは非常に短い期間である。その間に登場したものに合わせて、私たちの体を変えるには単純に時間が足りない。環境の急速な変化に比して、人間が成熟し、生殖できるようになるまでには長い年月がかかるからなおさらだ（考えてもみてほしい。人間が成熟して生殖できるようになるには約二〇年かかるが、この二〇年間に私たちの生活環境はどれほど変わったか。二〇年前には、アメリカの軍関係者と一部研究者を除けば、まだ誰もインターネットや携帯電話を知らなかったのだ）。言い換えれば、私たちは依然として一万年以上前の祖先と同じ心理メカニズムをもっているということだ。

このことから、進化心理学で「サバンナ原則[27]」と呼ばれる次のような新たな命題が導きだされる。すなわち「私たちの脳は、祖先の環境になかったものや状況を理解できず、私たちはそうしたものや状況に必ずしもうまく対処できない」。

たとえば、テレビやビデオ、写真や映画も祖先の環境にはなかった。私たちはこうした映像と自分をとりまく現実とを無意識に混同していないだろうか。実際、最近の調査によれば、自分の好きなテレビ番組を毎回のようにみている人は、友人関係に対する満足度が高いという結果が出ている。[28]彼らは番組のレギュラー出演者を友達のように感じており、友達にしょっちゅう会っているような錯覚をいだいているようだ。この現象は次のように説明できる。サバンナ原則によれば、祖先の環境に適応した人間の脳は、生身の友達とテレビでよくみかける人物とをうまく区別できない。祖先の環境では、他の人間のリアルなイメージをみたら、それは実際に他の人間が目の前にいるということを意味する。何度も同じ人間と会い、その人間があなたを殺したり、危害を加えたりしなければ、あなたはその人間を友達とみなすだろう。かくして、私たちの石器時代の脳は、テレビでしょっちゅうみかける人物（私たちを殺したり、危害を加えることはまずない）を友達とみなし、彼らを頻繁にみることで、豊かな友人関係をもっているという錯覚に陥るのだ。

適応があだになる

甘いものや脂っこいものを好む心理メカニズムを例にとろう。この心理メカニズムは、祖先の環境では、生存のための適応上の問題を解決するのに役立ってきた。そういう心理メカニズムをもつ人たちのほうが長生きできたからだ。しかし、私たちが今生きている環境ではどうか。工業社会ならどこでも、一年三六五日、一日二四時間、どの都市のどのスーパーマーケットの、レジのどの列にも、甘くて脂っこいスナックがあふれているだろう。言い換えれば、もともとの適応上の問題（栄養不良）は、もはや存在しないということだ。それなのに、私たちは今でも甘いものや脂っこいものを好む心理メカニズムをもっている。現代の環境と祖先の環境があまりに違うため、今や私たちは奇妙な問題に直面している。進化的心理メカニズムに従って行動する人たちは、生存という点で、むしろ不利になるのである。甘いものや脂っこいものの食べすぎによる肥満は、生存にマイナスになる。サバンナ原則によれば、私たちの脳は、スーパーマーケットというもの、もしくは食料がふんだんにある状況を、にわかには理解できない。そもそも農耕というものも理解できない。いずれも祖先の環境には存在しなかったからだ。私たちの脳は、食べ物がなかなか手に入らず、いつ手に入るか予測できない狩猟採集生活を今も続けているつもりでいるのだ。脳がスーパーマーケットを本当に理解できるなら、人々は甘いものや脂っこいものをこれほどまでに求めないはずである。

同様に、男性の性的な嫉妬も、現代では困りものとなった進化的心理メカニズムである。祖先の環境では、嫉妬の感情をもつことで、父性の確実性を最大限にでき、寝取られ男になる確率を最小限にできた。したがって、性的嫉妬は祖先の環境では適応的であった。しかし、現代ではセックスと生殖はしばしば別ものであり、セックスをしても生殖に結びつかないケースが多い。工業社会には確かな避妊法がいくらでもあり、多くの女性は経口避妊薬を飲んでいる。こうした女性たちは性的不貞を働いても出産にはいたらないので、彼女たちの夫は他の男性の子供のために資源を浪費する心配はない。もともとあった適応上の問題（父性の不確実性）は、繁殖の成功にとってさほど重大な脅威ではなくなった。妻がピルを飲んでいるかぎり、夫は間抜けな寝取られ男になる心配はまずない。それでも男たちは同じ心理メカニズムをもっており、妻の性的不貞を疑って嫉妬心をたぎらせ、他の男から妻を守ろうとする。妻が不貞を働いたときに経口避妊薬を飲んでいたところで、なんの慰めにもならない。男たちの脳が現代の避妊法を本当に理解していたら、ピルを飲んでいる妻が浮気をしても、気にならないはずだ。

この場合も、現代の環境と祖先の環境が大きく違うために、私たちは奇妙な状況に置かれることになる。進化的心理メカニズムに従って行動する男のほうが、繁殖成功度がむしろ下がるのである。妻をとられまいとする心理が極端な形をとれば、妻なり妻の浮気相手に暴力を振るうことになる。これは、ほとんどの工業社会ではれっきとした犯罪だ。刑務所に入れられ、妻と物理的に引き離されれば、繁殖成功度は必然的に下がる。それでも男たちは性的な嫉妬に駆られて、妻を守り、見張ろうとし、極端な場合は暴力を振るう。[29] サバンナ原則によれば、これは彼らの脳が効果的な避妊や法律、警察、法廷といったものをよく理解できないためである。理解できれば、妻を囲い込むために暴力など極端な手段をとらず、刑務所行きになるような犯罪行為を犯さないだろう。

断っておくが、ここで述べたようなサバンナ原則が提唱されたのはごく最近のことで、この説はまだ進化心理学の権威ある文献には採用されていない（もっとも、この説は、進化心理学のパイオニアたちが以前に行った観察にもとづくものだが）[30]。そこから導きだされる事柄は、今後、事実に照らして厳密に検証される必要がある。しかし、私たちは、サバンナ原則の核心には真理があり、この原則を導入することで不可解な人間の行動の多くを説明できると確信している。そのため、本書では何度もこれを取り上げる。

ヒトは一万年前からあまり進化していない

サバンナ原則は、非常に重要だが、しばしば見過ごされているヒトの進化に関する二つの事実に注意を向けさせる。一つは、進化は非常に長い時間をかけて徐々に起きるということ。もう一つは、自然淘汰が働くには、安定した変化のない環境が必要であること。生物はそうした環境に適応して進化する。

進化には何世代もかかる。ある生物の進化の速度は、その生物が性的に成熟するのに必要な時間と相関関係がある。早く成熟する生物は進化が速く、成熟に時間がかかる生物は進化がゆっくり進む。ショウジョウバエは理想的な環境下ではわずか七日で性的に成熟するが、人間は一五〜二〇年かかる。人間が生まれてからようやく歩けるかどうか、つまり一年の間に、ショウジョウバエは五〇世代以上を重ねられるのだ。人間の一世代を二〇年とすれば、その間にショウジョウバエは一〇〇〇世代以上も重ねられる。人間がそれだけの世代を重ねるには二万年かかる。ショウジョウバエの進化は非常に速く進むので、遺伝子研究に好んで用いられるのである。人間の進化には気の遠くなるような時間がかかる。人間の進化のプロセスを、ショウジョウバエのように実験室で観察することは不可能だ。

第二の点はそれ以上に重要だ。ほとんどの場合、自然淘汰が働くには、何世代もの間、変化しない安定した環境が必要になる。たとえば、何百年、何千年も、寒冷な気候が続けば、寒さに弱い個体（温暖な気候に適応した個体）は多くの子供を残せずに死ぬケースが多いため、長い間には自然淘汰によって寒さに強い個体が選ばれる。これが何世代も何世代も繰り返されると、やがてはすべての人間が寒さに非常に強くなる。進化によって獲得した耐寒性という新しい特徴が、普遍的な人間の本性の一部となる。しかし、一〇〇年間（ショウジョウバエなら五二〇〇世代重ねられるが、人間はせいぜい五世代しか重ねられない）寒冷な気候が続いただけで、次の一〇〇年は暖かく、さらに次の一〇〇年は寒いという繰り返しでは、そうした性質は獲得されない。自然淘汰は働かず、（どの性質をもつ）どの個体も選ばれない。

およそ一万年前に農耕が始まり、それに続いて文明が誕生してから、人間は自然淘汰が働くような安定した環境に暮らしてこなかった。わずか二〇〇年（一〇世代）前には、アメリカをはじめ欧米世界はおおむね農耕社会であり、ほとんどの人が農業に従事していた。農耕社会では、すぐれた農夫である男性がより高い地位に就く。すぐれた農夫になる資質をもった人たちは、より高い地位に就き、繁殖成功度も高くなる。

その後一〇〇年ほどで、欧米諸国はおおむね工業社会となり、ほとんどの男たちが工場で働いて、生計を立てるようになった。すぐれた工場労働者（それ以上に工場の所有者）になる資質は、すぐれた農夫になる資質と、共通するものもあるだろうし、違うものもあるだろう。知能、勤勉さ、社交性などの資質は、引き続き重要だろう。[31] しかし、自然、土壌、動物に対する感受性や戸外で働く能力、天気を予知する能力などは重要でなくなり、その代わり時間を守ること、指示に従う能力、機械好きであること、機械を扱う能力、屋内で働く能力などが求められる。

今や私たちはポスト工業社会に暮らしている。そこでは大半の人々が農業でも工業でもなく、サービス業に従事している。コンピューターなど電子機器が重要になり、成功するためにはまったく新しい資質が求められる。ビル・ゲイツやリチャード・ブランソンなど今の世界で成功している男たちは、農夫や工場労働者としてはあまり成功しなかったかもしれない。こうした劇的な変化はすべてここ一〇世代のうちに起きた。今後一〇〇年に何が起き、二二世紀に成功するためにはどんな資質が必要になるのか予測もつかない。私たちはめまぐるしく変化する不安定な環境に暮らしており、それはこの一万年間の人類の歴史に言えることでもある。

それ以前の何十万年間、私たちの祖先はアフリカのサバンナで、安定した変化のない、自然淘汰の働く環境で、狩猟採集生活をしていた。だからこそ、現代の人間はみんなアフリカでの狩猟採集生活に適した資質を備えているのだ。男性は、地図もＧＰＳ（全地球測位システム）もなしに何日も獲物を追って狩りをし、無事に家に戻れるよう、すぐれた空間視覚能力をもっている。女性もまた、地図も目印になる建物もなしに、果樹のある森や灌木の場所を覚えておいて、毎年実がなる季節に採りに行けるよう、すぐれた位置記憶の能力をもっている。

しかし、この一万年間ほどは、進化が追いつけないほど環境が急速に変化した。動く標的には、進化は手も足も出ない。それゆえ人間は一万年ほど前からほとんど進化していないのである。もっとも、太古の昔から今にいたるまで変わらないこともある。他の人間とうまく付き合っていかなければならないのは同じだし、配偶相手を確保しなければならないのも同じだ。したがって、社交性とか肉体的な魅力といった資質は、自然淘汰と性淘汰で選ばれつづけてきた。しかし、他の事柄はヒトの一世代の長さに比べ、あまりにも急速に、しかもかなりランダムに変化してきたので（一〇〇年前に誰がコンピューターやインターネットの出現を予測できただろう）、ヒトはこの絶えず動く標的である環境に適応できず、進化を止めてしまった。

第2章 男と女はなぜこんなに違うのか

本書で展開する議論の多くは、男女の違いにかかわるものだ。男と女が違うことは誰でも知っている。男女それぞれ望むことも得意とすることも違えば、行動も違う。問題は、なぜ違うかだ。これについては意見の分かれるところだ。

標準社会科学モデルの立場では、「ジェンダーの社会化」というキーワードで男女の違いが論じられる。ジェンダーの社会化とは、特定の文化または社会の中で、男の子は男らしく、女の子は女らしく育てられるから、思考や行動に男女差が生じるという概念である。

第1章で述べたように、標準社会科学モデルでは、新生児はまっさらな書字板とされている（原則3）。男児も女児も、わずかの解剖学的な違いを除けば、生まれたときはまったく同じであるというのである。この解剖学的な違いには脳は含まれない（原則2）。生まれ落ちたときは同じでも、その後男女は違った扱いを受け、男の子、あるいは女の子として社会化されていく。男の子はトラックや銃のおもちゃを与えられて、攻撃的で暴力的になるよう育てられ、女の子は人形やままごとセットを与えられて、やさしく母性的になるように育てられるというのである。標準社会科学モデルの立場で言えば、ジェンダーの社会化は、文化と社会のあらゆる側面に浸透している（親のしつけだけでなく、学校教育、宗教、政治・経済制度、メディアもその役割を担う）。こうした教育は生涯を通じて行われ、その効果はしだいに蓄積していく。男の子と女の子が大人の男性と女性に育つ頃には、男は男らしく、女は女らしく考え、行動するようになる。〝社会〟がそう期待するからだ。結果的に、男女の違いは永遠のもののようにみえる。裏を返せば、親と〝社会〟がジェンダーにとらわれずに男の子と女の子を同じように育てたら、男の子も女の子も同じようにふるまい、行動、認知、価値観、好みの男女差はなくなるということだ。

これまでの研究で得られた膨大な証拠は、以上のような見方が誤りであることを示唆している。ここではそのうちの二つの研究を紹介するにとどめる。興味をもたれた読者は巻末にあげた文献をお読みいただきたい。[1]

新生児にみられる性差

ケンブリッジ大学の心理学者サイモン・バロン＝コーエンらが、生後一日の新生児を対象に実験を行った。[2] 新生児一〇二人（男児四四人、女児五八人。ただし、新生児の性別は、実験が終了するまで実験スタッフには教えられない）に女性の顔と機械仕掛けのモビールの写真を同時にみせ、新生児の表情をビデオ撮影し、どちらに注意を向けるかを調べる。この実験では、男児はモビールをみたがり、平均してモビールをみている時間が長く、女児は人間の顔に興味を示し、顔写真をみつめる時間が長かった。男の子と男性が機械や機械仕掛けのものに興味をもち、女の子と女性が社交的で、他者との関係に強く興味を示すことは誰でも知っている。標準社会科学モデルが主張するように、こうした性差がおおむね生涯にわたる男らしさ女らしさの教育によるものなら、生まれてからたった二四時間の赤ん坊に、なぜそのような性差が認められるのか。どんなに熱心な標準社会科学モデルの信奉者でも、わずか二四時間でジェンダーの社会化が達成されるとは言わないだろう。

サルにもみられる性差

ゲリアン・M・アレクサンダーとメリッサ・ハインズが行った非常に独創的な実験がある。男の子のおもちゃ（ボールとパトカー）と、女の子のおもちゃ（手触りのやわらかい人形とままごとの鍋）、それに中性的なおもちゃ（絵本と犬のぬいぐるみ）をベルベットモンキーの雄四四頭と雌四四頭に与える。[3] そして、おもちゃとともに過ごした時間の長さで、好みを推測する。統計学的な分析で、雄のベルベットモンキーは男の子向きのおもちゃ、雌は女の子向きのおもちゃと有意に長く過ごした。中性的なおもちゃに対する興味は雄雌で差がなかった。アレクサンダーとハインズの論文にはすばらしい写真がついている。雌のベルベットモンキーが人形の性器のあたりを探って性別を調べ、雄のベルベットモンキーが人間の男の子のようにおもちゃのパトカーを前後に押している写真だ。標準社会科学モデルが主張するように、子供のおもちゃの好みがおもにジェンダーの社会化で形成され、親が男の子と女の子に〝ジェンダーにふさわしい〟おもちゃを与えるためであるなら、ベルベットモンキーが人間の子供と同じ好みを示すのはどういうわけか。実験対象のサルたちは、それまで人間との接触はなかったし、こうしたおもちゃを目にするのも初めてだった。

この二つの研究（そして、他の多くの研究）が示すように、行動、認知、価値観、好みの男女差はかなりの程度生まれつきのものであり、文化を超えた普遍性をもち、他の動物にも共通するものも少なくない。[4] 性差がジェンダーの社会化など、社会的・文化的な慣行によるものなら、文化や社会によって男女の特徴は違ってくるはずだ。しかし、あらゆる人間社会（そして、多くの動物）で、男（雄）はより攻撃的、暴力的、競争的で、女（雌）はより社交的で、慈しみ育む資質をもつ。あらゆる文化・社会に共通するもの（行動にみられる性差）は、文化・社会によって異なるもの（文化・社会的慣行）では説明できない。普遍的なものは多様なものでは説明できない、普遍的なものを説明できるのは普遍的なものだけだ。

適応度のばらつき

行動、認知、価値観、好みの性差は、生涯にわたるジェンダーの社会化の産物ではなく、生まれついての男女の本性からくるものである。男女の脳には構造的な違いがあるのだ。男と女で生殖器官が異なるように、脳も異なる。ジェンダーの社会化は、男女の生まれつきの違いを際立たせ、固定化し、恒常化し、強化するが、違いを生みだすわけではない。言い換えれば、男女は違う育て方をされるから違ってくるのではなく、違っているから、違う育て方をされるということだ。ジェンダーの社会化は性差の原因ではなく、結果なのである。

ジェンダーの社会化が性差の原因でないとしたら、何が原因か。普遍的な性差を説明できる普遍的なものとは何か。二つの単純な生物学的事実が、さまざまな性差のすべてをもたらしていることがわかっている。その二つとは、異形配偶と、受精卵が母胎内で育つことだ。異形配偶とは、雌の配偶子（卵子）が雄の配偶子（精子）よりも大きく、数が少ないことを意味する（ちなみに、これは雄と雌の生物学的な定義でもある。有性生殖を行う生物種では、雌はより大きな配偶子をつくる性として定義され、もう一方が雄である）。異形配偶ということは、卵子のほうが生物学的に精子よりもはるかに稀少価値があることを意味する。自然界では、精子はふんだんに（ほとんど無尽蔵に）供給され、生物学的にみて、卵子よりも生産コストが低い。「精子は安い」ということが、多くの動物にさまざまな性差をもたらしている。受精卵が母胎内で育つということは、何よりも雌は雄に比べてはるかに少ない子供しかつくれないことを意味する。女性は一人の子供をつくるのに、少なくとも九カ月、通常は数年かかる（授乳期間中は通常、妊娠しないからだ）。男性は一五分ですむ。女性は通常、生涯でせいぜい二〇～二五年しか妊娠可能期間がなく、男性よりずっと短い。男性の場合、生涯につくれる子供の数には理論上限りがない。ただし、ここで重要なのは「理論上」という言葉である。

異形配偶と母胎内で受精卵が育つことがあいまって、非常に重要な現象が生じる。それは、男と女で適応度（生涯繁殖成功度）のばらつきが違うという現象だ。適応度のばらつきとは、繁殖ゲームにおける「勝者」と「敗者」の格差、勝ち組が繁殖の成功で負け組にどれほど差をつけられるかである。異形配偶と母胎内で受精卵が育つことで、男の間では女に比べて大きな適応度格差が生まれる。適応度格差が男女で違うということは二つの事柄を意味する。一つは、適応度の最低ラインに位置する男、つまり一生子供をつくれない男のほうが、一生子供を産めない女よりはるかに多いということだ。男のほうが適応度のばらつきがはるかに大きいということは、適応度の下限が男は女よりもはるかに低くなることを意味する。男の最低線は、女のそれよりもはるかに下だ。

二つ目は、適応度の最高ラインに位置する少数の男たちは、一人の女性が生涯に産めるよりもはるかに多くの子供をもてるということだ。男は生涯に何十人、何百人、さらには何千人もの子供をもうけることが可能だ。女はせいぜい一生に二五回程度しか妊娠できない。つまり、男のほうが適応度のばらつきが大きいということは、適応度の上限（理論上可能な最高値）が男は女よりもはるかに高いことを意味する。繁殖ゲームの最高の勝ち組男は、最高の勝ち組女よりもはるかに多くの子供を残せる。適応度格差は適応度の上限と下限の差である。男のほうがその差がはるかに大きい。

異形配偶と母胎内で受精卵が育つことで、理論上は男のほうが適応度のばらつきが大きくなるが、それによって実際にもたらされるのは、自然の状態ではヒトの配偶関係はポリジニー（一夫多妻）になるということだ。[5] 婚姻制度の用語の定義には、社会科学者の間ですら混乱がある。モノガミー（単婚）は一夫一妻の婚姻形態である。ポリジニーは一夫多妻、ポリアンドリーは一妻多夫を意味する。ポリガミー（多婚）は日常会話ではポリジニーの同義語として用いられることが多いが、正確には一夫多妻、一妻多夫の両方を指す。あいまいさを避けるために、ポリジニーとポリアンドリーの両方を指すとき以外は、ポリガミーという言葉を使うべきではない。

進化の歴史を通じて、ごく最近まで、ヒトの婚姻形態はさほど極端ではない一夫多妻だった。[6] 一夫多妻のもとでは、一部の男が「公平な分け前」以上の配偶相手を独占できる一方で、配偶相手をもてない男たちも出てくる。そのため、女はほぼ全員生殖ができるのに、男はそうは行かず、その代わり生殖できる男は多くの子を残せる。子がゼロのケース（繁殖上の完全な敗者）は男には比較的多く、女ではほとんどないのはそのためだ。

史上最多の子だくさん女性は六九人の子供を産んだ。この女性は一八世紀ロシアの農夫ヒョードル・ワシリエフの妻で、生涯に二七回妊娠し、一六組の双子、七組の三つ子、四組の四つ子を出産した。驚いたことに、二七回の出産がすべて多胎産だった！　しかも六九人のうち、二人を除いて全員が大人になるまで生き延びた。一方、男性の子だくさん記録は、少なくとも一〇四二人の子をもうけたというものである。[7] シャリフ（ムハンマドの子孫）を名乗ったモロッコの最後の君主、「血に飢えたムーレイ・イスマイル」は、古代の君主にならって大規模なハーレムをかかえ[8]、少なくとも七〇〇人の息子と三四二人の娘をもうけた（侍従たちが途中で数えるのをやめたので、正確な記録は残っていない）。

ワシリエフの妻とムーレイ・イスマイルの正確な子供の数は、この際重要ではない。重要なのは、男が理論上もてる最多の子供数は、女のそれより二桁も多いが（千単位と十単位）、繁殖上の完全な敗者（子供をまったく残せない）として一生を終える確率は男のほうが高いことだ。

競争の費用対効果

この本で繰り返し論じることになるが、男が女よりもはるかに攻撃的、競争的、暴力的なのは、ジェンダーの社会化のせいではなく、男の適応度格差が大きいためである。男は、他の男と競争することで、繁殖ゲームではるかに多くの得点を稼げる。それに比べて、女は競争をしてもそれほど繁殖成功度を高められない。男は競争に勝って、多数の女と配偶関係を結ぶ特権を得れば、百人単位、それどころかひょっとすると千人単位の子供を残せる。競争しなければ、かなりの確率で子供をまったくもてない可能性に直面する。競争に勝った場合の報酬と競争を避けることの代償との差が非常に大きい。女性はこの差がずっと小さい。仮に競争に勝って、多くの男と配偶関係を結べたとしても、多胎産にならないかぎり（多胎産になるかどうかは自分の意思ではコントロールできない）、産むことができるのはせいぜい二〇～二五人。同性のライバルを押しのけられない場合、子供は一人か二人になるかもしれないが、ゼロではない。競争で得られる潜在的な利益は、競争の潜在的なコスト（負傷や死）に見合うほど大きくない。だから女性は全体として男性ほど攻撃的、競争的、暴力的ではないのだ。[9]

男のほうが適応度の上限値がはるかに高いということは、女が子供にはるかに多くの資源を投じる理由でもある。繁殖に成功することが重要であるのは男も女も変わらない（生きとし生けるすべてのものにとって重要だ）。だが、一人ひとりの子供の重要性は、男にとってより、女にとってのほうがはるかに大きい（このことは哺乳類の雌に共通している）。生涯につくれる子供の数からすれば、女の場合には繁殖の成功に対する一人の子供の貢献度がはるかに大きくなる。適応度の上限値で比べたら、女の場合は一人の子供の貢献度が二〇分の一、男では一〇〇〇分の一だ。このように、異形配偶と母胎内で受精卵が育つことが、第3章以降で述べる男女の行動の違いの根源にある。

例外が法則を証明する

異形配偶と母胎内で受精卵が育つこと、そしてその結果として雄の適応度格差が大きいこと。この二要因が男女の行動の違いをもたらしているという理論を裏づける最も強固な証拠の一つは、いわゆる「例外が法則を証明する」式のものである。ほとんどの生物では、雄の適応度の上限値が大きいが、例外的にそうではない生物もいる。一部の魚、両生類、鳥は雄の体の中で受精卵が育ち、その結果、雌のほうが適応度の上限値が高い。こうした生物の雌は、雄が〝妊娠〟している間も他の雄と繁殖行動を続けられる。進化生物学が予測するように、こうした種では、雌のほうが雄よりも攻撃的、競争的、暴力的である。[10] こうした種では、雌は恥じらいがちな雄と配偶関係を結ぶため、他の雌と激しく競争する。このように例外によって、どちらの性がより競争的、攻撃的かは適応度のばらつきによって決まるという法則が証明されるのである。[11]

文化をどう扱うか

進化的心理メカニズムと環境の双方が人間の行動を形成するというのが、進化心理学のとらえ方だと述べてきたが、ここまで読んできて疑問に思った読者もいるだろう。「なるほど、筋が通った話だ。たしかに、進化的心理メカニズムは行動に影響を与えているだろう。だが、文化のほうはどうなんだ。文化もまた、社会化を通じて人間の行動を形づくっているのではないか。伝統的な社会学者は、生まれつきの性向よりも、文化的影響で形成される部分のほうが大きいと言っている。それについて、進化心理学はどう考えているのか」

たしかに、文化と社会化はある程度、行動に影響を与える。だが、伝統的な社会学者ら標準社会科学モデルの信奉者の大きな誤りは、人間の行動が無限の可塑性をもち、文化的な慣行や社会化によってどんな鋳型にもはめられると考えていることだ。多くの証拠が示すように、この見方はまちがっている。人間の行動はさまざまに変えられるが、文化によって限りなく多様なものになるわけではない。そもそも文化は限りなく多様ではない。実際、進化心理学では、人類のすべての文化は表面的かつ些細な違いはあるものの、大なり小なり同じであると考える。

人類の文化はただ一つ

社会科学の議論だけでなく日常会話でも、英語のカルチャー（culture）という言葉は、多くの場合複数形で使われる。世界にはさまざまな文化があると思われているからだ。ある次元では、たしかにそのとおりだ。アメリカ文化と中国文化は違うし、いずれもエジプト文化とは違う。しかし、こうした文化的な差異はすべて表面的なもので、その奥深く、最も根底的なレベルでは、人類のすべての文化は本質的には同一だ。

文化人類学者のマーヴィン・ハリスが考えた有名なたとえを引き合いに出せば[12]、たしかに表面的なレベルでは、ある社会の人たちは牛肉を食べ、豚を神聖なものとして崇めるし、別の社会では豚肉が食料になり、牛が崇拝の対象になるということがある。つまり具体的なレベルでは、文化の違いがある。しかし、牛も豚も（犬やクジラやサルと同様）タンパク源であり、牛も豚も（ブッダやアッラーやイエスと同様）生きた崇拝の対象である。どの人間社会でも、人々は動物性タンパク質を摂取し、生きた対象を崇拝する。抽象的なレベルでは、例外はなく、人類のすべての文化は同一だ。動物性タンパク質を摂取せず、生きた対象を崇拝しない文化が存在しないという意味で、人類の文化は限りなく多様とは言えないのである。

別の例をあげよう。外国語をかじった人なら誰でも知っているように、異なる文化で使われている言語はまったく違ったもののように思える。英語と中国語はまったく違うし、そのいずれもアラブ語とは似ても似つかない。しかし、「表層」の違いにもかかわらず、すべての人間の自然言語は、ノーム・チョムスキーの言う文法の「深層構造」を共有している。[13] この意味では、牛肉と豚肉が本質的に同じように、英語も中国語もアラブ語も本質的には同じなのである。

証拠を示そう。発達上問題がないかぎり、子供は成長に伴って人間の自然言語を話すようになる。親の使っている言語が何であろうと、成長に伴って英語なり中国語なりアラブ語なり、その他の自然言語を話すようになる。一群の子供たちを、言語を教えてくれる大人のいない環境に置けば、独自の自然言語を発明するだろう。だからといって、人間の言語能力は無限の可塑性をもつわけではない。人間の子供は、自然言語の代わりにプログラミング言語や論理記号のような非自然言語を使うようにはならない。非自然言語のほうが自然言語よりはるかに論理的で習得しやすい（不規則動詞もなければ、文法の例外もない）にもかかわらずである。たしかに、子供が成長過程で習得する言語は多様だが、それらはいずれも人間の進化の産物としての言語であって、コンピューター科学や論理学が最近発明した言語とは本質的に違う。[14]

前章で紹介したピエール・ファン・デン・ベルへがここでも非常に的を射た表現をしている。「文化は人間独自の適応形態だが、文化もまた生物学的に進化してきたものである」。[15] 表層レベルでのさまざまな違いにもかかわらず、人類の文化は一つしかない。なぜなら、文化もまた、私たちの体のように、ヒトの進化の適応的な産物だからだ。手や膵臓が遺伝子によって形づくられるように、人間の文化を形づくるのも遺伝子だ。

生物学的にみれば、人間はとても弱く、脆い生き物だ。捕食者と闘い、獲物をとらえるための牙も持ち合わせないし、厳しい寒さから身を守る毛皮もない。進化が私たちに与えた防衛手段が文化である。だから、人類は（捕食者と闘い、獲物をとらえるための）武器、（厳しい寒さに耐えるための）衣服や住宅をつくる知恵を代々受け継いできた。文化があるから、牙や毛皮なしでも生存できるのだ。それゆえ、個々の些細な違いはともかく、すべてのトラが多かれ少なかれ同じ牙をもち、ホッキョクグマが同じ毛皮をもつように、すべての人間社会は多かれ少なかれ同じ文化をもっているのだ。牙はトラに、毛皮はホッキョクグマに共通する特徴だ。同様に、文化はすべての人間社会の普遍的な特徴である。そう、文化は普遍なのだ。

存在しなかった風変わりな文化

文化の普遍性については、社会科学の近年の歴史（いささか不名誉な歴史）が大いに示唆に富む。地の果ての秘境に未知の風変わりな文化――西欧文化とまったく異質な文化が発見されたというニュースが流れるたびに、その発見は作り事だったのである。そのたびに、他の文化と根本的に異なる、まったく独自の人間文化は存在しないことが明らかになった。そのような例を紹介しよう。

作り話だった――マーガレット・ミードとサモア[16]

広くその名を知られる人類学者のマーガレット・ミード（一九〇一年～一九七八年）は、一九二三年当時、コロンビア大学の大学院でフランツ・ボアズの指導を受けていた。ボアズはナチス統治下のドイツから逃れてきたユダヤ人であり、ナチスの優生思想の誤りを証明しようとする政治的、個人的な強い動機をもっていた。この目的そのものは立派だが、ボアズがそのためにとった戦術はまちがっていた。生物学的要因は人間の行動になんらの影響も及ぼさず、環境、すなわち文化のみが行動を形づくることを証明しようとしたのである。ボアズは文化決定論の強固な支持者だった。

文化と社会化が人間行動を完全に決定することを示すため、ボアズはミードら大学院生に不可能な課題を与えた。西洋文化と大きく異なる文化、欧米人とまったく異なる行動がみられる文化を見つけてこいというのである。ミードは教授の期待に応えるべく東サモアに向かった。

一九二五年八月三一日、ミードはアメリカ領サモアに到着し、調査を開始した。ボアズは知らなかったが、ミードは別の秘密の調査計画をかかえ、サモア滞在中はほとんどその仕事にかかりっきりだった。あと一カ月でサモアを去るという段階になっても、ボアズのフィールドワークはまったく進んでいなかった。ミードは教授のためのこの仕事（サモア人の行動がアメリカ人の行動とまったく違うという証拠を見つけ、文化と行動は地域によって異なることを証明する）を急いで片付けようと決心し、一九二六年三月一三日、現地の若い女性二人にサモアの若い男女の性的行動に関して聞きとり調査を行った。

ミードは、欧米では男の子が性的に大胆で、女の子を積極的に追いかけ、女の子は受け身で、男の子からデートに誘われるのを待っていると知っていた。「サモアはどう違うのか。セックスについて、サモアの男の子と女の子はどう思っているのか」。ミードは二人の若い娘、ファアプア・ファアムとフォフォア・プメルに聞いた。

ファアプアとフォフォアは、当時世界中の若い娘がそうであったように、見ず知らずの人とセックスの話をすることに恥じらいを覚えた。二人は実際とは正反対のことをミードに語った。男の子たちは内気で、女の子が男の子を性的に追いかけると言ったのだ。それは作り話だったが、ファアプアとフォフォアにしてみれば、現実にはあり得ないばかげた話なので、まともな頭の持ち主なら真に受けるはずがないと思ったのだろう。

しかし、ミードは真に受けた。二人の話はボアズが求めている〝証拠〟にもってこいだったからだ。二人の証言をもとに、アメリカとはまったく違う（いや、正反対の）思春期の性行動がありうると断言できる。つまり、人間の行動は完全に文化によって決定されるということだ！　ミードは有頂天になった。サモアを出航したのは一九二六年五月。一九二八年にはこの「発見」をもとに著書『サモアの思春期』（蒼樹書房）を刊行する。この本はたちまち世界的なベストセラーになり、文化人類学の古典となった。そして何よりも現代のフェミニズム思想の土台となったのである。フェミニストたちはこの本に書かれた〝証拠〟を根拠として、ジェンダーの社会化によって男女の行動は変わってくると主張する。男の子がもっと女の子っぽくなったり、女の子が男の子のようになることは可能だというのだ。ある意味で、現代のフェミニズムは架空の証拠の上に成り立っているとも言える。

聞きとり調査から六〇年あまり経って、一九八八年五月二日、八六歳になったファアプアはサモアの政府当局者（彼はたまたま一九三六年に亡くなったフォフォアの息子でもある）に、一九二六年三月一三日のあの運命の夜、自分とフォフォアがミードに語ったサモアの若い男女の話は嘘だったと打ち明けた。そう、作り話だったのだ。今では圧倒的多数の民俗誌学的な証拠が、サモアの若い男女も世界中の若い男女と変わらないことを示している。男の子は性関係で攻撃的かつ積極的であり、女の子は内気ではにかみ屋なのである。

本当なのか――タサダイ族は穏やかな人々

進化人類学者ナポレオン・シャノンは一九六八年に古典的な名著『Yanomamö：The Fierce People（ヤノマミ――荒々しい人々）』[17]を発表した。ブラジルとベネズエラの熱帯雨林に住む南米の先住民の一部族、ヤノマミの生活を紹介した著書である。ヤノマミは非常に暴力的、好戦的で、闘いが絶えることなく、成人男性の三分の一、成人女性の七％が戦闘で死ぬ。地上で最も荒々しい人々と考えられている。
シャノンの著書でヤノマミの生活が世界に知られるようになると、ボアズの知的系譜を引く文化決定論者たちはある課題に取り組みだした。人間の文化と行動が限りなく多様であるなら、地上のどこかにはヤノマミと正反対の人々がいるはずだ。「世界で最も荒々しい人々」がいるなら、「世界で最も穏やかな人々」がいてていい。それからわずか三年後に、文化決定論者たちはお望みのものを手に入れた。
一九七一年、フィリピンのマルコス政権の官僚だったマヌエル・エリザルデが、ミンダナオ島でひっそりと暮らしていた男女子供合わせて二六人の部族を発見した。タサダイ族と呼ばれるこの人々は、農耕を知らず、自分たちの他に人間がいることも知らずに、石器時代の生活を続けていたと報告された。何百年間も外界から完全に隔絶されていたというのである。彼らは洞穴に住み、木の葉を身にまとっていた。とても平和的な人々で（ヤノマミとは正反対）、彼らの言語には暴力や争い、攻撃を意味する言葉はないとされた。二年後、彼らの生活をつづった本が出版された。そのタイトルは、当然ながら『The Gentle Tasaday: A Stone Age People in the Philippine Rain Forest（穏やかな人々、タサダイ族）』である。[18]
マルコス政権のバックアップで、エリザルデは一五年間、メディアや他の研究チームが近づけないようにタサダイ族を守った。そのため、彼らについては最初に報告されたこと以外ほとんど知られず、わずかに発表された話もエリザルデの検閲ずみのものだけだった。一九八六年にマルコス政権が倒れ、エリザルデはコスタリカに亡命した。二人のジャーナリストがタサダイ族の発見された場所に入ってみると、洞穴はからっぽだった。タサダイと呼ばれた人たちは近くの村で、Tシャツにジーンズ姿で暮らしていた。話を聞いたところ、タサダイ族二六人のうち二人が、エリザルデに言われて石器時代の生活をしている振りをしたと認めた。フィリピンに世界の注目を集めながら、マルコスの抑圧的な支配からは目をそらそうという策略だったという。二人のジャーナリストがでっち上げを暴いてから数日後、ドイツの報道陣が洞穴に入ってみると、またタサダイの人々が石器時代のまねごとをしており、Tシャツにジーンズの上に木の葉をまとっていた。

私たちの一人（カナザワ）が一九八二年に初めて社会学を専攻したとき、教師が選んだ教科書はベストセラーとなったイアン・ロバートソン著の入門書『Sociology（社会学）』の第二版（一九八一年発行）だった。この本の五七ページには、とても平和的かつ穏やかに洞穴の中で座っているタサダイ族の写真が掲載されており、「フィリピンで最近発見された石器時代の生活を送る部族タサダイ族は、敵意や憎しみを表す言葉をもっていないようだ。彼らは競争、所有欲、攻撃、物欲といったものを知らない穏やかな人々である。タサダイ族のような社会がある以上、人間の本性に対する欧米式の考え方を問い直さなければならない」という解説がある。五年後、カナザワはワシントン大学の教壇に立ち、初めて社会学入門コースを担当した。この年、つまりタサダイ族のでっち上げが発覚した翌年の一九八七年に発行されたロバートソンの著書の第三版は、依然としてベストセラーだったが、タサダイ族に関する記述はすべて削除されていた。

信じがたいことながら、人類学者は今なおタサダイ族の真偽について議論している。[19] しかし、彼らが石器時代の人々ではないことは大方の認めるところだ。二六人程度の小集団が何百年間も外界から完全に隔絶して生活すれば、近親婚が極端に繰り返されることになり、存続はまずあり得ない。争いや競争という言葉がないほど、平和的に暮らすこともまず不可能だ。良し悪しはともかく、攻撃と暴力は男の本性の一部である。ヤノマミのようにそれが強くあらわれることはあっても、完全になくなることはあり得ない。

先住民は環境にやさしいか[20]

現実には存在しない風変わりな文化の例を二つ取り上げたが、この二つと違って、これから紹介する三つ目の例は作り話であることがまだあまり知られていない。アメリカ大陸にあとから入ってきたヨーロッパ人の植民者とは異なり、先住民は環境にやさしい人々であると、今でも広く信じられている。

一八五四年、ワシントン・テリトリーの知事が、フランクリン・ピアス大統領の代理として、ドゥワミッシュ族のシアトル酋長に彼らの土地を買いたいと交渉したときに、シアトル酋長はこのように答えたとされる。

空をどうやって売買できるというのか。土地を？　私たちにはそんな考えはわからない……

この地上のすべては、私たち部族にとっては聖なるものだ。輝く松葉の一本一本、浜辺の砂粒の一つひとつ、暗い森に立ち込める霧のすべて、草原、ぶんぶん羽音をたてる虫たち……すべてが私たち部族の記憶と経験の中で聖なるものである……私たちが子供たちに伝えてきたことを、あなたがたも子供たちに伝えるか？　大地は母であると。大地に降りかかるものはすべて、大地の息子たちにも降りかかる。これが私たちの知っていること。大地は人のものではない。人が大地のものなのだ。

実に感動的な演説ではないか。問題はただ一つ。シアトル酋長はこんな演説をしていない。この演説は、白人の脚本家で映画学の教授であるテッド・ペリーが、一九七一年に放映されたABCのテレビドラマ『ホーム（Home）』の脚本用に書いたもの、つまりフィクションなのである。先住民が自然を敬うという〝神話〟はここから生まれた。

知事との交渉で、実際にシアトル酋長が言った言葉は記録に残っていない。その場に立ち会った人が三〇年後に証言したところでは、酋長は大統領の気前のよさに感謝したという。酋長は大統領との交渉に乗り気で、米政府に土地を売却したがっていたというのだ。

先住民は環境にやさしいという神話は、『ホーム』が放映されたのと同じ年に流された公共広告「アメリカの美しい自然を守ろう」で、さらに強化された。この広告では、〝泣く先住民〟が人々に衝撃を与えた。白人がゴミや公害をまき散らし、母なる大地を汚すのをみて、ひそかに涙する先住民。私たちも先住民のように自然を愛さなければ、と人々は思った。

実はこの〝泣く先住民〟を演じたのは、アイアン・アイズ・コーディであったことが、一九九九年に本人が死んだあとに明らかにされた。この男は公共広告がきっかけで、ハリウッドで活躍するようになり、テレビや映画で数々の先住民役を演じたが、アメリカ先住民の血はまったく引いていない。本名はエスペラ・オスカル・デ・コルティ。両親ともイタリア移民だ。

考古学的な証拠から、環境保護に関してはアメリカ先住民も地球上の他の集団と変わらないことがわかっている。コロンブスが西インド諸島に上陸するはるか前に、アメリカ大陸にみられた多くの動植物が、先住民によって絶滅に追いやられた。環境保護というのは贅沢な概念であり、ここ数十年欧米社会で初めて提唱可能になった概念である。工業化によって、今のような物質的豊かさがもたらされる以前は、すべての人間集団が生き延びるために必死で、自然の資源を最大限に利用していた。環境に配慮する余裕などなかったのだ。アメリカ先住民も例外ではない。


このように、人間の文化は表面的には多様で、とても珍しい慣行や風習があるかのようにみえても、本質的には変わらない。他の文化と根本からして違うまったく異質な文化などというものは存在しない。人間の体はさまざまな個人差があっても、根本的な構造はみな同じで、目が三つあるなど、まったく違う体をもつ人などいないのと同じことだ。他とかけ離れた風変わりな文化が報告されるたびに、作り話であることが明らかになっている。

謎と問いへ

第1章と第2章で進化心理学の基本的な前提を述べてきた。第3章から8章ではさまざまな疑問を取り上げ、それに対する答えとして提出されたアイデアを紹介する。読者は自由にそれらの問いと答えについて考えをめぐらし、探究を深めていただきたい。言うまでもなく、進化心理学についてこれまでに述べたことは、ほんのさわりにすぎない。興味のある方は、第1章の原注10にあげた文献を読まれることを推奨する。とはいえ、これから扱う問いと答えへの予備知識としては、これまでに述べたことのみで十分だ。どこからでも目についた問いから、自由に拾い読み、飛ばし読みしていただいてかまわない。大いに楽しんでほしい。

第3章

進化がバービー人形をデザインした
──セックスと配偶者選びについて

繁殖の成功は進化心理学のキーワードと言っていい。毎年発表されるこの分野の興味深い研究は、セックスと配偶関係に関するものがほとんどだ。初期に発表されたそうした研究の一つに、一九八〇年代半ばに世界の三七の文化圏で一万人以上を対象に、理想の伴侶について聞いた調査がある。[1] 驚いたことに、文化、言語、宗教、民族にかかわらず、男性が女性に求めるもの、女性が男性に求めるものは、世界中どこでも同じだった。

あなたは、自分の好みはあくまで自分だけの趣向だと思っているかもしれない。しかし、進化心理学の基本的なメッセージは、そうした考えを真っ向から否定する。異性に対するあなたの好みや願望はかなりの部分で進化の影響を受けている。詰まるところ、問題はあなたが何を望むかではなく、あなたの遺伝子が何を望むか、だ。そして遺伝子にとって重要なのは、自分のコピーができるだけ多く子孫に伝えられることである。

進化心理学のもう一つのメッセージ（とくにこの本では重要なもの）は、セックス以外、つまり政治、宗教、経済といった領域での人間の行動の根源にも、セックスがあるということだ。第4章以下でみていくように、政治的な行動、あるいは宗教行動、経済行動とみなされるような行動でも、そのモチベーションの根源には、セックスと配偶関係がある。その意味で、この章は他のすべての章の土台をなす。そして言うまでもなく、男女の機微に最もかかわりのある章である。

Q 男はなぜセクシーなブロンド美女が好きで、女はなぜセクシーなブロンド美女になりたがるのか

標準社会科学モデルの信奉者たち、つまり、進化心理学者を除くほとんどの人たちは、私たちの社会ではメディアが恣意的に理想の女性美をつくり上げていると考えている。メディアはその恣意的かつ人工的な美の基準を女性たちに押しつけているというのだ。女性たちがスーパーモデルや女優やアイドル歌手に憧れるのは、メディアが彼女たちの映像を盛んに流すから。裏を返せば、メディアが幻想をばらまかなければ、女性たちがせっせとエステに通うこともなくなるというわけである。

これほど真実からかけ離れた主張はちょっと思いつかない。広告塔や映画、テレビや音楽ビデオ、雑誌の広告。あらゆるところにセクシーなブロンド美女があふれているから、女性たちがブ

ロンド美女になりたがるというのは、あらゆるところに食べ物のイメージがあふれているから、お腹がすくというのと同じことだ。メディアが食べ物のイメージを流さなければ、空腹を感じないというのか！　これはどうみてもばかげた論理だ。言うまでもなく、私たちの生理的、心理的メカニズムが、食物を見つけて、摂取するよう、私たちを突き動かすから、何時間かごとに空腹を感じるのである。こうしたメカニズムを生まれつき備えているのは、そのメカニズムが生存のために必要な適応上の問題を解決するからだ。ヒトになる、いや哺乳類になるはるか以前に、空腹を感じなかった私たちの祖先の仲間は、彼らの遺伝子をもった子孫を残せるほど長生きできなかった。食べ物の広告が完全に姿を消しても、私たちはもちろん空腹を感じる。私たちが空腹を感じるから食べ物の広告がつくられたのであり、その逆ではない。広告は私たちの空腹感につけ込むにしても、空腹感を生みだすことはない。

理想の女性美についても同じことが言える。標準社会科学モデルは、メディアに氾濫するイメージ、さらには〝文化〟一般が、ブロンド美女崇拝を生んだと主張するが、これをくつがえすには二つの証拠で十分だ。その一つは、五〇〇年以上も前、テレビも映画も雑誌もなかった時代のもの。その時代にも肖像画はあった。そして、そうした肖像画から一五、一六世紀イタリアの女たちが髪をブロンドに染めていたことがわかる。[2]メディアが生まれる何百年も前、いや、ひょっとすると数千年前から、女性たちは金髪に憧れていたのである。

二つ目は、最近の調査でわかったこと。イランの女性たちは欧米メディアや文化に接する機会がほとんどなく、人気歌手ジェシカ・シンプソンと太った脇役女優のロザンヌ・バーの区別もつかない。しかもイスラムの伝統に従って、全身をすっぽりとおおうヒジャブをまとっている。にもかかわらず、彼女たちはファッション誌ヴォーグとバービー人形の国アメリカの女性たち以上に体型を気にし、痩せたいと願っているのだ。[3] 標準社会科学モデルでは、女性の好みや願望はメディアによる社会化によってつくられたものとされるが、この理屈では、一五世紀のイタリアや今日のイランの女性たちが現代の欧米女性と同じ理想美に憧れる理由がうまく説明できない。

では、なぜ女性たちはセクシーなブロンド美女になりたがるのか。進化心理学の答えは「男たちがセクシーなブロンド美女と配偶関係を結びたがるから」というものだ。女性たちの願望は、男性たちの願望に対する直接的かつ現実的かつ理にかなった反応にほかならない。では、なぜ男たちはセクシーなブロンド美女と配偶関係を結びたがるのか。セクシーなブロンド美女は、平均よりも繁殖価が高く、多産で、繁殖成功度が高いからである。理想の女性美は恣意的につくられたものではない。何百万年もの進化の歴史を通じて、性淘汰によって厳密かつ慎重に選ばれたものである。セクシーなブロンド美女との配偶関係を望まなかった男たちは、あまり多くの子孫を残すことができなかった。そのため現代の多くの男たちはセクシーなブロンド美女を好み、さらにその結果として、女たちはセクシーなブロンド美女になりたがるのだ。

ところで「セクシーなブロンド美女」とは何を意味するのか、もっと詳しくみてみよう。まず、欧米のメディアがもてはやしてきた代々のブロンド美女の長い系譜がある。パメラ・アンダーソン、マドンナ、ブリジット・バルドー、イギリスで人気の美女ジョーダン、マリリン・モンロー、さらに昔の女優たち。新しいところでは、ジェシカ・シンプソン、キャメロン・ディアス、スカーレット・ヨハンソンらがいる。非欧米社会にもこうした美女たちに代わるアイドルがいるはずだ。私たちは彼女たちのことについては知らないが、欧米のアイドルと多くの共通点があると確信している。

その共通点とは何か。理想の女性美を構成する要素を一つひとつ考えてみよう。それらの要素とは、若さ、細いウエスト、豊満な胸、長い髪、金髪と青い目である。こうした特徴の背後には進化のロジックが働いている。

若さ

男たちが若い女を好むのは、年をとった女よりも繁殖価が高く、多産だからだ。女性の繁殖価とは、生殖可能な残りの年数に産める子供の数であり、したがって初潮をみたばかりの年齢で最も高く、その後は年々減って、閉経時にゼロになる。[4] 多産度は、特定の年齢で実際に出産する子供の数で、二〇代でピークに達する。文明社会には未成年者へのわいせつ行為を禁止する法律があるにもかかわらず、男たちが一〇代の女の子や若い女性に引かれるのはそのためである。祖先の環境には、未成年者との性行為を禁じた法律などなく、それどころか法律そのものが存在しなかった。サバンナ原則で言えば、人間の脳は祖先の環境になかったものをうまく処理できず、それゆえ未成年者との性行為を禁じた法律も含め、法律全般をよく理解できないのである。

アメリカの調査では、高校と大学の男性教師は、離婚率が期待値より高く、再婚率が期待値より低いことがわかっている（女性教師にはそうした傾向はみられない）。おそらく男性教師は繁殖価のピークにある若い女子学生に接する機会が常にあるからだろう。彼らの妻やデートの相手である大人の女性は、女子学生たちと比べて繁殖価では色あせてみえる。[5] ハリウッドでは長続きするカップルが珍しいのも同じ理由からだろう。俳優は常に初々しいスターの卵たちと仕事で顔を合わせる。かたや、もとは女優やモデルとして鳴らした彼らの妻たちは年とともに色香を失う一方だ。

「生きたバービー人形」を求めて

ここで閑話休題、私たちの経験談を挿入する。この逸話から、理想の女性美の構成要件である「若さ」の重要性がよくわかっていただけるだろう。二〇〇〇年にこの本を書きはじめたとき、私たちは理想の女性美のシンボル、言い換えれば「生きたバービー人形」としてパメラ・アンダーソンを選んだ。そして、このセクションのタイトルは、「男はなぜパメラ・アンダーソンが好きで、女はなぜパメラ・アンダーソンになりたがるのか」だった。

だが、それから数年経つうちに、彼女は生きたバービー人形ではなくなってきた。彼女が出演していたドラマ『ベイウォッチ』は二〇〇一年で放映が打ち切られ、〇七年に彼女は四〇歳の大台に乗る。そこで、私たちは代わりにブリトニー・スピアーズを選んだ。当時の彼女は清純な処女のイメージで、結婚を夢みる可憐なプリンセスだった。その後、彼女がどうなってしまったかは周知のとおり。まったく、やれやれ、である。

ブリトニーに代わる理想の女性美のシンボルを探しているうちに、私たちははたと気づいた。誰をもってきたところで、あっという間にその女性はシンボルの資格を失ってしまう。それほど、理想の女性美の条件として、若さという要素は重要なのだ。もしも私たちがこの本を三〇年前に書いていたら、ファラ・フォーセットを選んでいただろう。その場合、私たちの本はひどく時代遅れな印象を与えたはずだ。私たちはこの本が長く読み継がれることを望むし、将来の読者に時代遅れな印象を与えたくない。そこでセクシーなブロンド美女の実例をあげることを断念したのである。

長い髪

男性は一般に長い髪の女性を好む。[6] そして大半の若い女性は髪を長く伸ばしたがる。ここでもまた、男たちが長い髪を好むから、女たちが髪を長くするのだ。問題は、男たちはなぜ長い髪の女性を好むかだ。

人間の胎児は母親の胎内で九カ月間成長し、誕生後も母親が数年間授乳をするため、子供が健康に育つには母親が健康であることが非常に重要になる。母親の健康は父親の健康以上に子供の成長に重要なのだ。そのために男は健康な女と配偶関係を結ぼうとする。男たちが若い女を選ぶ理由には、繁殖価や多産度の高さに加え、若い女のほうが年をとった女よりも健康であることがあげられる。

男たちは潜在的な配偶相手の健康を何で判断するのか。祖先の環境にはクリニックなどない。祖先の男たちは女の健康を自分たちで判断しなければならなかった。健康の信頼できる指標の一つは肉体的な魅力だ。だからこそ、男たちは美しい女を好む。もう一つの指標は髪である。男女を問わず、健康な人の髪はつやつやしている。病弱な人の髪にはつやがない。病気にかかると、体は手もとにある、あらゆる栄養素（鉄分、タンパク質など）を病原体との闘いに動員しようとする。髪は（たとえば、骨髄などと比べて）生存に不可欠なものではないので、体は真っ先に髪から必要な栄養をとる。このため、健康かどうかは真っ先に髪の状態にあらわれる。[7]

さらに、髪は一年で一五センチくらいのペースでゆっくり伸びる。ということは、背中まで垂れた髪（六〇センチくらいの長さ）には、過去四年間の健康状態があらわれることになる。いったん伸びた髪の状態はその後に変えられないからだ。今は健康な女性でも、過去四年間に病気をしていれば、髪にそれがあらわれる。祖先の環境では、健康でなければ、つややかな髪を保つことはできなかった。年をとった女が髪を短くする傾向があるのもこのためだ。年をとれば、髪はつやを失う。年配の女たちはわざわざ髪を伸ばして、健康が衰えたことを示そうとはしない。

髪が年齢の指標となることはちょっとした実験で確かめられる。街を歩いているときでも、地下鉄の駅でもいい。どこか公共の場所で、見知らぬ女性をチェックしてみよう。後ろから近づいて、顔も手も服装もみないで、髪だけ観察する。髪の状態だけから年齢を推測してみる。推測がついたら、追い越して、さりげなく振り向き、怪しまれないように顔をみる。髪の状態だけから推測した年齢が、顔も含め全体をみてわかる見かけ上の年齢と大きくかけ離れていることはまずない。それほど髪の状態は正確な年齢のバロメーターなのだ。この実験で、祖先の環境では女性の年齢を知るのに髪が重要な手掛かりであったことを実感していただけるだろう。

細いウエスト

バスト九〇センチ、ウエスト六〇センチ、ヒップ九〇センチが、なぜ女性の理想のサイズなのか。このプロポーションは恣意的に決められたものではないことが、調査で確認されている。

テキサス大学の進化心理学者デベンドラ・シンがさまざまな文化圏で行った調査で、男性は普遍的にウエスト・ヒップ比（ウエストサイズをヒップサイズで割ったもの）が低い女性を好むことがわかった。シンの実験では、男性被験者に複数の女性の絵をみせた。描かれた女性たちはウエスト・ヒップ比が異なるだけで（〇・七から一・〇まで）、それ以外はまったく同じだ。すると、ほとんどの男性がウエスト・ヒップ比〇・七の女性が好みだと答えた。スリーサイズが九〇・六〇・九〇であれば、ウエスト・ヒップ比は〇・六七で、これに近い。[8] 私たちの一人（カナザワ）が、アメリカ、ニュージーランド、イギリスで、シンの実験を非公式に追試したところ、同様の結果が出た。大半の男性がウエスト・ヒップ比〇・七の女性を好み、大半の女性がウエスト・ヒップ比〇・九の男性を好んだ。

では、なぜ男はウエスト・ヒップ比の低い女を好むのか。シンは、健康な女性はウエスト・ヒップ比が低いからだと説明している。糖尿病、高血圧、心臓病、脳卒中、胆嚢障害などの病気にかかると、体脂肪のつき方が変わり、低いウエスト・ヒップ比を維持できなくなる。またウエスト・ヒップ比が低い女性は、多産度が高い。重要な生殖ホルモンの分泌量が多いために、妊娠しやすく、しかも早くから妊娠が可能になる。[9]さらに言えば、すでに他の男の子供を宿している女性は、当然ながら低いウエスト・ヒップ比を維持できない。

もう一つ言えることがある。女性のウエスト・ヒップ比はごくわずかではあるが月経周期に伴って変化し、排卵期に最も低くなる。[10]このように男が腰のくびれた女性を好むのは、健康で多産な女性を無意識に求めているからである。

欧米社会では長い歴史を通じて、女性たちは腰のくびれを強調するコルセットを身につけてきたが、低いウエスト・ヒップ比が好まれるというシンの研究で、この慣行を説明できる。現代の若い女性がローライズ・ジーンズをはくのもそうだ。お腹をみせるのは一〇代の女の子たちで、閉経期の女性ではない。健康を示すごまかしようのないサインとして、若い女が髪を伸ばすのと同様、多産さを示すごまかしようのないサインとして、若い娘たちがくびれたウエストを誇示する。この場合も、ブリトニー・スピアーズが超人気アイドルだったから、女の子たちが彼女のまねをしてお腹をみせたのではなく、その逆なのである。

豊満な胸

男たちが豊満な胸の女性を好む理由は、進化心理学では長らく謎だった。何しろ女性の胸の大きさは、授乳能力とまったく関係がない。胸が小さくても、授乳にはなんら差し支えはなく、巨乳は子育てに有利な特徴ではない。[11] では、なぜ男は大きな胸を好むのか。この問いに対しては、最近まで納得できるような答えはなかった。

ハーバード大学の人類学者フランク・マーローの卓見で、一九九〇年代後半にこの謎がようやく解決された。[12] コロンブスの卵ではないが、言われてみれば、なぜ今まで気づかなかったかと思うような話である。マーローが着目したのは、大きくて重たい胸は、年をとるとはっきりわかるほど垂れ下がることだ。そのため、大きくて垂れ下がっていない胸は、女性の年齢（ひいては繁殖価）を示すわかりやすい指標になる。小さい胸は年をとってもさほど目立って変化しない。思いだしてほしい。祖先の環境には、女性の年齢がわかる運転免許証も出生証明書もなかった。暦もなく、誕生日の概念すらないから、女性自身も自分の正確な年齢を知らなかった。祖先の男たちは、なんらかの身体的な特徴から、女性の年齢と繁殖価を推測しなければならなかった。胸の形状はかなり信頼できるサインになるが、それには加齢によってはっきりと形が変わるほど大きな胸である必要がある。男たちは、垂れていない大きな胸をもっている女を選べば、確実に若い女と配偶関係を結べる。そのためにより大きな胸に魅力を感じるというのが、マーローの仮説である。

さらに最近、マーロー説に対抗する進化心理学の仮説が提出された。ポーランドの女性を対象にした調査で、大きな胸にくびれたウエストをもつ女性は、二種類の生殖ホルモン（17βエストラジオールとプロゲステロン）の血中値が高く、多産であることがわかったのだ。[13] つまり、男性はウエストの細い女性を好むのと同じ理由で胸の大きな女性を好むということだ。この二つの説のどちらかに軍配を上げるには、さらにデータを積み重ねる必要がある。進化心理学では、このようにいくつもの仮説が競合している問題が多くある。これは進化心理学が活発で健全な研究分野である証しだ。

男たちは、胸の大きさなど体の特徴（脂肪のつき具合など）をじかに観察できれば、女の年齢と繁殖価を正確に判断できる。だが、女の体をじかに観察できない場合はどうするのか。たとえば厚着をするなどで、体がおおわれているときは？　女の年齢を判断するための別の基準が必要になる。それが髪の色だ。

金髪

ブロンドの女性はなぜ、いつもいい思いをするのか。紳士たちがブロンドを好むからだ。[14] では、なぜ紳士はブロンドを好むのか。ブロンド女性を好むような心理メカニズムが進化によって形成されたからだ。なぜか。

金髪が理想の女性美の条件とされたのは、少なくとも五〇〇年前、ことによると二〇〇〇年前からだ。[16] 一八一二年に過酸化水素で髪を漂白する方法が発明されるよりも以前、古代ローマ時代とルネサンスの時代に女性が髪を金髪に染めていた証拠がある。[15] 有史以来、女性たちは金髪にすさまじい執念をもち、漂白剤なしで髪を染める方法を編みだしたのである。

男性が金髪を好むのは、金髪女性には色白が多く、男性は色白の女性を好むからだという説もある。[17] しかし、この説はまちがっているようだ。たしかに男性は色白の女性を好む。[18] 肌の色の白さは妊娠率の高さを示す指標になるからだ。[19] 妊娠したり、経口避妊薬を飲んでいると、肌が黒ずむ。[20] 最も色白の人は金髪よりも赤毛であることが多いが、ある調査によると、[21] 男女ともに潜在的な配偶相手として赤毛を極端に嫌う傾向がある。結局のところ男たちがブロンドを好むのは、豊かなバストを好むのと同じ心理からだということがわかってきた。どちらも女性の年齢、ひいては繁殖価を判断する上で正確な指標になる。

金髪の特色は、年齢に伴ってはっきりと色合いが変わることだ。少女時代は明るい金髪でも、大人になるとたいがいは茶色っぽい髪になる。大人になるまで金髪を保てるのは、ごく稀なケースだ。つまり金髪の女性と配偶関係を結びたがる男たちは、無意識のうちにより若い女（平均的に言って、より健康で、より多産な女）を求めているのである。金髪がスカンジナビア諸国など北欧で進化した特徴であるのは偶然ではない。北欧の冬はとても寒い。人類がその進化の歴史のほとんどを過ごしてきたアフリカでは、男女とも一年中ほとんど裸で生活できる。こうした環境では、すでに述べたように脂肪のつき具合やバストの垂れ具合で、男たちは女性の年齢を正確に判断できる。極寒の地では、女性は（男性も）厚着をしているので、そうはいかない。女性が若さをアピールする手段として、ブロンドが寒い地域で進化したのは、おそらくこのためだろう。[22]それに応じて、男たちはブロンド女性と配偶関係を結びたがる趣向を獲得した。なぜなら、そうした趣向をもつ男は、無意識のうちにより若くて健康な、妊娠確率の高い女と配偶関係をもつことになり、そうした趣向をもたない男よりも、平均して繁殖成功度が高まるからである。

ちなみに、このことから、ブロンド女は頭が悪いという固定観念には一定の統計学的な根拠があると考えられる。なぜブロンド女はばかだと思われているのだろう。前に述べたように、固定観念も含めて、人間の思考は祖先の環境に適応するよう形成されてきた。髪を染める技術のなかった祖先の環境（たとえば、一万年前の北欧）で、明るい金髪の女性の平均年齢はいくつぐらいだったかといえば、ざっと一五歳である。同じ環境で、ダークブラウンの髪の女性の平均年齢は？ざっと三五歳だ。一五歳の少女は、三五歳の女性に比べると、世間知らずで経験が浅く、知恵もついていない（言い換えれば、〝ばか〟である）。ブロンド女は、ダークブラウンの髪の女よりも頭が悪いわけではない。若い娘は成熟した女より愚か（知識が少ない）というだけだ。そして、金髪は非常に若いことを示す信頼に足る指標なのだ。胸の大きい女は頭が悪いという固定観念についても、同じ理屈があてはまるだろう。豊胸手術はおろか、ブラジャーさえなかった祖先の環境で、豊満で形のよい胸をもつのは、非常に若い女だけだった。

青い目

理想の女性美といえば、「金髪に青い目」が決まり文句だ。長年の謎だった豊かなバストが好まれる理由は、マーローの解釈で説明できた。となると、この方面で残る謎はただ一つ、青い目がなぜ好まれるかだ。男たちがバービー人形、もしくはセクシーなブロンド美女の身体的特徴を好む理由はすでに述べてきたし、その背景にある進化の論理もみてきた。しかし、目の色は、髪の色以上に、恣意的な好みのように思われる。グリーンや茶色の目をした女より、青い目の女が好まれる理由がとくにあるとは思えない。それでも、青い目に引かれる心理は普遍的なものであり、否定しがたい事実のようだ。[23]

青い目の謎には、もう一つの謎が重なる。これまで述べてきた身体的な特徴は、女性の魅力とみなされているものばかりだったが、青い目は女性だけでなく、男性のチャームポイントともなる。魅力的な男性の典型と言えば、「長身で肌の浅黒いハンサム」で、ブロンドは条件にない。女性と違って、ブロンドの男性は魅力的とはみなされない。というのも、女性は一般的に自分より年下ではなく、年上の男性を好むからだ。[24] しかし、フランク・シナトラやポール・ニューマンに代表されるように、男でも青い目は魅力的とされる。つまり、「青い目はなぜ魅力的か」という謎は、男性の性的な趣向を考えるだけでは解けないということだ。

青い目の魅力は、進化心理学の謎だったが、学部学生のリー・アン・ターニーが二〇〇二年春に私たちの一人（カナザワ）の授業で提出したレポートで、この謎を解いてみせた。私たちの知るかぎり、これは青い目の魅力に関して、今までに提唱された唯一の説明であり、少なくとも検討に値する仮説である。とはいえ、言うまでもなくこの説が広く受け入れられるには、さらに厳密な検証を重ねる必要がある。

人は好ましいものを目にしたときに瞳孔が広がる。[25] ターニーはこの事実に着目した。たとえば、女性と子供は（男性は違う）赤ちゃんをみると、瞳孔が広がる。このように瞳孔の拡大（通常は意識でコントロールできない）は、興味や魅力を覚えたかどうかのストレートな指標になる。ほとんどの人は、好きなものをみたときに瞳孔が広がることを自覚すらしておらず、意識的に瞳孔のサイズを操って、他人をだますのは無理な芸当だ。何かに興味をもったり魅力を感じたら、否応なしにその感情が目にあらわれてしまう。

ターニーは二つの単純な事実に気づいた。一つは、ヒトの瞳孔の色は、虹彩の色にかかわらず暗い茶色であること（瞳孔をとりまく虹彩の色が目の色となる）。二つ目は、ヒトの虹彩の色では、青が最も明るい色であること。この二つから、瞳孔のサイズがいちばんわかりやすいのは青い目であることがわかる。つまり、他の条件がすべて同じであれば、青い目の人の感情がいちばん推測しやすいということだ。相手が青い目の人の場合は、自分に興味をもったかどうかがわかりやすい。だから、潜在的な配偶相手として魅力があるとみられたのではないかと、ターニーは考えた。私たちもこの説が有力だと考えている。少なくとも関心や好みについては、青い目の人の場合がいちばん「心が読みとりやすい」のである。

ターニー説の強みの一つは、青い目の人が魅力的な理由を説明できるだけではなく、男女ともに青い目に引かれる理由もこれで説明できることだ。女性にとっても、男性の心を知ることは重要だ。〝まちがった相手〟に引かれたら、女性のほうがはるかに大きな痛手をこうむる。だから、相手が自分に興味をもっているかどうかを知ることは、男性以上に重要になる。不誠実な求愛者にだまされた場合のデメリットがはるかに大きいから、女性にとっては青い目がいっそう重要な特徴になるのである。

さらに言えば、ターニーの仮説で、黒い目の人が〝神秘的〟とされる理由も説明できる。黒い目の人は、興味をもっているかどうかがわかりにくいので、謎めいた印象を与えるというわけだ。彼らの虹彩の色は、瞳孔の色に近いから、瞳孔が広がったかどうかわかりにくい。極端に黒い目の人は、男性からも女性からも敬遠される傾向がある。[26]

大いなる皮肉――なぜ男たちはだまされるのか

このように、男たちがセクシーなブロンド美女、もしくはバービー人形のような女性を好み、女たちがそうなろうとするのは、バービー人形の重要な特徴（長い髪、細いウエスト、豊かな胸、金髪、青い目）が、若さと健康、繁殖価、高い妊娠確率を示す指標だからである。言い換えれば、理想の女性美の背景には、まさしく進化の論理が働いているということだ。ところで慧眼な読者はすでにお気づきだろうが、ここに大いなる皮肉がある。実のところ今日では、いま述べたような肉体的な特徴は一つとして本物ではない。美容整形、カツラ、脂肪吸引、豊胸手術、髪染め、カラーコンタクトレンズといった手段で、年齢にかかわらずどんな女性でも、理想の女性美の条件であるこうした特徴の多くを手に入れられる。パメラ・アンダーソンの美貌は、ほとんどが人工的につくられたものだ。今や四〇歳の女性が二〇歳に化けることも可能である。六〇歳のファラ・フォーセットは、彼女の半分の年齢の〝普通の〟女性よりも魅力的だった。

それでも男たちは整形美女に引かれる。サバンナ原則が示すように、彼らの脳はシリコン入りの胸や染めた金髪を理解できないからだ。男たちも知識としては、形のよい巨乳を誇るブロンド美女の多くがうら若き乙女ではないことを知っている。それでも、そういう女性に引かれてしまう。進化によって形成された心理メカニズムは、祖先の環境に存在しなかった現代の技術にまんまとだまされてしまうのである。

Q 「美は見る人の目に宿る」はなぜ嘘なのか

「美は見る人の目に宿る」という諺がある。美は主観的なもの。何を美しいと感じるかは十人十色だというのである。また、「美しさは皮一枚」とも言われる。魅力的だろうとなかろうと、違うのは外見だけで、本質的な違いはないというのだ。標準社会科学モデルの立場からすれば、この二つの諺はいずれも申し分なく正しい。生まれたばかりの人間はまっさらな書字板なのだから、好みや美の基準も含めすべては誕生後の社会化によって形づくられることになる。人によって、育った文化的な背景も人生経験も異なるから、美の基準も当然違ってくる。ある文化圏のある人たちが美しいと感じる特徴は、別の文化圏の別の人たちが美しいと感じる特徴とはまったく違う。魅力的な人とそうでない人との違いも恣意的なものということになる。

一見すると、「美は見る人の目に宿る」も「美しさは皮一枚」も、それに対する標準社会科学モデルの説明も、もっともなようだ。社会学や人類学の入門書にはしばしば、多様な文化圏で美しいとされる人々の写真が掲載されている。その多くは、現代の欧米人の目には、とても奇妙に映る。しかし、進化心理学はここでも、この常識的な考えと広く浸透した思い込みをくつがえすのである。

美の基準は普遍性をもつ。個人の好みの違いもなければ、文化による違いもない。[27] アメリカ人を対象とした調査では、東アジア系と白人、[28] また白人と黒人[29]で、魅力的と感じる顔、あまり魅力的でないと感じる顔は同じだった。異なる文化圏で行った調査では、東アジアと中南米とアメリカで、美の基準はかなりの程度一致し、[30] ブラジル人とアメリカ人とロシア人、パラグアイの先住民アチェとベネズエラの先住民ヒウィ[31]の比較調査、アメリカ領ヴァージン諸島のセントクロイ島のアフリカ系住民とアメリカ人[32]、南アフリカの白人とアメリカ人[33]、中国人とインド人とイギリス人[34]の比較調査でも同じ結果が出ている。
これらの調査のいずれでも、人々の美意識に及ぼす欧米のメディアの影響はほとんど無視できる程度だった。標準社会科学モデルが主張するように、美の基準が個々人の家庭や文化圏での社会化によって獲得されるものなら、これほど多様な文化圏の人々が美醜についておおむね一致した判断をするはずがない。

美の基準を生得的なものと考えなければ、この現象は説明がつかない。一九八〇年代半ばにそれぞれ別個に行われた二つの研究で、生後二カ月と三カ月の乳児が、大人がみて魅力的な顔を、大人があまり魅力的でないと感じる顔よりも長く見つめることが確かめられている[35]。最近行われた同様の実験でも、生後一週間足らずの新生児が魅力的な顔に著しく強い関心を示すことが確認されている[36]。生後一二カ月の赤ん坊を対象にした別の研究では、魅力的な仮面をつけた見知らぬ人が近づくと、赤ん坊はにっこり笑い、一緒に遊ぼうとするが、魅力的でない仮面をつけた見知らぬ人に対しては、怖がったり人見知りをする傾向がみられた[37]。また、魅力的な顔の人形で遊ぶ時間は、魅力的でない顔の人形で遊ぶ時間より、有意に長かった。幼い子供をもつ親の多くは、子供が魅力的なベビーシッターによくなつくことを経験的に知っているが、こうした研究結果はそのような観察とも一致する。

標準社会科学モデルの最も熱心な信奉者でも、社会化やメディアの影響で、ある文化圏の美の基準が刷り込まれるには、生後一週間では（いや、数カ月であっても）到底足りないと認めるだろう。つまり、これらの研究が示唆するのは、おおまかな美の基準は、社会化によって学習されるのではなく、おそらく生得的なものだということだ。実験結果をみるかぎり、美は見る者の目の中にあるのではなく、普遍的な人間の本性にあると言わなければならない。言い換えれば、美は見る者の適応形質に宿るのだ。[38]

しかし、ここから疑問が生じる。美の基準はなぜ生得的なのか。なぜ私たちは美醜を見分ける能力を生まれつき備えているのか。その背景にある進化の論理は？

魅力的な顔の条件が二、三あるようだ。まず左右対称であること、そして平均的な顔であること。[39]魅力的な顔はそうでない顔よりも左右対称である。[40]顔の左右対称性は、発達過程で寄生虫や病原菌や毒素にさらされると低下し、[41]突然変異や近親婚など遺伝的な問題によっても低下する。[42]発達過程で健康に育ち、遺伝的にも健康な人は、顔と体がより左右対称で、より魅力的になる。このため、寄生虫や病原菌がはびこっている環境では、配偶相手選びで肉体的な魅力が重視される傾向がある。[43]寄生虫や病原菌の多い地域では、人々はいっそう美しい相手を求めるのだ。こうした環境では、配偶相手を選ぶときに、寄生虫や病原菌に感染した異性を避けることがとくに重要になるからである。

平均的な顔も、魅力の条件になる。集団の平均的な顔立ちに近いほうが、極端に個性的な顔よりも魅力的とされる。[44]美の基準が生得的なものとみられることを発見したジュディス・H・ラングロイスは、「魅力的な顔は並みの顔にすぎない」という名文句を残している。[45]左右対称な顔が魅力的である理由は、進化心理学で説明できるが、平均的な顔についてはそう簡単ではない。今のところ有力な説は、平均的な顔は、多様な遺伝子を受け継ぐことで形成された顔だというものだ。したがって、平均的な顔の人は、より多くの種類の寄生虫に抵抗力をもち、病因性の対立遺伝子を二つもっている可能性が少ない。[46]この仮説が正しいなら、左右対称と同じく、平均的な顔であることも、遺伝的な健康と寄生虫に対する抵抗力の目安となる。

美は見る者の目に宿る、もしくは皮一枚どころか、発達過程と遺伝的な健康、ひいては配偶相手としての資質の指標のようだ。美しさは「健康証明書」なのである。[47]より魅力的な人はより健康な人であり、[48]より体力があり、[49]より長生きし、[50]腰痛に悩まされる確率が低いという調査結果がある（ただし、腰痛との関係については異論もある）。[52]左右対称性は非常に正確な美の目安であり、顔写真をスキャンして、目や鼻などのサイズや距離を測定し、対称性レベルを算出してその人の魅力を数値化するコンピュータープログラムも開発されている。このプログラムの査定は、人がその顔をみて出す評価と非常によく一致する。[53]さまざまな人の顔写真を合成して平均的な顔をつくるコンピュータープログラムもある。[54]このように美は身長や体重のように客観的なものであり、数値化できる。身長や体重にしたところで、定規や秤ができる前は、多かれ少なかれ主観的に見積もられていたではないか。

Q　なぜ売春は世界最古の職業で、ポルノ産業は一〇億ドルの市場規模を誇るのか

よく言われることだが、娼婦は男の客をとるが、男娼も男の客をとる。同性愛者であれ異性愛者であれ、売春サービスの客はすべて男であり、セックスを金で買う女性はきわめて少ない。この性差は何に起因するのか。そして売春はなぜ最古の職業なのか。

繁殖の生物学的な条件の違い（異形配偶と受精卵が母胎内で育つこと）から、男はできるだけ多くの女に性的に接近するほうが繁殖成功度が上がるが、女は性的に接近した相手の数がそのまま繁殖の成功につながるわけではない。[55]男は年間一〇〇〇人の女と関係をもてば、可能性としては一〇〇〇人、実際のところは年間三〇人程度の子供をつくれる（一回のセックスで妊娠する確率は約三％）。[56]女性はたとえ年間一〇〇〇人の男とセックスしても、双子や三つ子を産まないかぎり、せいぜい一年に一人しか子供をつくれず、一人の男と定期的にセックスするのと変わらない。一人の女性が一人の男性と一〇〇回（週に二回程度、一年間）セックスをして妊娠する確率は九五％だ。[57]したがって、男性と違って、女性にとっては、多くのセックスパートナーをもつ生物学的メリットはほとんどない。

そのため、男は女よりもはるかに多くのセックスパートナーを求めるような淘汰が働いている。[58]調査によれば、若い男が二年間に性的関係をもちたいと思う女は八人ぐらいだが、若い女が求め

るのは一人である。性的バラエティー（多くの相手とのセックス）に対する願望は、男のほうが女よりはるかに強い。

売春という世界最古の職業は、性的バラエティーを求める男の欲望――進化によって形成された欲望から生まれたものである。この職業が数千年も成り立ってきたのは、男にそうした欲望があるからにほかならない。そして、女性客を相手にする売春サービスがないのは、女性にはそうした欲望がない、少なくとも男ほどにはないからである。

性的なバラエティーに対する男と女の欲望の違いは性的な妄想にもあらわれる。性的な妄想は、現実の制約をいっさい受けない性的願望の表現だ。[59]ある調査では、若い男性の三二％が一生に一〇〇〇人以上の女性とセックスしたいという願望があると答えたが、若い女性ではその割合は八％にすぎなかった。さらに、男性では、性的な妄想の中でセックスの相手が途中で別の女に変わり、複数の相手とセックスを楽しむ（あくまで想像の中でだが）確率がはるかに高い。女性はゆきずりの相手ではなく、深い関係にある相手とのセックスを望む傾向が強いため、[60]性的妄想を満たす手段も、ポルノではなくロマンス小説を選ぶことが多い。[61]

ポルノの性差

売春と同様、ポルノの消費者も世界中どこでも圧倒的に男性が多い。[62]性的バラエティーを求めてやまぬ男の欲望を考えれば、男たちが娼婦を買うように、ポルノを消費するのも理解できる。買春と違って、ポルノ写真やビデオをみても、そこに登場する女たちと実際にセックスできるわけではない。しかし、サバンナ原則によれば、脳は本当の意味では映像と生身の女の区別がつかない。写真やビデオであっても、自分を誘っているような裸の女をみれば、男は興奮する。それが人工的なイメージにすぎず、その女とはセックスはおろか、おそらくは出会うこともないだろうとは、頭ではわかっていても、本能的には理解できないのだ。祖先の環境には映像など存在しなかった。そこでは、自分を誘っているような裸の女がいたら、セックスできるということだ。だから、男たちはポルノに登場する女をみて、生身の女を相手にしたときのように興奮する。そうでなければ、ポルノをみて勃起するわけがない。勃起の唯一の生物学的機能は性交を可能にすることだ。ポルノに登場する裸の女が実際にセックスできる相手ではないと本当にわかっているなら、勃起という反応も起きないはずだ。

サバンナ原則は、女性にもあてはまる。女性の脳も祖先の環境になかったものをよく理解できない。だからこそ、女性は男性と同じように性的な妄想に耽るにもかかわらず、男性ほどポルノを消費しないのだ[63]。女性は多数の相手とセックスしても繁殖成功度が高まらないので、性的バラエティーを求めない。一生につくれる子供の数が限られていることを考えると、望ましくない相手とのセックスの潜在的なリスクは、女性のほうがはるかに大きい。それゆえ、女性は見ず知らずの相手とのセックスに非常に慎重だ。女性はセックスに踏みきる前に、時間をかけて相手を知ろうとする。女性が男性と知り合ってからセックスを考えるまでに必要な交際期間は平均六カ月だが、男は平均してわずか一週間で事足りる。[64]

つまり、女性にとっては、ゆきずりの相手とのセックスは避けたほうが無難なのだ。しかも、男たちの脳が、ポルノに登場する女と生身の女を本当に識別できないように、女たちの脳も、ポルノに出てくる裸で性的に興奮した男たちと実際にセックスする可能性がないことを理解できない。ポルノをみただけでは妊娠するおそれがないことを完全に理解できないのだ。男たちがポルノを消費するのと同じ理由で、女たちはポルノを敬遠する。いずれのケースも、脳は現実のセックスパートナーとポルノに出てくる架空の相手を区別できないのである。

Q　なぜローレン・バコールとブラッド・ピットではなく、ショーン・コネリーとキャサリン・ゼタ＝ジョーンズなのか

親子以上に年の離れた男と女の恋を描いた映画『エントラップメント』（九九年）は、フェミニストたちから総スカンをくらった。主演のショーン・コネリーは六九歳、キャサリン・ゼタ＝ジョーンズは三〇歳だった。同じような例は他にもある。九三年の『ザ・シークレット・サービス』では、クリント・イーストウッドは六三歳、レネ・ルッソは三九歳。フェミニストたちに言わせると、こうした映画は「女性は若くなければ魅力がないが、男性は年をとっても若い女にもてる」

という社会通念を助長するという。

フェミニストたちの嘆きをよそに、年配の男と若い女を主演に据えた映画は枚挙にいとまがない。若い女性向けの映画も例外ではない。九八年の『6デイズ／7ナイツ』では、ハリソン・フォードは五六歳、アン・ヘッシュは二九歳。同じ年に公開された『モンタナの風に抱かれて』のロバート・レッドフォードは六一歳、クリスティン・スコット・トーマスは三八歳だった。大ヒットした九七年の『恋愛小説家』のジャック・ニコルソンは六〇歳、ヘレン・ハントは三四歳である。この映画はアカデミー賞最優秀作品賞の候補になり、ニコルソンとハントはともに主演男優賞、主演女優賞に輝いた。ハリウッド映画の年の差カップルは最近の現象というわけでもない。六三年の『シャレード』では、当時三四歳だったオードリー・ヘップバーンが五九歳のケーリー・グラントに恋をし、彼女のほうから追いかける。四六年の『三つ数えろ』では、ハンフリー・ボガートは四七歳、共演のローレン・バコールは二二歳。言うまでもなく、二人は実生活でも夫婦だった。

『卒業』は例外として、映画の世界では男性が年上（ときには何十歳も）と相場が決まっているようだ。なぜ男も女も世代を超えて、男が年長の年の差カップルを期待し、求めるのだろう。従来の社会科学では、文化的な規範と社会化のなせるわざだと説明されてきた。〝文化〟が恣意的な魅力の基準を人々に押しつけているというのだ。女は若くなければ魅力がないが、男はそうではないというのもその基準の一つだ。その文化の中で暮らす人々は、恋愛映画のヒロインには若さを求めるよう社会化されているが、男にはこの基準はあてはまらないので、男は年をとってもセクシーなヒーローを演じられるというのである。

この章ですでにみてきたように、若さも含めて理想の女性美の条件は、進化の論理で説明できる。映画に限って言えば、従来の社会科学の反証となる二つの事実がある。

まず、ハリウッド映画はアメリカで製作されているが、今では世界中に輸出されている。アメリカで大ヒットした作品はほぼ例外なしに海外でも商業的に成功する。[65] 中国やアラブの一部諸国など抑圧的な国では、ハリウッド映画の性的に露骨な表現や同性愛のようなその国のタブーは検閲の対象になるが、ヒーローとヒロインの年が開きすぎているという理由で、映画が検閲されたり、上映禁止になることはない。年配の男性と若い女性の組み合わせは世界中どこでも抵抗なく受け入れられるようだ。

もう一点、たしかに映画の製作では、ハリウッド、つまりアメリカの影響が圧倒的に大きいが、どこの国にも文学はある。そして世界中どこでも、古今東西を問わず、文学作品（映画の原作になるケースも多い）のテーマや筋書きは、驚くほど似ていることがわかっている。[66] 私たちの手もとには外国映画のデータはないが、確実に言えるのは、「ボリウッド」と呼ばれる急成長中のインド映画をはじめ、諸外国の映画の多くは、年長の男と若い女のロマンスを描いており、世界を見渡してもその逆のパターンの映画（もしくは文学作品）はきわめて少ないということだ。

文化の影響でないとすれば、なぜ熟年男と若い女の恋愛がこれだけ広く受け入れられているのか。進化心理学の立場で言えば、これも進化によって形成された男女の本性の直接的な結果であり、反映である。世界中の国々で収集されたデータから、どの文化圏でも男は年下の女、女は年上の男との関係を望むことがわかっている。[67] 男が若い女を好むのは繁殖価が高いからであり、女が年上の男を好むのは、人間社会ではどこでも年長の男のほうが多くの資源をもち、地位が高いからである。

しかも、男は年をとるにつれて、ますます年齢差が開いた若い女を求めるようになる。二〇代の男は五歳くらい年下の女性が理想的だと考え、五〇代になると一五歳くらい年下の相手を求める。ここでも「例外が法則を証明する」。男が年上の女を望むのは、一〇代のときだけだ。[68] 一〇代の男の子たちにとっては、同年代の女の子より、年上の女のほうが妊娠確率は高い。言い換えれば、年齢にかかわらず、男は常に繁殖価のピーク、つまり二〇代の女との関係を望むのである。女性にはそうしたパターンはなく、年齢にかかわらず、一〇歳くらい年上の男を望む。[69] 映画製作者や小説家は、観客や読者にアピールしていくらの商売である。当然ながらその作品は受け手である人々の生物学的欲望を反映したものとなる。

興味深いのは『卒業』のケースだ。この映画では、ロビンソン夫人は、主人公ベンジャミンの恋人エレーンの母親という設定なので、ベンジャミンよりかなり年上のはずだが、実際にはロビンソン夫人を演じたアン・バンクロフトはベンジャミン役のダスティン・ホフマンより六歳年上にすぎない。観客は若いヒロインと熟年ヒーローのカップルを見慣れているので、たった六歳の差でも、アン・バンクロフトはダスティン・ホフマンに「不釣り合いな年増」と受け止められたのだ。おまけに、この映画の結末では、ロビンソン夫人の画策もむなしく、ベンジャミンは進化心理学の予測どおり、母親のほうではなく、若いエレーンを選ぶ。

Q　なぜ同じ状況でも、男と女で受けとり方が違うのか

男と女では同じ状況でも受けとり方がまったく違うため、意思疎通がうまく行かなかったり、誤解が生じる。そうした男女の認識のずれはドラマや小説の格好の題材になる。男と女が会って、楽しく会話する。男のほうは「彼女、俺に気があるな」とうぬぼれているが、女はただ感じよく接しているだけで、まったくそんなつもりはない。あなたが男であれ女であれ、現実にあったそんな行き違いを一つや二つは思いだすのではないだろうか。

それをただの「ありがちな話」や個人的な体験として片付けずに、実験をして確かめた研究がある。[70]男性と女性に五分間ほど会話をさせる。本人たちに気づかれないように、その様子を別室でもう一組の男女に観察させる。その後に感想を聞くと、会話をした当人も観察していた側も、男性二人は、会話者の女性が相手を性的に誘うような態度をみせたと言うが、女性の会話者はそん

なつもりはないと言い、女性の観察者もそうした印象は受けなかったという。また、男性の会話者の多くは女性の会話者に性的に引かれたと言うが、女性の側は相手に性的に引かれることはそれほど多くない。

こうした男女の心理の違いに気づかないと、個人に限らず、企業や社会まで大きな痛手をこうむりかねない。アメリカのスーパーマーケット・チェーン、セイフウェイは一九九八年一月、「ワンランク上の顧客サービス」を導入した。客の目をみて、にっこり笑うよう、従業員にお達しが出たのである。[71] 客が小切手かクレジットカードで支払いをした場合は、従業員はすばやく客のファミリーネームを確認して、「誰それさま、このたびはご利用ありがとうございました」と言う。このときも、客の目をじっとみて、笑顔で挨拶するのがポイントだ。

こんなところにも標準社会科学モデルの影響があらわれているというべきか、セイフウェイは男女対等を社是に掲げている。したがって、男性従業員も女性従業員も、男女の顧客に対して、同じようににこやかに接することが要求された。このサービスは、接客のざっと四分の三については、つまり男性の従業員と男性の客、男性の従業員と女性の客、そして女性の従業員と女性の客の間では非常にうまく行った。しかし、女性従業員と男性客の間では、これが裏目に出た。女性従業員が男性客の目をじっとのぞき込み、にっこり笑って、名前を呼び「ありがとうございました」と言うと、一部の男性客はてっきり彼女は自分に気があるものと思い込み、仕事中、さらにはオフのときまで、その女性従業員につきまとうようになったのだ。最終的に五人の女性従業員が連邦性差別禁止法を盾にこのサービスの強制をやめるようセイフウェイを相手どって裁判を起こし、会社側は法廷外の調停でこの要求をのんだ。

なぜこうした問題が起きたのか。なぜ男性はたいして意味のない接触に過剰な性的期待を抱くのだろう。二人の進化心理学者、マーティー・G・ヘーゼルトンとデヴィッド・M・バスが独自の「エラー管理論」で説明を試みている。[72]

「この女は俺に気がある」――勘違いの代償

彼らの仮説の前提となるのは、あいまいな状況では人間は誤った判断をしがちだが[73]、問題はそれによって大きな痛手をこうむるかどうかだ、というものだ。誤った判断をしても、それによる損失が少なければ生存や繁殖の成功度にはさほどひびかない。したがって、誤った判断が避けがたい場合、それによる代償が最小限になるよう、自然・性淘汰が働く。このようなエラー管理の概念は他の研究者たちがすでに提出していた。たとえば男性が女性と出会い、相手が自分に気があるかどうかを判断するとき、二つのタイプの誤謬が考えられる。相手はその気がないのに、気があると思う場合（肯定的な誤解）と、相手はその気なのに、そうではないと思う場合（否定的な誤解）だ。この二つのタイプの誤解は、どんな結果をもたらすだろう。[74]

肯定的な誤解をした男性は、相手にふられ、場合によってはばかにされ、平手打ちの一つもくらわされるだろう。否定的な誤解をすれば、セックスをして繁殖成功度を高めるチャンスをみすみす逃すことになる。後者の代償のほうが前者のそれよりはるかに大きい。したがって、男性には、相手の女性が自分に気があるとうぬぼれる方向に性淘汰が働くはずだ。

ヘーゼルトンとバスのエラー管理説は、先に紹介した実験やセイフウェイの騒動などで以前からわかっていた男の勘違い現象を説明するだけではなく、これまで知られていなかった二つの現象を予測させるものでもあった。その一つは、女性は相手の男性が自分に気がないものと思い込む傾向があること。女性の場合、肯定的な誤解の代償（男は彼女に気がないのに、愛されていると勘違し、セックスをして妊娠した挙げ句に捨てられる）は、否定的な誤解の代償（気に入られているのに、そうではないと思い、恋愛のチャンスを逃す）よりはるかに大きい。広い世の中には男はいくらでもいる。一人の男と長期的な関係をもつチャンスを逃しても、すぐまた別の男を見つけられる。だが、妊娠した挙げ句に捨てられたら、その後何年も別の男と長期的な関係をもつことはむずかしくなる。

二つ目は、男は女性の性的関心を過剰に評価するとはいえ、この傾向は自分の姉妹にはあてはまらないこと。男たちはよその男の性的なアプローチから姉妹を守るために、姉妹の性的な関心を的確に判断しなければならないからだ。言い換えれば、男のうぬぼれ心は常に働くわけではなく、相手がセックスの対象となりうる場合にのみ働くということだ。この二つの予測はいずれも、ヘーゼルトンとバスの研究から新たに導きだされたものだ。

ヘーゼルトンとバスのエラー管理説は、男女間の心理的な駆け引きについての仮説だが、他の人との協力関係でも同様の計算が（同様に無意識のうちに）働くと指摘している。[76] こうした状況でも、二つのタイプの誤った判断をする可能性がある。相手に負担を押しつけて自分が楽をしたら、気づかれて処罰されるのに、その心配はないと思って、楽をする場合（肯定的な誤解）と、相手に負担を押しつけても気づかれないのに、気づかれると思って協力する場合（否定的な誤解）だ。前者の代償は、村八分にされること、後者の代償は楽して得するチャンスを逃すことである。山岸らによると、人々が集団に非常に依存しており、村八分になることが命とりであるような状況では、肯定的な誤解をする確率は低くなるという。

もう一つの例として、スチュアート・エリオット・ガスリー[77]とパスカル・ボイヤー[78]は同じ判断バイアスの法則で、宗教の起源を説明しようとしている。何かよいことなり悪いことが起きたとき、それはなんらかの目的なり意図があって誰かがしたこと（つまり、あなたのあずかり知らない味方なり敵がいる）かもしれないし、ただの偶然（運）かもしれない。この状況でも、二つのタイプの誤った判断をする可能性がある。ただの偶然にすぎないのに、目的のある意図的なものだと考える場合と（肯定的な誤解）、何者かの意図が働いているのに、ただの偶然だと考える場合だ（否定的な誤解）。後者の誤り（味方なり敵の存在に気づかない）を犯した場合の代償は、前者の誤り（多少被害妄想的になり、物事を擬人化しすぎる）の代償よりはるかに大きい。ガスリーと、ボイヤーは、神の存在を信じる人間の心理的な傾向は、物事を擬人化する方向に働く、進化によって形成された心理的な傾向の副産物だと論じている（このことは第8章の「宗教はどこから生まれたか」の項で詳しく述べる）。つまりは、非常に抽象的なレベルで言えば、男たちが「この女は俺に気がある」とうぬぼれるのと同じ理由で、人は神の存在を信じるということになる。いずれも、もう一つの誤りの代償のほうがはるかに大きいという事情が背景にある。

第4章

病めるときも貧しきときも?――結婚について

誤解があるようだが、結婚は人間の専売特許ではない。結婚式など、結婚に付随するものの一部はさておき、婚姻関係そのもの、言い換えれば、予測可能で規制された雌雄の配偶パターンは、多くの動物、とりわけ鳥類に共通している。[1] ちなみに、欧米の結婚に特有なもの、すなわち教会での挙式や結婚証明書は、人間社会でも普遍的に存在するわけではない。

結婚はセックス、配偶関係と深い関連があり、この領域でも進化心理学は興味深い成果をあげている。進化心理学、進化生物学の二大発見とも言うべき、二つの驚くべき発見は、一夫多妻に関するものだろう。一つは、この一〇〇〇年ほどの西洋文明の歴史からすれば、受け入れがたいだろうが、自然の状態では人間の婚姻形態は一夫一妻ではなく、一夫多妻であること。当然、アメリカも含めてすべての人間社会は程度の差はあれ一夫多妻である。二つ目は、これまた意外に思われるだろうが、一夫多妻は女性にとって都合がよく、男性にとっては一夫一妻のほうがメリットがあるということだ。

なぜかって？　続きをお読みいただきたい。

Q　なぜ「一妻多夫」社会は事実上存在しないのか

まず用語を定義しておこう。前に述べたように、モノガミーは一夫一妻、ポリジニーは一夫多妻、ポリアンドリーは一妻多夫、ポリガミー（多婚）はポリジニーと同じ意味で用いられることが多いが、厳密にはポリジニーとポリアンドリーの両方を含む。

世界中の伝統的な社会の大規模な調査によると、八三・三九％の伝統社会は一夫多妻で、一夫一妻は一六・一四％、一妻多夫は〇・四七％である。[2] 一妻多夫性をとる数少ない伝統社会のほぼすべてが、「フラタナル・ポリアンドリー」、すなわち兄弟で一人の妻を共有する形態をとっている。兄弟関係にない男たちが一人の妻を共有する婚姻形態は、人間の社会には事実上存在しないと言っていい。[3] なぜ一妻多夫は例外的なのか。

第2章で述べたように、女性が〝建前上は〟ただ一人の男性と配偶関係を結ぶ一夫一妻制では、父性の不確実性は十分に低い。寝取られ男率（夫が他の男の遺伝子を受け継ぐ子供を自分の子供と信じて養育する確率）は推定で、アメリカでは一三〜二〇％、メキシコでは一〇〜一四％、ドイツで九〜一七％である。[4] 複数の男たちが一人の女と正式に結婚している場合、どの男も、妻の産んだ子が自分の子かどうか確信がもてないため、子供にあまり投資する気になれない。父親から十分に資源を与えられなければ、子供が生き延びて生殖年齢に達し、次世代に遺伝子を伝える確率は低くなる。つまり、夫たちが兄弟関係にない「一妻多夫制」社会は、消滅のタネをはらんだ社会なのである。

夫たちが兄弟関係にあれば、妻の産んだ子が自分の子（自分の遺伝子を半分受け継いでいる）でなくとも、少なくとも自分の甥か姪（自分の遺伝子の四分の一を受け継いでいる）ではある。この場合、（妻が夫たち以外のよその男とセックスしないかぎり）、妻の産んだ子は、どの夫にとっても遺伝的に無関係な他人ではない。したがって、夫たち全員が子供たち全員に投資するモチベーションをもつ。

同じ理由で、一夫多妻でも、妻たちが姉妹の関係にある場合が最もうまく行く（ただし、一妻多夫と違って、一夫多妻は妻たちが姉妹関係にないパターンも広くみられる）。これから結婚する女性にとって、あえて既婚男性を夫とすることは、状況しだいで合理的な選択になりうる（この章の「現代の欧米社会はなぜ（どのように）一夫多妻なのか」の項で詳しく述べる）。だが、すでに結婚している女性にとっては、夫が新たな妻を迎え入れることは、どんな状況であれ物質的な利害からは望ましくない。新たな妻が世帯に入ってくるたびに、自分と自分の子供に与えられるはずの資源の一部が奪われることになるからだ。そのため、妻たちの間で確執が生じる。それを避けるために、一夫多妻の伝統社会では、男たちは複数の世帯を構えて、妻たちを別々に養うケースが多い。[5] しかし、妻たちが姉妹関係にあれば話は違ってくる。もとからいた妻たちも、自分の妹と甥、姪に夫の資源を分け与えることにはさほど抵抗せず、夫の限られた資源を妻たちが激しく奪い合うこともなくなる。[6]

雄の性器は雌の〝貞淑度〟の指標

人間の社会には一妻多夫はほとんどないといっても、既婚女性が常に夫に貞節を尽くし、夫以外の男とはセックスしないとはかぎらない。それどころか、進化の歴史を通じて、女性は常に浮気性だった（「はじめに」で述べた道徳主義的な誤謬の危険性を思いだしていただきたい。貞節が美徳であるとしても、それが人間の自然の本性とは限らないし、人々が常に貞節であるとも限らない。浮気性が道徳的によいか悪いかは意見の分かれるところだが、進化で形成されてきた自然な本性であるということは、道徳的な善悪の議論とはなんの関係もない）。なぜ女性が浮気性とわかるのか。いくつかの証拠がこの結論を支持しているからだ。まず、現代でも多くの社会で、間抜けな寝取られ男率はかなり高い。ということは、婚外のセックスは、（ヒトを含む動物の）雌の繁殖戦略として進化してきたと考えていい。[7]

第二に、雄の精巣の大きさ（体に対する相対的な大きさ）は、雌の貞節度を知るかなり正確な指標であることがわかっている。雌が浮気性であればあるほど、雄は相対的に大きな精巣をもつ。

雌が短期間に多くの雄と交尾する動物では、複数の雄の精子が卵子に達するために競争を繰り広げることになる。他の雄の精子を押しのける手っとりばやい方法は、数で圧倒することだ。したがって、精巣が大きくなる。ゴリラの集団では、背中に銀色の毛をもつことからシルバーバックと呼ばれる成熟した雄ゴリラがハーレムをもち、雌たちの行動に目を光らせているために、雌が他の雄と交尾をする確率は低い。そのためゴリラの精巣は小さく（体重比で〇・〇二％）、一回の射精で出す精子数も少ない（五〇〇〇万個）。それとは対照的に雌がとんでもなく浮気性で、一頭の雄では決して満足しないチンパンジーの場合、雄の精巣は相対的に大きく（体重比で〇・三％）、一回の射精で出す精子の数も多い（六億個）。[8] 人間はゴリラとチンパンジーの中間だが、どちらかといえばゴリラに近い。人間の男の精巣は体重の約〇・〇四～〇・〇八％、一回の射精で出す精子は二億五〇〇〇万個だ。つまり、人間の女は進化の歴史でゴリラの雌よりは浮気性だったが、チンパンジーの雌よりは貞淑だったということだ。女性の貞淑度は進化の歴史を通じて男性の精巣の大きさにしっかりとあらわれている。女たちが浮気性でなかったら、男たちはこれほど大きな精巣をもち、多くの精子を生産することはなかっただろう。

さらに、生物心理学のパイオニア、ゴードン・Ｇ・ギャラップらによれば、ペニスの形態も進化の歴史で人間の女性が浮気性だったことを裏づけているという。人間のペニスは、他の多くの霊長類のペニスとはっきり異なる独特の形をしている。とくに、亀頭がくさび形である点が特徴的だ。「亀頭後部の直径は、陰茎の直径より大きく、亀頭と陰茎のつなぎ目の冠状の隆起が陰茎に対して垂直になっている」[9]

加えて、人間の男は射精に先立って、ペニスを膣に押し込む動作を繰り返す。ペニスの特徴的な形とこのピストン運動により、「他人の精子を子宮頸管から排出でき……女性が短期間に複数の男性とセックスを行っていても、この動作により射精の前に他人の精子をかきだすことができる」[10]。言い換えれば、人間のペニスは、他人の「精子を取り除く道具」だということだ[11]。進化の歴史を通じて、女性たちが夫以外の男たちとセックスをしてこなかったら、ペニスは今のような形にならなかったし、射精前のピストン運動も不要だっただろう[12]。男性の性器のサイズと形、さらに男性がそれをどう使うかに、女性が進化の歴史を通じて浮気性であったことがはっきりとあらわれているのである。

Q 現代の欧米社会はなぜ（どのように）一夫多妻なのか

これまで述べてきたように、人間の社会では一妻多夫の婚姻形態はほとんどみられない。言い換えれば、人間の社会はほぼ例外なしに一夫一妻制か一夫多妻制をとっているということだ。だから、ポリガミー（多婚）とポリジニー（一夫多妻）がしばしば同義語として用いられるのである。さらに言えば、人間の社会で圧倒的に多い婚姻形態は一夫多妻である。一般的に欧米の先進国の人々は、一夫一妻が自然でノーマルな婚姻形態だと考えている。ユダヤ＝キリスト教の伝統も一夫一妻が唯一の自然な婚姻形態としている。にもかかわらず、世界中を見渡しても単婚制が守られている集団は少数派だ。なぜか。

ユダヤ＝キリスト教の伝統に反して、ヒトの自然な婚姻形態は一夫多妻であるからだ[13]。「自然な」というのは、進化の歴史のほとんどを通じて、人間の婚姻形態は一夫多妻だったということである（繰り返すが、自然であるからと言って、それがよいとか望ましいということにはならない）。社会が厳格に一夫一妻制を課すようになったのは、ヒトの進化の歴史ではつい最近のことである。とはいえ、結婚制度のような社会の慣習は化石に刻まれるわけではない。ではなぜ、一万年以上も前の祖先の環境で、ヒトの婚姻形態が一夫多妻だったと断言できるのか。

実は、祖先が一夫多妻だったことを示す痕跡は私たちの体にしっかりと刻まれているのだ。霊長類に限らず動物の一夫多妻の度合いと、体の大きさの性差（雄が雌よりどのくらい大きいか）には明らかな関連性がある[14]。一夫多妻であればあるほど、雄と雌の体の大きさが違ってくる。たとえば、完璧に単婚であるテナガザルは、雄も雌も身長、体重ともにあまり変わらない。極端な一夫多妻であるゴリラは、身長では雄が雌の一・三倍、体重は二倍もある[15]。

人間はその中間だが、ややテナガザルのほうに近く、平均して男性の身長は女性の一・一倍、体重は一・二倍である[16]。つまり進化の歴史で、人間はゴリラほど極端な一夫多妻ではなかったが、テナガザルのような徹底した一夫一妻でもなく、マイルドな一夫多妻だったということだ。このように体格の性差から、ヒトの自然な婚姻形態は一夫多妻であることがわかるのである。

なぜ体格の性差と一夫多妻に関連があるのか

ここで疑問が浮かぶ。なぜサイズの性的二型が、一夫多妻の度合いと関連するのか。これには二通りの説明がある。一つは、より広く受け入れられてきたアイデアで、雄が大きくなったことに重点を置いたもの、もうひとつは比較的新しい説明で、雌が小さくなったことに着目している。

「男が大きくなった」説

第一の説[17]が着目するのは、一夫多妻では、少数の雄が集団の雌を独占するため、雄同士の適応度格差、つまり繁殖ゲームの勝者と敗者の差が大きくなるということだ（これについては第2章で詳しく述べた）。適応度の格差が大きくなれば、雌をめぐる雄同士の競争が激しくなり、大きくて背の高い雄のみが勝ち組となって繁殖のチャンスを得る。小柄な雄は押しのけられ、配偶相手を獲得できない。さらに、ヒトのようにつがいになり、雄と雌がともに子育てを行う種では、雌は捕食者や他の雄から自分と自分の子供を守ってくれる大柄な雄を選ぶ。このようにして、雄同士の競争と雌の選択により、大きくて長身の男だけが繁殖行動ができ、大きくて長身の遺伝子を息子に伝えられる。女のほうはどんな体格でも繁殖行動ができるので、多様な体格の遺伝子を娘に伝えることになる（女性の場合は適応度の下限値が比較的高いことを思いだしていただきたい）。

このようにして世代を重ねるうちに、男はより大きく、より長身になり、女は小柄から長身まで多様な体格が残されてきたというのである。

この説には最近、異論が唱えられている。[18] 問題は、この説が成り立つには、体格（身長と体重）は完全に（もしくは、おもに）父親から息子、母親から娘と伝えられることが前提となる点だ。そうであれば、背の高い男と小柄な女が結婚したら、背の高い息子と小柄な娘が生まれることになる。フィンランドで行われた双子の調査は、[19] この前提が誤りであることを示唆している。この調査で、息子は母親からも身長にかかわる遺伝子をもらうし、娘も父親と母親から身長にかかわる遺伝子をもらうことがわかった。つまり、背の高い父親からは背の高い息子と背の高い娘が生まれ、小柄な母親からは小柄な息子と娘が生まれるということだ。

「女が小さくなった」説

そこで提出されたのが、一夫多妻の社会では、女の子を早く成熟させるような淘汰圧が働くという説明だ（第5章の「離婚家庭の娘はなぜ初潮を早く迎えるのか」で詳しく説明する）。一夫一妻の社会では、大人の男はほとんど結婚しており、初潮前の女の子の相手は同年代の男の子しかいない。同年代の男の子はまだ結婚する準備ができていないから、女の子を早く性的に成熟させるようなインセンティブはない。一方、一夫多妻の社会では、既婚の男が二人目、三人目の妻を迎えられる。そのため、早く初潮を迎えた女の子は、村のリーダー格の裕福な男の幼妻になれる。

女性は初潮を迎えると身長の伸びがほとんど止まるため、早く初潮を迎えると、小柄になる[20]。つまり、一夫多妻では女の子たちが早く初潮を迎えるために、小柄になり、サイズの性的二型が生じたというのだ。この説をさらに裏づける証拠として、多様な文化圏で行った調査の結果、一夫多妻の社会の女性は単婚社会の女性より身長が低いが、男性の身長はあまり差がないことが確認されている[21]。

理由はともあれ、一夫多妻と体の大きさの性差は密接な関係があるとみていい。男のほうが女より体が大きいことから、ヒトの自然な婚姻形態は一夫多妻であると言えるのである。

婚姻形態を決めるのは女

ヒトの婚姻形態が本来的に一夫多妻であるなら、なぜ現代では多くの文化圏で（事実上は一夫多妻がまかり通っているにせよ）一夫一妻制が採用されているのだろう。女性が一夫一妻を望んだからだという説がある。繁殖のために雌が雄よりも多くの投資をする種（ヒトもそうだ）では、セックスと配偶関係は、雌の選択で決まる。雌が望めば、そして雌が望んだときにのみ、雄はセックスができるのであり、（力づくのレイプをする以外に）雄にはほとんど選択権はない[22]。（第6章の「ビル・ゲイツやポール・マッカートニーと犯罪者に共通するものは何か」の項でも触れる）。ヒトも例外ではない。多くの（もしくは大半の）女性が個人のレベルで一夫一妻を選べば、一夫一妻の婚姻形態が社会制度として定着し、多くの（もしくは大半の）女性が一夫多妻を望めば、一夫多妻制が定着するだろう。[23]

では、女性たちに一夫一妻制や一夫多妻制を選ばせるのは何だろう。社会の婚姻形態を決定する重要な因子は、男たちの間の資源の格差、最も富める男と最も貧しい男の差である。貧富の差が大きい社会、持てる者が持たざる者より極端に裕福な社会では、女たち（そしてその子供たち）は少数の裕福な男を共有するほうが豊かに暮らせる。非常に裕福な男の資源の半分なり四分の一、あるいは（格差が極端に大きければ）一〇分の一のほうが、貧しい男の資源全部より多いからだ。劇作家のジョージ・バーナード・ショーの言葉を借りれば、「女たちは損得を嗅ぎ分ける鋭い直感から、三流男の持てるものを独占するより、第一級の男の一〇分の一の分け前にあずかるほうが得だと知る」のである。[24]

一方、資源格差が小さい社会、富める男と貧しい男の所得にさほど大きな開きがない社会では、金持ち男の資源の半分は貧乏男の資源全部より少ないため、女たち（そしてその子供たち）としては金持ち男の資源を分け合うよりも、貧乏男の資源を独占するほうがいい。[25]かくして、資源格差の大きい社会は、一夫多妻となり、より平等な社会では一夫一妻となる。これはもともと鳥類の配偶システムを説明するのに打ち立てられた一夫多妻の閾値モデルを、[26]人間社会にあてはめた説明である。第1章でも述べたが、このように人間を特別扱いせず、他の動物種と同列に論じるのが進化心理学の基本的な立場だ。

人間の婚姻形態は本来的には一夫多妻なのに、欧米の先進国が一夫一妻制をとっているのは、中世と比べて、これらの国々では男たちの資源格差が小さいからだ。一般的に、資源格差は狩猟採集から遊牧、原始的な栽培、農耕へと生産手段がより複雑になるにつれ広がり、高度に発達した農業社会で頂点に達する。[27] その後、工業化によって格差は縮まる傾向がある。

女性たちが個人のレベルで一夫多妻ではなく一夫一妻を選ぶようになると、全体として一夫一妻が社会の制度や規範になる。[28] 多くの（もしくは大半の）女性が一人の男性と配偶関係を結べば、社会には一夫一妻の婚姻制度が定着する。しかし、建前上は一夫一妻であっても、一夫多妻という人間本来の性質を完全に抑えきれるわけではない。

すべての人間社会は事実上の一夫多妻である

人類の歴史を通じて、金持ちで権力のある男たちは、形式的には一夫一妻の結婚生活を営んでいても、常に愛人その他婚外の性的パートナーをもち、多数の女性と配偶関係を結んできた[29]（第6章の「ビル・ゲイツやポール・マッカートニーと犯罪者に共通するものは何か」の項を参照されたい）。現代でもそうだ。アメリカやカナダの裕福な男たちは、既婚か否かにかかわらず、比較的収入の少ない男たちよりも多くのセックスパートナーをもち、より頻繁にセックスをしている。[30] リッチな男たちは売春婦を買う金があるからではない。買春の確率は、金持ち男も安月給男も変わらない。裕福な男たちは売春婦を買う必要がない。彼らには女たちが群がってくるのだ。だから、より多くのセックスパートナーをもち、より頻繁にセックスできる。

また、名目的な一夫一妻制社会の多くは離婚を認めている。そして、アメリカをはじめ、多くの社会では、離婚は簡単に成立し、離婚率も高い。簡単に離婚できる法律のもとでは、いわば時期をずらした一夫多妻が可能になる（男たちは離婚と再婚を繰り返すことで、いちどきにではなく、一生のうちに何人もの妻をもてる）。アメリカでは、離婚後に再婚できるかどうかを占う最も決定的なファクターは性別だ。多くの場合、男性は再婚し、女性は再婚しない。

第3章で述べたように、男性は年を重ねるにつれ、収入と地位が上昇して、女性にもてるようになるが、女性は年をとれば繁殖価が低下して、配偶相手としての魅力を失うからだ。もちろん、離婚後に再婚し、生涯のうちに複数の夫をもつ女性もいるが、それよりもはるかに多くの男性が離婚と再婚を通じて生涯のうちに多くの妻をもつ。名目的には一夫一妻の現代の欧米社会でも、離婚が法的に認められるかぎり、事実上は一夫多妻になっているのだ。

一夫多妻は女にとって、一夫一妻は男にとってメリットがある

男たちの間に資源格差があれば（人間社会には常にある）、大半の女たちには一夫多妻のほうが望ましい。一夫多妻なら、複数の女たちが裕福な男を共有できるからだ。一夫一妻では、貧しい男と結婚しなければならない。格差が十分に大きければ、裕福な男の資源の一部のほうが、貧しい男の資源すべてよりも大きく、裕福な男を他の女たちと共有するほうが得策だ[31]。

唯一の例外は、非常に魅力的な女性の場合である。彼女は、どんな状況下でも（一夫多妻であ

れ、一夫一妻であれ）、非常に裕福な男と結婚できる。一夫一妻社会なら、裕福な夫の富を独占できるが、一夫多妻社会なら、自分より魅力の劣る女たちと夫の富を分かち合わなければならない。したがって、非常に魅力的な女には、一夫一妻のほうが望ましいが、他のほとんどの女たちにとっては一夫多妻のほうがメリットがある。

男にとっては、まさにその逆である。大半の男には一夫一妻のほうがいい。どんな男も妻を一人確保できるからだ。たしかに、もてる資源の少ない男は繁殖価の低い女としか結婚できないだろう。それでも、繁殖のチャンスがまったくないよりましだ。

この場合も、非常に裕福で権力のある男は例外である。彼らは一夫多妻制なら多くの妻をもてるが、一夫一妻社会では妻を一人（非常に繁殖価の高い女であれ）しかもてない。つまり、非常にもてる男には一夫多妻のほうが都合がいいが、その他大勢の男にとっては一夫一妻のほうが救いがあるということだ。

男たちが一夫多妻に憧れるのは、大勢の妻たちに囲まれて、鼻の下を長くしている自分を思い描くからだろう。彼らが気づいていないのは、ハーレムをもてるのは、ごく少数の男たちだけだということである。一夫多妻社会では、大半の男は妻をもてない。運がよければ、一人はもてるかもしれないが、その妻は一夫一妻社会でもつことができた妻よりも、はるかに繁殖価の劣る女になるだろう。一夫多妻制では、それより望ましい女はすべて、より望ましい男の妻になっているからだ。そう、大半の男たちにとって、一夫多妻は決して羨ましい制度ではないのである。

Q　息子がいると離婚率が低くなるのはなぜか

社会学と人口統計学の調査で、息子がいる家庭では離婚率が低くなることがわかっている[32]。一人でも息子がいれば、娘だけの夫婦よりも離婚率は有意に低くなる。なぜか。

第3章で述べたように、男の配偶相手としての価値はおおむね富と地位、権力で決まるが、女性は若さと肉体的な魅力で決まる。つまり、もてる資源の多寡にかかわらず、父親は息子に自分の富や地位や権力を確実に受け継がせなければならない。労働者階級の父親であっても、息子の繁殖成功度を高めるためには、たとえわずかであれ自分の富を息子に受け継がせる必要がある。それとは対照的に、娘の繁殖成功度を高めるために、父親が（母親も）できることはあまりない。娘は生まれてしまえば、若々しくみせたり、魅力的にするために親にできることはほとんどない。

したがって、進化心理学は息子にとっては父親（とその投資）が継続的に存在することが重要だが、娘にとってはそうでもないと予測する。繁殖成功度に限って言えば、父親が（いや、誰であっても）娘のためにできることはほとんどないのだ。それゆえ、娘がいるよりも、息子がいることが、離婚と父親の出奔を思いとどまらせる要因になり、裕福な家庭ではとくにその要因が強く働くと推測される。

言うまでもなく、この現象を発見した社会学者と人口統計学者は、標準社会科学モデルの立場から、息子にとっては父親の存在が大事だという社会通念があり、息子がいれば父親はより積極的に子育てに参加するので、結果的に離婚率が低くなると説明した。もちろん、この説明は正しい。息子にとって父親の存在は大事だと考えられており、息子がいれば父親は子育てにより積極的にかかわる。問題はなぜそのように考えられているかだ。標準社会科学モデルでは、社会通念を生みだした源まで踏み込んだ議論はできない。

Q　女たちはなぜダイヤモンドに目がないのか

女は男よりも子供にはるかに大きな投資をするので、繁殖成功度を高めるために、女がまずなすべき仕事は、自分に言い寄る求愛者のうち「父親タイプ」と「女たらし」を見分けることだ。[33] 父親タイプとは、彼女と彼女の子供に長期的に投資する意思のある男だ。女たらしは、手っとりばやいスリルを求め、セックスをしたあとは彼女を捨てるようなやからである。女性は一生のうちにつくれる子供の数が限られ、一人ひとりの子供にはるかに多くの投資をしなければならないから、父親タイプと女たらしを見分け損なうと、繁殖戦略上非常に手痛い代償を払うことになる。

では、女性はどうやってこの二つのタイプを見分けるのか。この男なら自分と自分の子供に資源を与えてくれるとどうやってわかるのか。よい父親になるには二つの資質が必要だ。まず資源を手に入れ、蓄積する能力。そしてそれを妻子に与える気前のよさだ。投資をする能力があり、かつまた投資をする意思があることを確かめるには、高価な贈り物を要求すればいい。資源を得る能力があり、資源を与える意思のある男だけが、進化生物学で「求愛の貢ぎ物」と呼ばれる高価なプレゼントをするはずだ。[34] その場合、プレゼントはどんなものでもいいだろうか。メルセデスベンツでも、郊外の一軒家でもいい？

いや、車や家ではだめだ。ヨーロッパ製の高級車が好きな男はベンツをプレゼントするかもしれないし、不動産に関心のある男は家を買ってやるかもしれない。いずれも、彼女と彼女の子供にどんな場合でも資源を与える意思があるかどうかの、明確な、疑う余地のない指標にはならない。父親タイプと女たらしを見分けるための求愛の貢ぎ物は、高価であって、なおかつ実用的な価値のないものでなければならない。

そう考えると、ダイヤモンドはうってつけの貢ぎ物だ。非常に高価だが、実用的な価値はない。どんな男も（女だって）生存のためにはダイヤを必要としない。ダイヤには乗ることもできなければ、住むこともできない。ダイヤがあったところでどうしようもない。女性にダイヤを買い与える男は、彼女に投資することに関心があるのだ。もう一つ、女性の喜ぶ贈り物、花も比較的高価で、かつまた実用的価値がない。もちろんダイヤも花も美しいが、高価で実用的価値がないから、女性たちはダイヤと花を好むのだ。実用的価値がないからこそ美しい。ボルボやじゃがいもは美しくないのである。

ゲーム理論を使った最近の分析で、「法外な」贈り物、つまり「コストはかかるが価値のない」贈り物が求愛をスムーズにすることが確認されている。[35]しかも、この研究によれば、男性は実用的価値のない贈り物をすることで、いわゆる「黄金泥棒」、つまり贈り物と引き換えに求愛に応じる素振りをしながら、贈り物だけもらって去っていく女性をふるい分けることもできるという。この手の女性は実用的な価値がある贈り物にしか関心がないからだ。ちなみに、ヒト以外の動物でも、間抜けな雄をだます、ちゃっかり屋の雌はいる。どうやらパートナーを慎重にふるい分ける必要があるのは女性だけではなさそうだ。

Q　ハンサムな男が夫に向かないのはなぜか

第3章でみたように、「美は見る人の目に宿る」ものではなく、「美しさは皮一枚」でもない。美しい人たちは、遺伝的にも、発育過程でも、より健康だった人たちだ。それならハンサムな男のほうが結婚相手として望ましいのではないか。より健康な男は夫に向かないというのはおかしな話だ。

進化心理学の分野をリードする二人の気鋭の学者、スティーブン・W・ガンゲスタッドとジェフリー・A・シンプソンが、一つの答えを提案している。[36]それによると、男は繁殖成功度を最大限に高めるために二つの戦略のうちのいずれかをとる。長期的な配偶関係を結び、配偶相手のもとにとどまり、子供に投資する（父親戦略）か、多くの相手と短期的な配偶関係を結び、その結果生まれた子供に投資をしない（女たらし戦略）である。[37]

男なら誰しも女たらし戦略をとりたいだろう。しかし、どの配偶戦略を選ぶかは、女の選択に左右される。男はセックスの相手を選べないのだ。選ぶのは女である。[38]そして、女は短期的な関係をもつ相手としては、優良な遺伝子をもったハンサムな男を求める。既婚の女も、夫をだまして浮気相手の子供に投資させることができるなら、ハンサムな男たちとの短期的な関係でメリットを得る。その場合、女は「いいとこどり」ができるわけだ。ハンサムな浮気相手の優良遺伝子をもった子供を産み、資力ある夫（間抜けな寝取られ男ではあるが）に父親になってもらい、その子に投資させる。

このように、ハンサムな男は多数の女と短期的な関係をもてるので、女たらし戦略を選べる。容姿の冴えない男は選択の余地がない。女たちは彼を短期的な相手として選んでくれないからだ。繁殖に成功するには、長期的な配偶相手を一人確保して、彼女との間にできた子供にふんだんに投資するしかない。つまり父親戦略である。

ガンゲスタッドとシンプソンの予測どおり、魅力的な男は長期的な伴侶以外にも多くのセックスパートナーをもつが、魅力的な女にはとくにそういう傾向はないという調査結果が出ている。[39]別の調査では、魅力的な男は短期的な関係を多くもつが、長期的な関係はあまりもたず、魅力的な女は長期的な関係を多くもつが、短期的な関係はあまりもたないことがわかっている[40]。さらに重要なのは、ハンサムな男は容姿の冴えない男よりも長期的な関係に投資しないということだ。ハンサムな男はパートナーにあまり誠実でなく、思いやりを欠くきらいがある[41]。

序章で約束したように、この本では「良い」とか「悪い」という価値判断はしない。言えるのはただ、実証的なデータから、ハンサムな男は婚外のセックスをする回数が多く、結婚生活を大事にしないという結果が出ており、妻たちはそういう状態を不満に思うかもしれないということだ。その意味で、ハンサムな男は、恋人としてはよくても、夫には向かないのである。

第5章 親と子、厄介だがかけがえのない絆
――家族の進化心理学

進化心理学では、家族の問題は、たとえばセックスと配偶関係に比べると、取り上げられる頻度はやや少ない。それでも人間の家族を理解する上で、進化心理学は大きな貢献をしている。一例をあげれば、初期のパイオニア、マーティン・デイリーとマーゴ・ウィルソンは、カナダとアメリカで調査を行い、義理の親、とくに義理の父親が子供を虐待する確率が高いことを明らかにした。[1] 両親とも実の父母である場合と比べ、そうでない場合は、子供が怪我をしたり、殺される危険性が四〇〜一〇〇倍高くなる。ある意味で、デイリーとウィルソンは「シンデレラ効果（継子いじめ）」を進化心理学で説明したのである。[2]

家族は親が子に投資する場――子供が生まれ、血のつながった親、もしくは血がつながっていないが、実の子だと信じている親に育てられる場――である。進化心理学は、この領域で驚くべき発見を成し遂げた。親は子に意識的にさまざまな投資をするが、一部の投資は無意識のうちになされる。

たとえば、親は男女を産み分けることで、息子なり娘により多く、もしくはより少なく投資をすることがある。中絶などの手段を使わないかぎり、子の性別は意識的に選択できるものではない。男の子が欲しい、あるいは女の子が欲しいと思っても、意識的に産み分けられるわけではない。それでも、進化心理学的に重要ないくつかの特徴によって、生まれてくる子供の性を予測できることが実証されている。

そのあたりから話を始めよう。

Q 男の子か女の子か——子供の性別に影響を与えるものは

一般には男の子が生まれるか女の子が生まれるかはまったく偶然に決まると信じられている。この考えはほぼあたっているが、正解ではない。生まれてくる子供の性別はおおむね偶然で決まるが、わずかながら影響を与える要因がある。また、男の子と女の子が生まれる確率は同じで、新生児の半数は男の子、半数は女の子だと思われているが、これもほぼ正しいものの、完全な正解ではない。出生性比（新生児の男女比率）は〇・五一二一。言い換えれば、女児一〇〇人に対し、男児は一〇五人生まれる。しかし、この割合は状況によって、家族によって多少変わってくる。では、子供の性別に影響を及ぼす要因とは何なのか。

裕福な親は息子を、貧しい親は娘を多くつくる

出生性比の話をするにはまず、二〇世紀の最も偉大な進化生物学者の一人、ロバート・L・トリバースの研究を紹介しなければならない。トリバースは一九七三年に数学者のダン・E・ウィラードと組んで、進化生物学の最も著名な原則の一つ、トリバース＝ウィラード仮説を提唱した。[3]高い地位にある裕福な親は息子を多くつくり、地位の低い貧しい親は娘を多くつくるという説である。

一般的に子供は親の富と社会的地位を受け継ぐ。裕福な家庭の息子は裕福になり、進化の歴史のほとんどを通じて、多くの妻や愛人をもつことができ、何十人、さらには何百人もの子供をもうけてきた。[4]彼らの姉妹は裕福だが、それほど多くの子供をもてない。したがって、裕福な親は娘よりも息子に〝賭ける〟ことになる。

逆に貧しい息子たちは女から相手にされず、繁殖ゲームから完全に締めだされる。だが、彼らの姉妹は、若くて美しければ、貧乏でも子供を残せる（第2章で述べたように、適応度の上限値は男のほうが女よりはるかに高いが、下限値は女のほうがはるかに高い）。そのため、経済状況によって出生性比にバイアスがかかるような淘汰圧が働き、裕福なら男の子、貧しいなら女の子が多く生まれるようになる。

さまざまなデータがこの仮説を支持している。アメリカの大統領、副大統領、閣僚の子供は娘よりも息子が多い。[5]東アフリカの貧しい遊牧民ムコゴドの集団では、新生児も〇歳から四歳の年

齢グループでも女の子のほうが多い。[6] 一七、一八世紀のドイツの教会の教区記録から、シュレースヴィヒ＝ホルシュタイン州レーツェンの裕福な地主は娘よりも息子を多くつくったことがわかっている。[7] アメリカ大平原の先住民シャイアン族の調査で、権威があり高位の「平和首長」と、貧しくてあまり力のない「戦闘首長」の子供（〇歳から四歳まで）を調べたところ、平和首長には息子が多くいることがわかった。[8] 現代のアメリカとドイツでも、紳士録（Who's Who）に名前が載るエリート層は、一般家庭と比べ、息子を多くもつ傾向がある。[9] 四六カ国の膨大な数の市民を対象とした国際的な調査でも、「一人しか子供をもてないとしたら、息子がいいか娘がいいか」という質問に、裕福な人々は息子、貧しい人々は娘と答える確率が高かった。[10] 反証データも出されているが、[11] ほとんどの調査結果はトリバース＝ウィラード仮説と一致している。[12]

大柄で暴力的な親には息子が多く生まれる

最近では、オリジナルのトリバース＝ウィラード仮説を理論的に敷衍《ふえん》した、「一般化トリバース＝ウィラード仮説」が提唱されている。[13] 新たな仮説の背後にあるアイデアは、もとの仮説のそれと同じだが、新仮説は富と地位以外のファクターも取り入れている。親が子供に伝えられる資質をもち、その資質が娘よりも息子に役立つなら、息子が多くなるバイアスがかかり、娘に役立つなら、娘が多くなるバイアスがかかるというものだ。富と地位は、親から子に伝えられ、娘よりも息子に役立つ資質だが、他にもこうした資質はある。

たとえば、脳のタイプだ。システム化（問題解決）が得意な「男性脳」は、息子に役立ち、共感（他の人たちと関係を築く）にすぐれた「女性脳」は、娘にとってプラスになる。[14] 脳のタイプは遺伝的に受け継がれるので、一般化トリバース＝ウィラード仮説によれば、技術者や数学者、科学者など男性脳を強くもつ親からは息子が多く生まれ、看護師、ソーシャルワーカー、教師など女性脳を強くもつ親からは娘が多く生まれるはずだ。実際、それを実証するデータがある。[15] 人口全体で出生性比は〇・五一二二で、女児一〇〇人に対し、男児は一〇五人生まれるが、調査によれば技術者らシステム化が得意な親の場合は〇・五八三三となり、女児一〇〇人に対して男児一四〇人となる。看護師ら共感する脳をもつ親では、〇・四二五五で、男児一〇〇人に対して女児一四〇人だ。[16]

同様に、背が高く体が大きい親からは息子が多く生まれ（祖先の環境では、大柄であれば男同士の競争で著しく有利になるが、女にとっては大柄であることはとくに強みとならない）、背が低い親からは娘が多く生まれる。[17] この傾向は生まれた子供の数だけでなく、胎児の段階でも認められる。私たちと近縁な霊長類をみても、[18] 祖先の環境では、男同士の競争で暴力は日常的に使われる手段だったと推測され、[19] したがって暴力的な性癖は、祖先の男たちにとって適応的で、女たちにとってはそうではなかったと考えられる。実際、アメリカとイギリスでの調査で、暴力的な男性は息子を多くもつことがわかっている。[20]

美しい親からはなぜ娘が多く生まれるのか

肉体的な魅力も生まれてくる子供の性別に影響を与える。体が大きいことや暴力的な性癖は男の繁殖成功度を高めても、女の成功度を高めないが、美しいことは男にも女にも有利になるはずだ。美しい女はあまり魅力的でない女よりも繁殖に成功する確率が高く、ハンサムな男もそうだ。しかし、男と女では、同じ有利でも意味合いが少し違ってくる。

美しい女は長期、短期の両方で繁殖成功度が高い。男は長期的な相手としても短期的な相手としても美しい女を好む。それに対して、ハンサムな男はおもに短期的な関係で有利になるだけだ。女は短期的な相手としてはハンサムな男を選ぶが、長期的な相手としてはとくに好まない。長期的な関係では、資源や地位など男のもつ他の資質のほうが重要になるからだ。第4章で述べたように、肉体的に魅力のある男は長期的な伴侶としてはあまり望ましくない。

そのため、肉体的な魅力は男女ともに利点になるとはいえ、男よりも女の繁殖成功度を高めるのに大きく貢献する。したがって、新仮説は、肉体的魅力のある親からは息子よりも娘が多く生まれると予測する。ここでも、予測どおりのデータが出ている。若いアメリカ人を対象にした調査では、「非常に魅力的」とされた人たちは、第一子が息子である確率が四四%(したがって、娘である確率は五六%)。それ以外の人は、第一子が息子である確率は五二%(娘である確率は四八%)だった。[21]「非常に魅力的」であれば、第一子が娘である確率が八ポイントも高くなるということだ!

そして、女は男より美しくなった

あなたの周囲の男女を見比べてほしい。あなたが男だろうと女だろうと、ゲイだろうとストレートだろうと、客観的にみて、女性のほうが押しなべて男性より美しいことに気づかれるだろう。なぜか。

簡単なことだ。もし肉体的魅力は親から子に遺伝するもので、美しい親からは美しい子、魅力的でない親からは魅力的でない子が生まれ、さらにもし美しい親からは息子よりも娘が多く生まれるなら、当然ながら世代を重ねるうちに、女性は平均して男性よりも美しくなる。新仮説から引きだされるこの予測もまた、データで実証されている。[22] 女性の平均的な魅力の水準は、男性のそれよりも有意に高い。美しい親からは娘が多く生まれるから、女性は男性より美しいのだ。

男の子が生まれるか、女の子が生まれるかは、まったくの偶然ではなく、たとえほんのわずかにせよ、多くのファクターが影響しているようだ。一般化トリバース＝ウィラード仮説で、これらのファクターが子供の性別に影響を及ぼす進化的理由を説明できる。進化は、親が可能なかぎり最も効率的な方法で子供に遺伝子を引き渡す手伝いをするのである。

Q　なぜ赤ちゃんは「パパ似」なのか

第2章で述べたように、雄雌の繁殖戦略が違うため、男だけが間抜けな寝取られ男になる可能性がある。男はうかつにも他人の子供に限られた資源を投じてしまうことがあるが、女にはそれはない。言い換えれば、父性は常にあいまいだが、母親が誰かははっきりしている。「ママのベイビーは、パパのメイビー（子かもしれない）」と言われるゆえんだ。

間抜けな寝取られ男は、自分の遺伝子を次世代に伝えられず、繁殖に成功できない。したがって、男には、寝取られ男になる可能性を敏感に察知し、それを防ぐような淘汰圧が働く。彼らは生まれてきた子供が自分の子かどうか確かめ、確信できた場合にのみ、その子に投資するだろう。DNA検査などなかった祖先の環境で、パートナーの産んだ子が自分の子供かどうか、男たちはどうやって確かめたか。

顔立ちが似ているかどうかが一つの手掛かりになる。自分にそっくりなら、父親は安心できる。自分に似ていないばかりか、不幸にも隣家の男にそっくりなら、実の子かどうかはかなり怪しい。このことから、寝取られ男率が一定だとすれば、父親似の赤ん坊は、父親に似ていない（もしくは、母親似の）赤ん坊よりも生存率が高いと推測される。赤ん坊が父親に似ていなければ、父親は自分の子かどうか確信がもてず、子供への投資を控え、結果的に子供の生存率は下がるが、父親似ならこうした問題は起きないからだ。したがって、進化の歴史を通じて、何代も世代が重なるうちに、赤ん坊を父親似にするような遺伝子が選択され、母親似になる遺伝子は生き残れず、父親似の赤ん坊がどんどん多くなって、しまいにはほとんどの赤ん坊が父親似になるはずだ。

カリフォルニア大学サンディエゴ校の二人の心理学者、ニコラス・J・S・クリステンフェルドとエミリー・A・ヒルは独創的な実験で、まさにこのことを突き止めた。[23] クリステンフェルドとヒルは、被験者たちに一歳、一〇歳、二〇歳の子供と三人の男女（そのうち一人は子供の実の母親か父親）の写真をみせ、親と子を結びつけるよう指示した。正解率は三三％だった。もしも子供が本当に両親に似ているなら、正解率はもっと上がるはずだ。

この実験結果からわかるのは、子供はそれほど両親に似ていないということである。似ているなら、偶然による正解率よりも高い確率で、親と子を結びつけられるはずなのに、そうはならなかった。ただし、一歳の子供と父親とを結びつける実験では、偶然の正解率よりも有意に高い正解率になった。被験者たちは男児と父親を五〇・五％、女児と（母親ではなく）父親を四八％の確率で正しく結びつけたのである。つまり、先に述べた推論どおり、一歳の赤ん坊は母親ではなく父親に似ているということだ。

この研究結果はメディアに大きく取り上げられたが、進化心理学でも屈指の激しい議論の的となった。それというのも、論理的にはまったく非の打ちどころがないにもかかわらず、この結果は追試では確認できなかったからだ。これまでに行われた追試では、新生児は客観的には父親よりもむしろ母親に似ており、[24] 乳幼児は父親と母親に同じくらい似ているとされている。[25] さらに実験が重ねられるまで、この問題については結論を控えなければならない。

みんなが赤ちゃんは「パパ似」と言うのはなぜか

これに関連して、はるかに広く受け入れられ、追試でも確認された知見がある。自然が赤ん坊を父親に似せることで父親を納得させられるかどうかはともかく、母親とその親族が父親を納得させようとすることは確かだ。三〇年間にわたって、北米の三カ国（カナダ、メキシコ、アメリカ）で別々に実施された調査で、母親とその親族が、赤ん坊をみて父親似だと言う確率は、母親似だという確率よりもはるかに高かった。[26] 赤ん坊が実際には父親に似ていない場合でも、母親と母方の親族は父親似だと主張する。[27] 実際に似ているかどうかはともかく、妻とその親族がこぞってそう言えば、父親は生まれた子供は自分の子供だと思うだろう。

さらに、大半の社会で、赤ん坊は母方ではなく父方の姓を継ぐ。この習慣も、父親に父性を確信させることに役立つ（ロシアでは、子供は父方の姓ばかりか、父親のミドルネームまで受け継ぐ）。夫婦別姓が慣行となっている社会でも、ほとんどの場合、子供は母方ではなく父方の姓を継ぐ。

今の欧米では、専門職の女性たちの多くが結婚後も旧姓のままでいるが、生まれた子供には父方の姓を継がせる。彼女たちはそうすることで（無意識であれ）夫に「この子はあなたの子よ」と（実際はそうでなくても。いや、そうでなければなおさら）アピールしているのである。自分が産んだ子供は確実に自分の子だが、夫には父性を確信させる必要がある。ママのベイビーは、パパのメイビーであり、実のところ一〇～三〇％はパパの子ではないのである。

Q だめな父親は多いのに、だめな母親が少ないのはなぜか

夫婦が離婚した場合、子供は母親が引きとることが多い。とくに若いカップルはそうだ。米国勢調査局が全米からサンプルを抽出して行った一九九二年三月・四月のアメリカの人口調査によると、離婚後、母親が子供の親権者となるケースが八六％を占めた。[28] さらに、子供の親権者とならなかったが、自主的に、もしくは法廷の命令で、子供の養育費を払うことに同意した父親の多くは、支払いを怠り、往々にして「養育義務を放棄した父親」となっていた。養育費の支払いに関する最初の全米規模の調査は一九七八年に実施されたが、元妻が全額を受けとっているケースは半分に満たず（四九％）、まったく受けとっていない場合が四分の一以上（二八％）にのぼった。[29] その後も、この割合はほとんど変わっていない。九一年の調査では、全額を受けとっているのは五二％、まったく受けとっていないケースが二五％だった。[30] なぜ母親は父親よりもはるかに子育てに投資するのか。養育義務を放棄する父親はいくらでもいるのに、母親はまず子供を捨てないのはなぜか。

ちょっと考えただけでは、子供に対する投資が、男と女でこれだけ違うことは説明がつかない。子供は父親と母親の遺伝子を半分ずつ受け継いでおり、遺伝的な結びつきに差がないからだ。しかし、ここには二つの生物学的な要因が働いている。その二つが合わさって、父親を無責任な親にしているようだ。

ママのベイビーは、パパにとってはメイビー（不確か）

一つは、父性の不確実性だ。第2章と本章の前のセクションで述べたように、ヒトも含め哺乳類では雌の胎内で胚が育つ。そのため、母性は確実だが、父性は確かめようがない。寝取られ男の悲哀は、どんな男にとっても他人事ではない。第1章と4章で述べたように、現代の工業社会でも寝取られ男確率は決して低くない（一〇〜三〇％）。もっとも、最近の大規模な調査で、欧米では実際にそういうことが起きる確率はかなり低く、四％前後という結果も出ている。[31] とはいえ現代の欧米でも、男がうかつに他人の子に投資する可能性は否定できず（歴史を通じて、あらゆる社会でそうだろう）、当然ながら男たちは自分の遺伝子を受け継いでいるかどうかわからない子供にあまり投資する気になれない。

一人の子供の重要度は父親よりも母親のほうが大きい

男を無責任な親にする二つ目のファクターは、適応度の上限値が高いことだ。胎児は九カ月間、母胎内で育ち、出生後も（少なくとも過去には）数年間は母乳で育てられるため、その間は通常、母親は次の妊娠ができない。おまけに女性の生殖可能年齢は男性のそれよりはるかに短い。この二つの条件により、男性のほうが生涯にもてる子供の数ははるかに多くなる（「血に飢えたムーレイ・イスマイル」の例を思いだしてほしい）。

男にとっても女にとっても（すべての生物にとって）繁殖の成功は重要だが、生涯にもてる子供の数が男女で違うから、一人ひとりの子供の重要度は、父親にとってよりも、母親にとってははるかに大きくなる。女の生涯の繁殖可能性に対して、一人の子供が占めるパーセンテージは、男のそれよりはるかに大きいのである。五人の子をもつ四〇歳の母親が、その子供たちを捨て、その結果子供たちが死んだら、おそらくその母親は次世代に自分の遺伝子のコピーを伝えられず、繁殖ゲームの完全な敗者として一生を終えることになるだろう。五人の子もちの四〇歳の父親が同じことをしても、彼はその後また五人（いや、一〇人でも二〇人でも）子供をつくれる。父性の不確かさと適応度の上限値の高さが、父親を無責任な親にする。だから、世の中には養育義務を放棄する父親はごろごろいるのに、自分の子供を捨てたり、養育を怠る母親はきわめて少ないのだ。皮肉なことに、母親が子育てに労を惜しまないからこそ、父親はますます無責任になれる。[32]母親がちゃんと育てるとわかっているから、父親は安心して子供を捨てられる。離婚する子もちカップルは、互いに向かって車を走らせる肝試しゲームをやっているようなものだ。そして、先に怖じ気づいてコースを変えるのはたいがい母親のほうである。大半の父親は、子供を見殺しにするくらいなら、子供に資源を与え、育てたいと思うだろう。だが多くの場合、彼らは困難な選択をしなくてもすむ。母親は決して子供を捨てないとわかっているからだ。皮肉にも、母親が献身的に子供を育ててくれるおかげで、父親は再婚して、新たな家族に投資し、さらに繁殖成功度を高められるのである。

今までに述べてきたことは、母親が常に立派な親で、父親よりすぐれているということを意味しない。母親もときには子殺しをする。進化心理学は、子殺しについても論考を試みている。

統計では、非常に若い母親が赤ん坊を殺す確率がきわめて高く、比較的高齢の母親がこれに続く[33]。非常に若い、一〇代の母親の場合、まだこれから末長く繁殖可能な年月があり、いま子供を殺しても、将来まだまだ子供を産める。不幸な状況（子供に投資をしてくれる父親がいないなど）で子供をもてば、子供が育つかどうかが危ぶまれるばかりか、自分も新たな配偶相手を見つけるチャンスを失いかねない。一〇代の妊娠では、こうしたケースに陥る確率が高い。

Q　女性のほうが家庭を大事にするのはなぜか

試しに、あなたのまわりの男女にとくに親しい人を五人あげてもらうといい。女性はたいがい家族のメンバーをあげ、男性は同僚をあげるだろう。人間関係に関する複数の調査で、女性は親しい人として、同僚よりも身内を多くあげることがわかっている。[34] なぜだろう。

二人の社会学者リン・スミス＝ラビンとJ・ミラー・マクファーソンが、標準社会科学モデルの立場から、この普遍的な現象に説明を試みている。[35] 彼らが例にとるのはジムとジェーンという架空のカップルだ。「ジムは技術者、ジェーンは看護師。二人とも仕事に真剣に取り組んでいる」ので、子供ができるまではそれぞれが似たような人間関係をもっている。しかし、子供ができると事情は違ってくる。「最初の子が生まれたときには、ジェーンの母親が二週間ほど泊まりにきた。その後、ジェーンは昼間働いている間、妹にベビーシッターをしてもらい……赤ちゃんと過ごす時間が夫より多いため、仕事や友達との付き合いは削っても、近所の人や身内が人間関係の中心になってくる。ジムのほうは仕事への取り組みも、人間関係も変わらない」[36]

子供をもつ多くの若いカップルが、ジムとジェーンと似たような生活の変化を経験しているだろう。スミス＝ラビンとマクファーソンが言うように、子供が生まれると、夫と妻それぞれの人間関係が変わってくる。その意味で、彼らの説明は正しい。しかし、そこから新たな疑問が生じる。なぜ子供が生まれるときに訪ねてくるのはジェーンの母親であって、ジムの母親ではないのか。赤ちゃんとの関係では、ジェーンの母親もジムの母親も変わらないはずだ。それとも、違うのか。ベビーシッターを務めるのはなぜジェーンの妹であって、ジムの妹ではないのか。二人とも赤ちゃんとの関係は同じではないか。それとも、違う？　この架空のカップルの場合（そして、現実の多くのカップルでも）、父親（ジム）ではなく母親（ジェーン）がおもに赤ちゃんの世話をするが、なぜそうなのか。標準社会科学モデルはこうした根本的な疑問に答えてはくれない（もうひとつの根本的な問い、なぜジムは技術者で、ジェーンは看護師なのかは、第7章の「神経外科医は男性、幼稚園の先生は女性が多いのはなぜか」の項で扱う）。

なぜ母親が父親よりも子育てに労力を注ぐかはすでに前のセクションでみてきた。読者は、ジムではなく、ジェーンがおもに赤ちゃんの世話をする理由はおわかりだろう（ジムは自分が赤ちゃんの父親かどうかはっきりせず、将来仕事で成功すれば、四〇歳になったジェーンと子供を捨てて、自分が社長を務める会社の二〇歳の受付嬢と再婚し、新しい家族をつくれる）。女性のほうが子供に労力を費やす動機づけが強いにしても、一人で子供を育てるのはむずかしい。とりわけ資源が乏しく、生命の危険がつきまとう祖先の環境では、他の人たちの助けが必要だっただろう。

母親が子育て支援を必要としているときに、喜んで手を差し伸べてくれるのはおそらく彼女の身内だ。母親の身内は、子供と血縁関係にあることがはっきりしているので、子育てに協力するモチベーションが強く働くが、父親の身内は、父性の不確実性から、子供が自分たちの遺伝子を継いでいるかどうか確信がもてない。だから、ジムの母親ではなく、ジェーンの母親が出産時に二週間手伝いにくるのであり、ジムの妹ではなく、ジェーンの妹がベビーシッターを引き受けるのだ。このように、現代の女性たちも、物心両面で助けが必要なときに、身内が頼りになるから、身内と親しく付き合う。

このことから、二つの事柄が推測できる。まず、女性の場合、子育てを助けてもらうために、身内に頼るのだとすれば、物質的に豊かで、身内の支援を必要としていない女性は、身内との関係を維持する必要がないだろうということ。もう一つは、夫がいる女性は、シングルマザーほどには、身内の助けを必要としないということだ。父性の不確かさは否めないとはいえ、夫も子供に一定の投資をするので、夫がいれば妻の子育て負担は軽減される。裏を返せば、男性の場合、身内との関係は、所得が多いかどうかや妻がいるかどうかにはまったく影響されないはずである。

アメリカで集めた膨大なデータを分析した結果、これらの予測はいずれもあたっていた。女性の場合は、世帯の所得が多く、夫がいれば、身内との関係はそれほど親密でなくなるが、男性の場合は、所得も既婚かどうかも、身内との関係に影響しない。[37] 標準社会科学モデルの立場からは、こうしたパターンを説明できない。

Q　離婚家庭の娘はなぜ初潮を早く迎えるのか

発達心理学では二〇年近く前から、子供のとき、とくに五歳以前に両親が離婚すると、女の子は早めに初潮を迎えることが知られている。[38] 離婚家庭の女の子は、セックスを経験するのも早く、より多くの相手とセックスをする傾向があり、一〇代で妊娠する確率が高く、最初の結婚は離婚に終わる確率が高い。[39] 初潮を迎えることは、生物学的には生殖キャリアが始まるということだから、早めに初潮を迎えた少女たちが、早い時期にセックスを経験し、多くの相手とセックスし、早い時期に妊娠するのは、進化的には理にかなっている（くどいようだが、自然主義的な誤謬を思いだしていただきたい。進化的に理にかなっているからといって、よいとか望ましいとはかぎらない）。しかし、なぜ子供時代に父親がいないことが、初潮を迎える年齢、ひいては活発な性行動の開始時期に影響するのか。

これについては競合する二つの説がある。一つは、初潮を迎える時期が早いか遅いかは遺伝的に決まるという説。もう一つは、環境によって決まるという説だ。どちらのモデルが正しいのだろう。

初潮の時期については、両方のモデルが部分的に正しいようだ。[40] 初潮の時期はかなりの割合で遺伝することを示すデータがあり、五〜八割方は遺伝で決まるとされる。[41] このモデルでは、初潮を早く迎える娘たちは、性的に活発であるために、離婚率が高く、その遺伝子が娘にも受け継がれると説明できる。そのため、母親が離婚し、父親なしで育った少女たちは初潮を早く迎え、性的に活発になるわけだ。

遺伝モデルはデータで裏づけられているが、環境要因も無視できない。遺伝子が決めた一定の幅の中で、環境要因によって初潮の時期は早くなったり遅くなったりする。[42] これは身長、体重、知能などにも言えることだ。たとえば、身長はかなりの程度遺伝で決まる。長身の親から生まれた子供は、小柄な親から生まれた子供より、平均して背が高い。しかし、ある程度の幅の中で、栄養状態や子供時代の感染症など環境要因によって、実際の身長は変わってくる。

初潮の時期は二～五割方は遺伝子には左右されない。したがって、遺伝子によって設定された一定の幅の中で、実際にいつ初潮がくるかは、環境条件に影響されると考えていい。そして、非常に大きな影響を及ぼすファクターの一つが父親の不在である。[43] 父親不在で育った少女たちが学ぶのは、男性は女性と長続きする関係を築かず、子供に投資しないということだ。そのため、彼女たちは初潮を早く迎え、できるだけ多くの男性と短期的な関係を結ぶという乱婚的な繁殖戦略をとろうとする。男はあてにならないと思っているからだ。それとは対照的に、父親がいる家庭で育った少女たちが学ぶのは、男性は女性と永続的な関係を築き、子供に投資するということであり、彼女たちはより堅実な戦略をとり、初潮を遅らせて、子供に投資してくれるパートナーと長期的な関係を結ぶ。[44] このように、五歳以前に父親がいなくなることは、初潮の時期と繁殖戦略に影響を与える。

もう少し掘り下げると……

しかし、この説明には欠けたところがある。女性の繁殖戦略が進化によって形成されるには、男の側の傾向（配偶相手とどういう関係を結び、子供に投資するかどうか）が、世代から世代へと安定して受け継がれなければならない。言い換えれば、母親が夫との関係で体験したことが、娘の代でも同じように繰り返されなければならない。これについては一つの仮説がある。父親がいる家庭で育った娘は、一夫一妻制の社会に適した戦略をとり、父親不在の家庭で育った娘は一夫多妻に適した戦略をとるというものだ。[45] 一夫多妻の社会では、既婚男性は、複数の女性の面倒をみなければならず、一人の妻とその子供たちに多くの時間をかけられない。そのため一夫多妻の傾向が強いほど、娘（息子も）が父親と過ごす時間は少なくなる。一方、一夫一妻の社会では、既婚男性はただ一人の妻とその子供たちにすべての時間を費やせる。そのため、父親不在の程度は、マクロな（社会の中での）一夫多妻の度合いを示す、ミクロな（家庭内での）指標となるわけだ。

前に述べたように、一夫多妻の社会では、少女たちを早く性的に成熟させる誘因がある。初潮を迎えた少女は、裕福な夫の幼妻になれるが、初潮をみていなければ結婚できないからだ。一夫一妻社会ではそうした誘因は働かない。男女比がほぼ半々なら、大人の男性はみな結婚しており（重婚はできず）、初潮を迎えた少女の相手は一〇代の若者しかいないが、彼らには家族を養えるような財産も地位もないからだ。多様な文化圏で実施された調査で、一夫多妻の社会と一夫一妻制ではあるが離婚率が高い社会では（第4章でみたように、欧米の一夫一妻制社会でも離婚率が高ければ、事実上は一夫多妻制となる）、少女たちが初潮を迎える時期が早いことがわかっている。[46] アメリカでは近年、平均的な初潮年齢が大幅に早まっている。[47] これも、離婚率が高まり、事実上の一夫多妻社会になっているためと考えられる。

親の離婚によって初潮年齢が早まる生化学的な機序はよくわかっていない。進化発達心理学者のブルース・J・エリス[48]は、義理の父親やその他、家庭内に入ってきた遺伝的な関係のない男の発するフェロモン（ある個体が分泌することで他の個体の行動に影響を与える化学物質）が早期に初潮を誘発するのではないかと述べている。この問題は、進化心理学でもいまだに解決されていない謎の一つである。

第6章 男を突き動かす悪魔的な衝動——犯罪と暴力について

犯罪と暴力を扱った進化心理学の研究はそう多くない。しかし、進化心理学の初期の古典的な研究の一つは、このテーマに関するものである。[1] マーティン・デイリーとマーゴ・ウィルソンは、一九八八年の著書『人が人を殺すとき——進化でその謎をとく』（新思索社）で、子殺し、親殺し、男が男を殺す、男が女を殺す、夫が妻を殺す、妻が夫を殺すなど、あらゆるタイプの殺人をダーウィンの理論で説明してみせた。

「繁殖の成功」をキーワードに人間行動を読み解く進化心理学の立場からすれば、子殺しは不合理な行動のようにみえる。人は自分の遺伝子を受け継いでいる子孫をなぜ殺すのか。デイリーとウィルソンは、この問いに二つの答えを出している。一つは、「親は子供を殺さない」というものだ。犯罪統計では義理の親子と実の親子を区別していないため、子殺しとされる事件の多くは、実際には義理の親が子供を殺したケースであり、親が血のつながった子供を殺す事件は非常に稀である。

二つ目の答えは、「親はときとして困難な選択を迫られる」というものだ。たとえ裕福な親でも、子供に与えられる資源には限りがある。一人の子供に一ドル、一分、ちょっとした労力を投じれば、その分だけ他の子に与えられるお金や時間、労力が削られる。そのため、進化的な心理メカニズムは、親に最も効率的な投資をさせるように働く。つまり、将来的に繁殖に成功する見込みがあまりない子供を犠牲にして、見込みのある子に投資させる。

犯罪と暴力に関連して、もう一つ驚くべき発見がある。犯罪者は普通の男たちとさして変わらないということだ。犯罪者も含めて、男はすべて多かれ少なかれ同じような衝動をもっている。犯罪者だろうと、音楽家だろうと、画家、作家、科学者だろうと、彼らが犯罪なり芸術活動なり科学研究にいそしむのは、突き詰めていけば女にもてたいから、セックスをしたいからである。自分の力を誇示して、女に認めてもらいたい一心で、男たちはあらゆることをする。

もちろん、女にも、多かれ少なかれすべての女に共通する衝動はある。しかし、犯罪と暴力を扱うこの章では、その話は出てこない。なぜなら暴力的な犯罪者はほぼ例外なしに男だからだ。まず、その理由をみていこう。

Q なぜ暴力的な犯罪者はほぼ例外なしに男なのか

文化的に普遍なもの、言い換えれば、あらゆる文化に共通する人間社会の特徴は数多くある。ドナルド・E・ブラウンはそうした「人類に普遍なもの」をリストアップして、九一年に本を出した。[2] スティーブン・ピンカーが二〇〇二年にそのリストを更新している。[3] フランツ・ボアズら文化相対主義者には気の毒だが、多様な文化、多様な社会が共有するものは非常に多くある。なぜなら、文化とは、人間の本性の社会的なレベルでの表現であり、人間の本性はあらゆる文化に普遍的にみられるものだからだ。[4] それゆえ、古今東西の人類の文化は、多少のバリエーションはあっても、本質的には同じであり、文化的に普遍なものをあげればきりがないのである（第2章の「文化をどう扱うか」の項を参照されたい）。

文化的に普遍な現象の一つとして、どんな人間社会でも、狂暴な犯罪や暴力行為を犯すのは、圧倒的に多くの場合、男であるということがあげられる。[5] なぜなのか。なぜ男は女よりもはるかに犯罪的かつ暴力的なのか。

デイリーとウィルソンは、殺人に関する大規模な調査で、進化の歴史を通じて人類が事実上一夫多妻だったことに着目した。[6] 一夫多妻の社会では、一部の雄が雌と交尾をする権利を独占し、他の雄はあぶれてしまう。雌はほぼすべて子孫を残せるが、雄の中には自分の遺伝子を次世代に伝えられない個体が出てくる（第2章で述べたように適応度の格差、つまり繁殖ゲームの勝者と敗者の差は雄と雌で違う）。このように雄はへたをすると繁殖上の完全な敗者になりかねないため、他の雄と激しい競争を繰り広げる。この雄同士の競争が、殺人、暴行などの暴力的な行為につながる。女が女を殺す事件や男が女を殺す事件に比べ、男が男を殺す事件が多いのはこのためだ。

死よりも恐ろしいもの

デイリーとウィルソンは、[7]男同士の殺人の多くが「些細な口論」[8]に端を発する点に注目している。『刑事コロンボ』に出てくるような殺人、つまり綿密に計画し、周到に準備された、完全犯罪に近いような殺人事件は、現実にはめったに起きない。多くの殺人事件は、ちょっとしたもめごとから始まる。名誉や地位、評判をめぐる男同士の些細な争い（一方がもう一方を侮辱したとか、一方の恋人にもう一方が近づいたなど）である。どちらも譲らなければ、口論はエスカレートし、暴力沙汰になる。挙げ句の果てに、気がついてみたら、相手が死んでいたという、とんでもない事態になる。女は地位の高い、評判のよい男を選ぶので、[9]男にとって地位と評判は繁殖成功度に直接的に影響する。そのため男は（無意識のうちに）自分の名誉を守ることに固執し、ときには極端な行動に走る。このようにデイリーとウィルソンは、男同士の殺人の根源にあるのは、繁殖目的で女に近づくために、（おおむね無意識のうちに）命がけで地位と名誉を守ろうとする男の心理メカニズムであると論じている。

ちなみに、多くの進化心理学者が死刑には殺人を抑止する効果がないと考えているのもこのためだ。殺人事件の多くが周到に準備された計画犯罪であれば、死刑は一定の歯止めになりうる。犯人は、相手を殺して得られるメリットと失敗した場合のデメリットを慎重かつ冷静に天秤にかけ、デメリットのほうが大きければ、犯行を見合わせるだろう。つまり、刑事ドラマに出てくる架空の殺人なら、死刑という制度は犯罪防止に有効だが、些細な口論がどんどんエスカレートして、抜き差しならぬ事態になるような現実の殺人事件の歯止めにはならないということだ。

　また、死刑が有効であるためには、死以上に恐ろしいものはないという前提が必要になる。遺伝子の論理から言えば、死よりも恐ろしいものがある。それは繁殖に完全に失敗することだ。そして、一夫多妻の社会では、配偶相手をめぐる競争に参加しない男は、繁殖に完全に失敗しかねない。他の男と競争し、闘えば、殺されるなり、相手を殺して死刑になるかして、死ぬことになるかもしれない。しかし、競争しなければ、自分の遺伝子を次世代に伝えられなくなる可能性が大で、繁殖上は死を宣告されたも同然だ。

　レイプはこうした犯罪とは異質なようにみえる。殺人や暴行と違って、レイプの被害者は多くの場合女性であり、地位と評判をめぐる男同士の競争とは関係がないと思われるからだ。しかし、一部の男たちをレイプに駆り立てる心理メカニズムは、男同士の競争に勝って、繁殖目的で女に近づく権利を確保しようとする心理メカニズムと同じである。レイプ犯の圧倒的多数は、合法的な手段では配偶相手を確保できる見込みがあまりない、社会的な地位の低い男である。[10] レイプは男同士の競争と暴力のあらわれではないが、その動機は男同士の殺人と同様、繁殖相手の確保であると考えられる。

財産目的の犯罪にも同じ論理があてはまる。女がより多くの資源をもつ男を選ぶのなら、男は物質的な資源を蓄積することで、繁殖成功度を上げられる。しかし、伝統的な社会では資源は年長の男たちのもとに集中しており、合法的な手段で資源を得られない若い男が、非合法の手段に走ることになる。その一つが盗みだ。このように、男たちを暴力犯罪に駆り立てる心理メカニズムは、財産目的の犯罪の動機にもなっている。

初めに犯罪があった

男は女にもてたくて盗みを働くという仮説は、ちょっと考えると矛盾しているように思われるだろう。人間社会では、盗みなど他人の資源を奪う行為を犯せば、罪に問われる（盗みが罰せられることも、あらゆる文化に共通する事象の一例である）。しかし、若い男に暴力や盗みを働かせる心理メカニズムは、類人猿とヒトが枝分かれした五〇〇万～八〇〇万年前よりも前、さらには類人猿が他のサルと枝分かれした一五〇〇万～二〇〇〇万年よりも前の時代に進化したと考えられる。実際、暴力や盗みを禁じる規範（法律のような公式の規範ではなく、暗黙のタブーのような非公式の規範）ができる以前に、暴力や盗みに駆り立てる心理メカニズムが形づくられたという前提がなければ、これまで論じてきたような説明は成り立たない。規範があれば、暴力で競争に勝ったり、盗みによって資源を蓄積しても、その規範ゆえに村八分にされ、地位は高まらず、繁殖に成功できないからだ。暴力と盗みを禁じる社会的な規範は、若い男を暴力と盗みに駆り立てる心理メカニズムを抑えるためにつくられたと推測される。社会的な規範をもたないヒト以外の動物では、人間社会で犯罪とされるような暴力や略奪行為が、きわめて日常的にみられることからも、犯罪が先にあったと考えていい。[11]

男がより暴力的かつ犯罪的である理由の一部はこれで説明できた。犯罪と暴力は、ライバルを消すか脅し、合法的に資源を蓄積できない男が資源を確保する手段となり、ひいては繁殖ゲームに勝つ手段となる。だが、これはコインの片側にすぎない。女はどうなのか。犯罪と暴力の動機がこれまで述べてきたようなものだとすれば、相対的に少数であれ、なぜ罪を犯す女がいるのだろう。

女性の犯罪率が低いわけ

進化心理学者のアン・キャンベルが提出した「生存のため」説は、この疑問に答えるばかりか、女の犯罪に関するその他の疑問にも示唆を与えてくれる。[12] キャンベルはまず、子供の生存、さらには繁殖の成功は、父親の世話と投資よりも、母親の世話と投資に大きく依存していることに着目する。子供が生き残り、性的に成熟するには、父親ではなく母親が長生きして、子供を物質的に支えることが重要になる。女が男と比べてリスクを回避する傾向が強いのはこのためだと、キャンベルは言う。女にとっては、あえて危険を冒し、資源や配偶相手をめぐって力づくの競争をすることで得られるメリットは、払うかもしれない代償（自分自身の生存に大きく依存している子供の生存）に見合わないのだ。母親は子供のためになんとしても生き残らなければならない。

しかしキャンベルによれば、ときには資源や配偶相手をめぐって、女同士で競争しなければならない状況もある。資源や配偶相手が稀少であればなおのこと、女たちは「数少ないいい男」をめぐって争い、場合によっては目的を達成するために暴力や盗みも働く。ただし、生き残ることが至上命題であるから、女たちがとる戦術はたいがいリスクが低く（たとえば盗みであれば、強奪ではなく窃盗を働く）、間接的なものだ（ライバルと直接、暴力で対決するのではなく、影で悪い噂を広めるなど）。

キャンベルは最新の著作で[13]、男と女の犯罪を理論的に統合するところまで踏み込んでいる。攻撃で得られるメリットについては、男も女も同じだというのだ。男同士の競争に勝って高い地位に就いた男は、配偶相手にアクセスする権利を得て、セックスのチャンスを多くもてる。女同士の競争に勝った高位の女は、高位の男が提供する資源と手厚い保護を優先的に確保できる。つまりキャンベルによれば、男が高い地位を得るためにライバルと争うように、女も高い地位の男を得るために女同士で争う。男と女で違うのは、攻撃のコストだけだ。女が攻撃行動に走るケースがはるかに少ないのは、このためである。

キャンベルによれば、「女性の働く盗みは通常、経済的な必要性によるもので、子供に対する養育責任の一部として発生する」。それに比べ、「強奪は本質的に男性の犯罪であり、資源を奪うだけでなく、地位を獲得するために暴力が行使される」[14]という。できるかぎり危険を避けようとする傾向に加えて、こうした事情から、女の犯罪率は男に比べて低い。女は自分と自分の子供が生き延びるのに必要なぶんだけしか盗まないが、男は力を誇示し、地位を得るために盗む。

言い換えれば、女は男ほど稼がないのと同じ理由で、男ほど盗まないのである[15]（これについては第7章の「なぜ男は女よりも多く稼ぎ、高い地位に就くのか」の項で詳しく述べる）。一般的に女が男ほど稼がないのは、必要なぶんだけしか稼ごうとせず、金を稼ぐよりもやりがいのあることがあるからだ。男は女の気を引くために、必要以上に稼がなければならない。それと同じように、女は生存に必要なぶんだけを盗めばよく、力の誇示や地位の獲得のために犯罪を利用するわけではないので、男ほど盗む必要がない。

デイリー、ウィルソン、キャンベルの論考は、男が女よりもはるかに暴力的で犯罪的な理由、そして犯罪と暴力における性差があらゆる文化に普遍的にみられる理由をよく説明している。しかし、国際刑事警察機構（ＩＮＴＥＲＰＯＬ）のデータに、このルールに合わない唯一の例外があることを指摘しておかなければならない。毎年の犯罪統計で、なぜかシリアでは、重罪に問われるような凶悪犯罪のうち、女性が犯人であるケースがかなりの割合を占め、年によっては男性より多いことがあるのだ。率直に言って、私たちはこの統計に戸惑っている。世界中でシリアの女性だけが例外的に凶暴であるなどということはまずあり得ない。この点については、他の進化心理学者も同じ意見だろう。データに何か事務手続き上のミス（インターポールの調査用紙が最初にアラビア語に翻訳されたときに、「男」「女」の記載がまちがい、まちがったまま何年もコピーして使用されているなど）があるか、もしくは文化・社会制度的な理由（夫や兄弟、父親の犯した罪を女性がかぶることになっているなど）があるのではないかと疑わざるを得ない。私たちは一〇年近く前にこの統計上の例外に気づいたときから、何人かのシリアの専門家に問い合わせているが、納得のいく回答は得られていない。しかしながら、私たちは統計処理になんらかの問題があると確信している。

Q　ビル・ゲイツやポール・マッカートニーと犯罪者に共通するものは何か

犯罪学の分野で「年齢＝犯罪曲線」という普遍的な現象が知られるようになってから二五年近く経つ。二人の著名な犯罪学者トラビス・ハーシーとマイケル・R・ゴットフレッドソンは、一九八三年の論文「Age and Explanation of Crime（年齢と犯罪の説明）」で年齢と犯罪の関係はあらゆる時代、あらゆる社会・文化的な条件を通じて、同じであると論じている。どんな時代のどんな社会でも、階層、人種、性別にかかわりなく、犯罪やそれに準ずる危険な行動に走る確率は、思春期の前半に上昇しはじめ、思春期の後半から成人初期にかけてピークに達し、二〇代から三〇代にかけて急減し、中年で一定になる。この「不変」の年齢＝犯罪曲線[16]と必ずしも一致しないデータもあるが、人間同士の重大な犯罪に関するこの曲線の基本的なパターンは、犯罪学者の間で広く受け入れられている。[17]

犯罪も才能の発揮も、ライバルに勝とうとする欲求のあらわれ

年齢＝犯罪曲線の注目すべき特徴として、この曲線が犯罪だけにあてはまるものではないということがあげられる。「公開され（多くの潜在的な配偶相手の目にとまる）、高い代償を伴う（その代償を払うことができる者は少ない）、数量化できるあらゆる人間行動」に、この曲線はあてはまる。[18]「年齢＝才能曲線」[19]とでも呼ぶべき、男性のジャズミュージシャン、男性の画家、男性の作家、男性の科学者の生産性と年齢の関係は、基本的には年齢＝犯罪曲線と同じパターンを示す。[20]生産性（才能の発揮）は成人初期に急速にピークに達し、その後急速に衰える。女性の音楽家や画家、作家の年齢＝才能曲線ははるかに変動幅が小さく、ピークはみられないし、年齢との相関関係はとくに認められない。

年齢＝才能曲線を示す具体例はいくらでもあげられる。ポール・マッカートニーはここ何年もヒット曲をつくっておらず、今は趣味で絵を描くことに没頭している。ビル・ゲイツは実業家、慈善家として尊敬を集めているが、天才的なコンピューター少年として世間を騒がせた頃のような閃きはない。『ライ麦畑でつかまえて』で一躍注目を浴びたJ・D・サリンジャーは、晩年には世間との交渉を断ち、創作活動からも身を引いてしまった。オーソン・ウェルズが映画史上に燦然

と輝く金字塔『市民ケーン』の脚本を書き、製作、監督、主演を務めたのは弱冠二六歳のときだ。こうした現象の背後にあるのは何か。なぜ犯罪者は年をとるとおとなしくなり、才能の輝きも年とともに色あせるのだろう。進化心理学の理論で、天才と犯罪者の生涯にわたる生産性の推移を説明できる。[21] この理論によれば、犯罪も才能の発揮も、ライバルに勝とうとする若い男の欲求のあらわれである。祖先の環境では、その欲求の究極の機能は、繁殖成功度を高めることだっただろう。

男の闘いは思春期に始まる

これまで述べてきたように、男は熾烈な競争で繁殖上のメリットを得る。配偶相手をめぐる物理的な競争では、力の強い者はライバルに対して暴力的にふるまうだろう。彼らの暴力は、自分たちの地位と名誉を守り、ライバルたちを怖気づかせる、もしくは消し去るという二重の機能を果たす。強者は配偶相手を引きつけるためにライバルから盗んで資源を蓄積しようとするだろう。それと同じ心理メカニズムから、女性に近づく正当な権利を得られない者たちは、力づくのレイプという犯罪行為に走るだろう。犯罪や暴力に向かない男性は、創造的な活動を通じて配偶相手を引きつけようとする。[22]

思春期以前には、競争に勝ったところでそれを繁殖の成功に生かせないから、競争しても、とくに繁殖上のメリットはない。だが思春期に入れば、競争のメリットは急速に増大する。繁殖可能年齢に達したら、暴力や盗みであれ、才能の発揮であれ、あらゆる競争行為が繁殖の成功につながる可能性がある。男性は成人期のほとんどを通じて繁殖可能なので、競争のメリットは思春期を過ぎても大きい。

闘いをやめるとき

しかし、話はそこで終わらない。競争はコストも伴う。暴力行為は自分の死や負傷につながりかねないし、他人の資源を奪えば報復を覚悟しなければならない。競争行為が死や負傷につながれば、繁殖成功度は明らかにマイナスになる。繁殖を開始する以前（第一子をつくる前）なら、競争のコストはほとんどない。たしかにライバルとの闘いで死ぬか負傷することがあり、それによって繁殖ゲームの敗者になる可能性はある。だが、競争しなくても敗者になるのだ。一夫多妻の繁殖システムのもとで（人間社会はずっとそうだった）、配偶相手をめぐる闘いに参加しなければ、ゲームから外され、結果的に敗者となる。言い換えれば、競争すれば負ける可能性があるが、競争しなければ負けが決まっている。だから死や負傷の危険があっても、競争の代償はたかだか知れている。繁殖成功度でみれば、競争しない場合の代償のほうが大きいのだ。繰り返すが、死刑では若い男による殺人を防げないのもそのためだ。

しかし、競争のコストは第一子（さらに、それに続く子供たち）の誕生とともに急速に増大する。たしかに、競争には依然としてメリットがある。最初の相手に子供を産ませたのちも、競争によって、さらに多くの配偶相手を引きつけられる可能性があるからだ。しかし、コストを考えれば、競争に向けるエネルギーと資源を、すでに生まれた子供を保護し育てることに費やすほうが得策だろう。言い換えれば、子供の誕生によって、男の繁殖努力は、配偶相手の獲得から子育てにシフトするのである。父親が競争のために死んだり負傷すれば、すでに生まれた子供たちが痛い目にあう。父親の投資なしでは飢え死にするかもしれず、父親の保護なしでは捕食者の犠牲になるかもしれない。したがって、競争のコストは第一子の誕生を契機に急速に増大する。男は最初の配偶相手を獲得するために、それなりの資源を蓄積し、それなりの地位を得なければならないので、第一子の誕生は通常、思春期を過ぎて数年後となる。それでも、避妊の手段がなかった祖先の環境では、男たちは今よりもかなり早く父親になっていただろう。したがって、競争のメリットが急速に増大する時期と、競争のコストが急速に増大する時期の間は、数年間と考えられる。

年齢＝犯罪曲線と年齢＝才能曲線はともに、競争のメリットと競争のコストの差として説明できる。若い男は、思春期後半から成人初期に競争のメリットの増加に伴い、急速に暴力的、犯罪的になり、創造的になる。その後、競争のコストが増え、メリットを相殺するようになるにつれ、同じように急速に生産性は衰えてゆく。犯罪性であれ、創造性や生産性であれ、男たちがすることはほとんどすべて、思春期から大人になる間に同様のコースをたどる。競争のメリットとコストの差がそこにあらわれている。

メリットとコストを計算するのは、いわば自然淘汰と性淘汰だ。淘汰によって脳に形成された心理メカニズムから、男たちは思春期に入ると競争心が高まり、第一子の誕生後は競争心が衰える。若い男を暴力や盗みや創造活動に駆り立てていた衝動は、子供ができたとたんに薄れて、なんとなく落ち着きたくなるのだが、その理由は本人もわかっていない。興味深いことに、犯罪者だろうと科学者だろうと、男たちがすることの多くは、たった一つの心理メカニズムに牛耳られているると推測されるのである。[23]

人はすべて勝者の子孫

ところで、人間の社会はこれまでずっと一夫多妻の傾向が強かったとすれば、配偶相手を得られず、繁殖できない男が大勢いたことになる。彼らは一生ライバルと激しく競争し、暴力的であり続けても失うものは何もなく、負けてもともとだっただろう。しかし、私たちは彼らの子孫ではない。現代人は全員、ある程度繁殖に成功した男（と女）の子孫であり、まったく子供をつくれなかった男女、つまり繁殖ゲームの完全な敗者の血を引く人はいない。さらに言えば、現代人の圧倒的に多くは、大いに繁殖に成功した勝者の子孫である（一二人の子供を残せた男の遺伝子は、一二人に受け継がれるが、子供を一人しか残せなかった男の遺伝子を受け継ぐのはたった一人で、言うまでもなく、一人も子供を残せなかった男の遺伝子は誰にも受け継がれない）。したがって、一生ライバルと張り合い、配偶相手を得ようとした負け組の心理メカニズムは、現代の男性には受け継がれていない。

選ぶのは女

ビル・ゲイツとポール・マッカートニーと犯罪者、さらには過去と現在のすべての男たちが似たようなコースをたどるということは、何を意味するのだろう。それは、進化生物学の非常に重要なコンセプト、雌の選択である。雌が雄よりも子供に多くの投資をする動物では（ヒトをはじめ哺乳類はすべてそうだ）、配偶関係は雌の選択で決まる。雌が望んだときに、望んだ相手と交尾をするのであり、雄が望んだときではない。[24]

雌の選択がどれほど力をもつかは、簡単な思考実験でわかる。男だけがセックスと配偶関係を決める社会を想像してみてほしい。男が望むときに、望む相手とセックスをする社会だ。そうした社会では何が生まれるだろう。何も生まれない。なぜなら、誰もがノンストップでセックスに没頭するからだ！　そのような社会には文明は生まれない。人々はセックス以外の営みをしないからである。ちなみに、これは、ゲイの男性が性的に非常に活発なことの進化心理学的な説明ともなる。ゲイの男性はストレートの男性よりもはるかに多くのセックスパートナーをもち、はるかに頻繁にセックスをする。ゲイの関係には、「ノーと言う女」がいないからだ。[25]そのため、性的に活発なストレートの男性が一八歳以後にもつセックスパートナーは平均一六・五人であるのに対して、ゲイの男性の場合は平均四二・八人である。

しかし現実の世界では、女たちはしばしば男にノーと言う。だからこそ、人類の歴史を通じて、男たちは戦争をして異境を征服し、交響曲を作曲し、本を書き、詩をつくり、肖像画や大聖堂の天井画を描き、ロックバンドで演奏し、科学的な発見をし、コンピューターのソフトを開発してきた。ただただ女性に認めてもらい、セックスに同意してもらいたいがための営為である。[26] セックスが男性の選択でできるなら、文明など生まれず、美術も文学も音楽もなく、ビートルズもマイクロソフトもなかっただろう。男たちは女たちに自分の能力を誇示し、イエスと言ってもらいたいがために、文明を築き、破壊してきた。すべては女のためなのである。

これについては、コメディアンのビル・マーがうまいことを言っている。「男がバーに入って、好みの女を選ぶには、世界の支配者でなければならないが、女がバーで好みの男をひっかけるには、美容院に行くだけでいい」。そこそこ魅力的な若い女性は、〝世界の支配者〟と同等の力をもつということだ。

Q　なぜ男は結婚すると「落ち着く」のか

犯罪と創造的な活動には他にも共通点がある。結婚を契機に衝動が収まることだ。

犯罪学では長年、結婚すると犯罪者が「落ち着き」、違法行為から足を洗うことが知られてきた。

独身の犯罪者はずっと違法行為を繰り返す。犯罪学では、この現象をトラビス・ハーシー[27]（ゴットフレッドソンとともに年齢＝犯罪曲線を発見したハーシー）が提案したアイデア、すなわち社会的なコントロールという視点から説明することが多い。[28]社会的コントロール仮説によれば、結婚すると慣習に従って生活している人々との結びつきができる。それまで罪を重ねていた男も、婚姻という形でこの結びつきに投資した以上、社会慣習に反する稼業を続けるわけにはいかなくなる。そのため結婚を契機に犯罪から足を洗うというのである。ハーシーの言葉を引用すれば、既婚男性は「慣習の遵守に利害関係をもつ」ようになる。[29]また、結婚によって、犯罪を思いとどまらせるような社会的コントロールがより有効に、より広い範囲で働くようになる。同じ屋根の下に別の人間が暮らし、犯罪者の行動を四六時中監視するようになるのだ。妻の注意深い目を逃れて、違法行為を犯すのはたやすいことではない。

　こうみてくると、社会的コントロール仮説は、結婚を契機に犯罪者が更生する説明として、完璧に理にかなっているようにみえる。ただ問題は、結婚で収まるのが犯罪の衝動だけではないことだ。科学研究のように、まったく合法的で、社会慣習にかなった活動にも、結婚がきっかけで歯止めがかかる。この現象をどう説明すればいいのだろう。生涯のいずれかの時点で結婚した科学者の年齢＝才能曲線と、独身を貫いた科学者のそれを比較すると、結婚が生産性を低下させることがはっきりわかる。独身の科学者の五〇％は、五〇代後半でも二〇代後半と同様に、精力的に論文を発表しているが、既婚の男性科学者ではこの割合は四・二％になってしまう。独身の男性科学者の生産性がピークに達する年齢の中間値は三九・九歳で、既婚者の三三・九歳よりも明らかに高い[30]。

祖先の環境には科学研究に対するノーベル賞など存在しなかったことを考慮に入れると、男の心理メカニズムはかなり正確に結婚を活動停止の合図としているようにみえる。結婚まもない男性科学者の二三・四％が生涯で最もすぐれた業績を上げる。しかし、彼らも結婚後五年以内にはかばかしい成果を上げなくなる。平均値でみると、結婚年齢と生産性のピークが終わる年齢の差はわずか二・六歳。中間値では三歳である。このように既婚の男性科学者は結婚後しばらくして急速に生産性が低下するが、独身者は引き続き大きな成果を上げるようだ。重要な科学上の発見には、何年もの研究の積み重ねが必要だ。それを考慮に入れると、結婚と活動低下の時期はほぼ重なっていると言っていい。さらに、社会学者のローウェル・L・ハーゲンズ、ジェームズ・C・マッキャン、バーバラ・F・レスキンの調査で、子供をもたない化学者が、子供のいる同僚より生産的であることがわかっている[31]。

独身の科学者が長期にわたって大きな業績を上げられるのは、研究に没頭できる時間が多いからだと思われるかもしれない。独身で子供がいなければ、子供の世話をしなくてすむ。車でサッカーの練習やバレエのレッスンに子供を送っていったり、家事を分担する必要もなく、もてる時間をすべて研究に費やせる。所帯もちの研究者はそうはいかない。ハーゲンズらも、今日の化学者の生産性が低下する理由をこのように説明している。

しかし、これまでに紹介してきた科学者の業績に関する主要なデータはほぼすべて、一八、一九世紀の科学研究に関するものである。この時代には、男性は結婚後も家族サービスをすることがほとんどなく、科学者の妻たちは仕事をもたなかった。ハーゲンズらのデータは一九六九～七〇年のものだが、当時も事情は似たようなものだった。そう考えると、既婚の男性科学者のほうが、家庭内のことはすべて妻に任せられるので、むしろ研究に没頭できたはずだ。

では、なぜ結婚すると、科学者であれ犯罪者であれこぞって男たちの生産性が低下するのか。この現象の根底にはあるのはなんだろう。

闘いの成果を享受する

結婚が犯罪だけでなく科学研究にも歯止めをかけるとすれば、社会的コントロール仮説は、誤りと言わないまでも、説明としては不完全ということになる。犯罪行為と違って、研究活動は慣習に反するものではなく、したがって結婚などで慣習的な社会と結びつきができても、それと研究活動が相容れないことはない。研究活動は法律に違反するなどの反社会的行為ではないので、犯罪者と違って、科学者は妻やその他の人々による社会的なコントロールに縛られることもない。

進化心理学の視点をもち込めば、犯罪だけでなく、科学研究の意欲も低下する理由がみえてくる。男は二〇代初めまではライバルと競争し、勝とうとするが、子供の誕生（避妊手段のなかった祖先の環境では、配偶関係ができ、頻繁にセックスをするようになると、まもなく子供が生まれる）をきっかけに、そうした衝動は衰える。結婚し子供ができると、男性科学者は昼夜を問わず実験室にこもりたい気分ではなくなるし、男性の犯罪者は大きな危険を冒してまで違法行為をしようと思わなくなる。彼ら自身はその理由を知らないが、自然とそうした心境になるのだ。

進化心理学で言えば、目的は繁殖の成功（結婚と子供の誕生）である。男がすることは、犯罪であれ科学研究であれ、すべてこの究極の目的を達成するための手段なのだ。この見地に立てば、なぜ結婚によって犯罪者と科学者の生産性が低下するのかという問いそのものが的外れになる。目的を達成してしまったのに、その目的のための手段を行使しつづけることになんの意味があるだろう。既婚男性がリスクを伴うあらゆる行動を控えるようになるのは、まさにこのためだ。知らず知らずのうちに、それとなく女にもてようと猛スピードで車を飛ばすといったこともなくなる。自動車保険の統計をみると一目瞭然だ。男性ドライバーが事故を起こす確率は、結婚を契機に著しく低下する。

Q　妻や恋人に暴力を振るう男がいるのはなぜか

進化心理学を批判する人々がよく問題にするのは、進化心理学の仮説は「検証不可能」であり、「反証不可能」だということだ。[32]進化心理学の仮説が明らかに検証可能であり、反証可能であることを示すにうってつけの例として、[33]二人の権威ある進化心理学者が提出した、家庭内暴力（ＤＶ）に関する相反する二つの仮説を取り上げたい。ちなみに、この二人はたまたま夫婦の研究者である。

マーティン・デイリーとマーゴ・ウィルソンは八〇年代前半に家庭内暴力と夫による妻殺しの研究を始めたが、この時点で二人はそれぞれ異なる予想をしていた。[34]デイリーは、夫が妻の価値を十分に認めず、ぞんざいに扱うことが、暴力と殺人の原因であると考えた。この場合、妻は年をとって妊娠率と繁殖価が低下していると考えられるので、若い妻よりも年をとった妻のほうが虐待と殺人の被害者になりやすいと推測される。一方、ウィルソンは、妻が他の男と性的な接触をもたないよう防衛しようとする夫の衝動が、歪んだ形であらわれた場合、家庭内暴力や妻殺しになると考えた。この場合は、より若くより繁殖価の高い妻を守ろうとする衝動のほうが強いから、若い妻のほうが年をとった妻よりも家庭内暴力の被害者になりやすいことになる。

いずれも進化心理学の理論にもとづき、知られている事実から引き出された予想であったが、二つとも正しいということはあり得ない。そこでデイリーとウィルソンはカナダとアメリカでデータを集め、この二つのアイデアを検証することにした。その結果、若い妻のほうがはるかに暴力と殺人の被害者になりやすいことがわかった。ウィルソンの予想が正しく、デイリーがまちがっていたのである。[35]いかがだろう。これでも進化心理学は検証不可能、反証不可能と言えるだろうか。

慧眼な読者は、こう考えるかもしれない。「若い妻の夫はたいがい若い男だろう。年齢＝犯罪曲線についての議論でみてきたように、若い男は年をとった男よりも暴力的なのではないか。ということは、若い女性が家庭内暴力や妻殺しの被害者になりやすいのは、彼女たちが若いからではなく、夫が若く、暴力的だからではないのか」

なかなか鋭い考察だが、残念ながらあたっていない。夫の年齢と妻の年齢の影響を別々に評価するのはむずかしいが、厳密なデータ分析の結果、妻の年齢がほぼ一〇〇％虐待と妻殺しのリスクを左右することがわかっている。カナダの調査で、はるかに若い女性（一五～二四歳）と正式に結婚している中年男性（四五～五四歳）は、同じ年齢層の女性と結婚している若い男性（一五～二四歳）よりも、妻殺しを犯す確率が六倍以上高いことがわかった。[36] 内縁関係では、若い妻をもつ中年男性は、若い夫よりも四五倍以上も妻を殺す可能性が高い。[37] 男性の暴力性は年をとるにつれて収まる傾向があるが、妻の年齢の影響はそれを上まわるほど強力なのだ。若い男が年をとった男よりも暴力的で殺人を犯す確率が高いのは事実だが、若い男と年をとった男では殺す相手が違う。若い男が殺すのは、雄同士の競争のライバルである他の男たちであり、年をとった男の標的となるのは妻である。その結果、殺人犯の年齢が高くなるにつれ、被害者に占める男性の割合が低下することになる。加害者が一五～一九歳の場合、被害者の八六・三％は男性だが、加害者が六五～六九歳であれば、被害者における男性の割合は五一・四％となる。[38]

若妻は虐待されるリスクが大きい

進化心理学の立場から言えば、夫の妻に対する虐待は、妻を守ろうとする男の欲望が、極端に歪んだ形で、おおむね意図せぬ行動としてあらわれたものである。寝取られ男になるおそれがあるために、男たちは、妻が他の男に性的に接近しないよう見張る強いモチベーションをもつ。そのためには、ときには脅迫や暴力という手段も辞さない。[39] 伴侶を防衛するという適応的な戦略が度を越して、伴侶に対する虐待、さらには殺人といった適応的でない行動を招くのである。若い女性は年配の女性よりも繁殖価が高いため、夫には若い妻を奪われまいとする防衛衝動がより強く働き、結果的に若い妻のほうが虐待のリスクが大きくなる。夫の年齢ではなく、妻の年齢が、虐待と殺人のリスクを左右するのはこのためだ。五〇歳の男性は二五歳の男性よりもはるかに暴力性、犯罪性が低いにもかかわらず、二五歳の女性と結婚している五〇歳の男性は、五〇歳の女性と結婚している二五歳の男性（このようなカップルは非常に少ないが）、あるいは二五歳の女性と結婚している二五歳の男性よりも、妻を虐待し殺す確率がはるかに高いのである。[40]

妻の年齢が「中年の危機」を招く

ちょうどよい機会なので、ここで広く誤解されている問題を進化心理学の立場から取り上げておこうと思う。DVという暗いトピックから離れて、もっと軽いトピックにも同じ論理をあてはめることができるからだ。男性は五〇代にさしかかる頃に、「中年の危機」と呼ばれる心理的な危機を迎えるとよく言われる。これは必ずしも正しくない。多くの中年男性が中年の危機を経験するのは事実だが、それは彼らが中年になったからではなく、妻が中年になったからである。虐待と殺人のリスクを左右するのが、夫の年齢ではなく、妻の年齢であったように、中年の危機という言葉でくくられる一連の行動を引き起こすのは、夫の年齢ではなく、妻の年齢である。進化心理学の立場から言えば、男の「中年の危機」は、妻の閉経が迫ることから誘発される。妻が繁殖キャリアの終わりを迎えるため、夫はより若い繁殖可能な女を引きつける必要が出てくるからだ。したがって、二五歳の妻をもつ五〇歳の男性は中年の危機には陥らないが、五〇歳の妻をもつ二五歳の男性は、五〇歳の妻をもつ五〇歳の男性と同様に落ち着きをなくすだろう。問題は夫が中年になったことではなく、妻が中年になったことだ。中年男が突然真っ赤なスポーツカーを乗りまわすようになるのは、自分の若さを取り戻したいからではなく、閉経した妻に代わる若い女を引きつけようとして、自分の財力をひけらかすためである。

第7章 世の中は公正ではなく、政治的に正しくもない
——政治と経済と社会について

第7章と8章では、進化心理学の研究が最も進んでいない領域を取り上げる。進化心理学は、心理学にルーツをもち、セックスと配偶者選びに重きを置くため、これまでの研究調査とその成果はほとんど個人の行動と認知——男女の行動はどう違うか、人間の脳は世界をどう認識するか、脳の思考の癖と傾向などに関するものだった。したがって、進化心理学が社会科学的なテーマを扱う場合も、「ミクロ」なレベル、つまり、個人という小さなスケールの問題を取り上げるケースがほとんどだった。

経済、政治、社会といった「マクロ」なレベルに、進化心理学の方法をもち込む研究はあまり進んでいない。しかし、この領域でも、非常に興味深い成果がもたらされつつある。私たちはともに社会学の出身なので、ミクロな問題より、マクロな問題に関心がある。進化心理学の視点でマクロな問題を論考することは、社会学の分野で訓練を受け、進化心理学に転じた私たちにはうってつけの仕事と言える。

この領域で、私たちは非常に面白い発見をした。社会制度、経済的・政治的不平等、社会問題、戦争、宗教、さらには文化そのものまで、個人の問題よりもはるかにスケールが大きく、〝個人を超える〟と言われるような問題も、個人の行動や認知と同じ源に端を発していることがわかってきたのだ。すべては、私たちの脳に組み込まれた進化的な心理メカニズムから生まれる。政治・社会的な現象も、人間の本性と生物学的特徴のマクロなあらわれなのである。

Q 男の政治家はなぜあらゆるものを失うリスクを冒してまで、不倫をするのか

一九九八年一月二一日水曜日の朝、全米に衝撃が走った。その日、有力紙ワシントン・ポストは、クリントン大統領が二四歳のホワイトハウスの見習いスタッフと不倫関係にあったことを報じた。アメリカばかりか、世界を騒がせたニュースとはいえ、その朝の時点では、これがどれだけ大ごとになるか、誰も予想していなかった。その後まるまる一年、政治的なスキャンダルがアメリカ（そして世界）の耳目を集め、ついにはその年の一二月一九日にクリントンが米下院で弾劾されることとなった。選挙によって選ばれた大統領が弾劾訴追されたのはアメリカの歴史ではこれが初めてだった。[1]

クリントンの不倫スキャンダルが世間を驚かせたときに、朝のコーヒーをすすりながら、テレ

ビのニュースをみて、「やっぱりねえ」とつぶやいている女性がいた。ミシガン州在住のダーウィン派歴史学者、ローラ・L・ベツィグである。ベツィグは二〇年以上も歴史上の政治家や、政治的指導者の配偶行動と繁殖の成功について論文や著作を執筆してきた。[2] 欧米の歴史を通じて、権力をもつ男は法律上は一度に一人の妻しかもたず一夫一妻の結婚生活を営みながら、例外なしに愛人なり、女奴隷をもち一夫多妻の性行動をしてきたと、ベツィグは指摘する。[3] 彼らの中には何百人、さらには何千人もの処女からなるハーレムをもった者たちもいる。権力者たちは妻とは嫡出子をもうけ、他の相手とは非嫡出子をもうけた。遺伝子と包括的な適応度では、嫡出子と非嫡出子の区別はない。嫡出子は父親の権力と地位を受け継ぎ、多くの場合は彼ら自身もハーレムをもつが、有力な父親は非嫡出子にも投資をする。

結果的に、高い地位にある有力な男たちは人類の歴史を通じて、大いに繁殖に成功し、多数の子孫（嫡出子かどうかを問わず）を残してきた。一方、ひなびた田舎に住む無数の貧しい男たちは配偶相手を得られず、子供をつくれずに死んでいった。私たちが第2章で出会った「血に飢えたムーレイ・イスマイル」は、記録にあるかぎり最も多くの子をもうけ、量的には際立った存在だが、質的にはビル・クリントンをはじめとする権力者たちとなんら変わらない。

多数の女たちと性的関係をもつため

ベツィグのダーウィン主義的な歴史観から言えば、九八年のあの朝、アメリカと世界の多くの人々が思ったこと、つまり「よりにもよって世界一強大な権力をもつ男が、なぜ地位を失う危険を冒してまで、若い女との不倫に走るのか」という問いは、愚問である。ベツィグなら、「ちっとも不思議ではない」と答えるだろう。

　第1章で述べたように、人間のあらゆる行動の根底には、繁殖の成功という動機づけがある。繁殖の成功は、人間を含めすべての生物の存在目的である。[4]人間の活動の多くは、直接的にせよ間接的にせよ、意図的にせよ、知らず知らずのうちにせよ（通常は後者）、繁殖に成功するためになされる。政治家になることも例外ではない。この観点からすれば、男たちは意識的にせよ無意識にせよ、多数の女に繁殖目的で近づくために政治的権力を手に入れようと奮闘する（クリントンが、六三年にホワイトハウスでジョン・F・ケネディに出会って以来、奮闘してきたように）。言い換えれば、女に性的にアクセスすることが目的であり、政治家としての地位は手段にすぎない。アメリカの大統領がなぜ若い女と性的関係をもったかと聞くのは、金を稼ぐために必死で働いてきた人間がなぜその金を使うのかと聞くようなものだ。金を稼ぐのは、使うためであり、大統領になる（もしくは、男たちが努力を惜しまぬその他の行為をする）のは、多数の女たちと性的関係をもつためなのである。

　クリントンと他の大統領（未来の大統領も含め）の違いは、在任中に不倫をしたことではない。進化的には、不倫をしないほうが不思議だ。クリントンの場合は、不倫が発覚し、派手な政治的スキャンダルになった点が特別だった。クリントンの遺伝子は、多くの女性とセックスすれば社会的に制裁を受けるということを知らなかった。クリントン以前の歴代の大統領たちは、ベッツィグがその性行動を詳述している国王や皇帝などは、まんまと制裁をまぬがれたのに、クリントンだけ不倫行為が暴かれてしまった。クリントンの遺伝子は、DNA鑑定なるものを知らず、それによってクリントンの不倫が実証され、国民の前で不面目な行為を認める羽目になるとは知らなかった。祖先の環境にはそんなものはなかったからだ。

Q　なぜ男は女よりも多く稼ぎ、高い地位に就くのか

すべての工業社会では、女性のほうが男性より所得が少なく、職業上の地位が低い。[5] これは資本主義社会か、社会主義社会かを問わず、労働者からホワイトカラーまであらゆる職種について言えることだ。なぜか。

伝統的な社会科学の見解

男女の所得格差は、経済学[6]と社会学[7]の中心的な関心事の一つである。この二つの分野の研究者は、問題を三つの要素に分けて考えている。（1）人的資本（教育、職業スキル、訓練、その他生産性と仕事の実績に影響を与える個人の資質）。（2）男女が就く職種の違い（男は製造、建設、運

輸業などブルーカラーの職業に就くことが多く、女は秘書、看護師、教師など〝ピンクカラー〟の職業に就くことが多い）。（3）性差別（能力と職種が同じであるのに、男女で賃金に差がある）。

男女の賃金格差が、人的資本と生産性の差からくるものなら、大半の社会科学者がそれは公正な処遇であるとみなす。ブルーカラーかピンクカラーかの違いによるものなら、特定の職種で賃金の平等を実現しても、男女の所得格差は縮まらない。男女のトラック運転手、男女の秘書に同一の賃金を払っても、トラック運転手の賃金が秘書のそれより高く、トラック運転手は大半が男性で、秘書は大半が女性なら、男女の所得格差は残る。職種の男女差を考慮に入れた上で男女の賃金を比較する必要がある。[8]

大半の経済学者や社会学者は、標準社会科学モデルの立場から、男女の趣向、価値観、欲求はまったく同じであると考えている。そのため、人的資本と男女が就く職種の違いの影響を差し引いた後にも、依然として残る男女の所得格差は雇用者の差別によるものだと主張する。しかし、これは直接的な観察から出てきた結論ではなく、統計的データから導かれたものだ。雇用者が「あなたは男だから、高い賃金をあげよう。あなたは女だから、賃金は低くていい」などと言っているのを社会学者が目撃することなどあり得ないだろう。仮に男の賃金を高くしているとしても、雇用者は表立ってはそれを認めないだろう。

男と女では仕事に対する考え方が違う

男女の賃金格差が〝性差別〟によるものだという主張は、男女は押し並べて同じであるという前提に大きく依拠している。人的資本と職種が同じであっても、所得に影響を与えるような形で、男と女が根本的に違うのであれば、男女の所得格差が差別に起因するという主張は根拠を失う。男と女では、金を稼ごうとする欲求や衝動など、内的な趣向や性癖が違うなら、男女の所得格差は、雇用者の差別やいわゆる「ガラスの天井」(女性の昇進を妨げるみえない上限)のような外的要因だけでは説明できなくなる。

法学者のキングズレー・R・ブラウンは、進化心理学の立場から所得や職種の男女差など職場における性差を論じたパイオニア的な研究を行っている[9](この章のセクハラに関連した論考でも、ブラウンの著作を取り上げる)。ブラウンは、進化の歴史を通じて、男と女は異なる淘汰圧を受けてきたために、異なる気質をもつにいたったと指摘する。男が繁殖に成功するには、物質的な資源と高い地位が重要になる。女は自分の子供を守り、多くの投資をしてくれる、地位の高い豊かな資源をもつ男に引かれるからだ。それとは対照的に、女が繁殖に成功するには、子供の世話をすることが重要である。その結果、祖先の女たちから受け継いだ心理メカニズムにより、現代の女性たちはリスクを冒すことに非常に消極的で(危険な行動をすれば、負傷したり死ぬおそれがあり、そうなると子供も生き残れない)[10]、それほど高い地位を求めようとせず(高い地位に就いても、繁殖成功度は上がらない)、男ほど攻撃的・競争的でない(進化の歴史を通じて、女に近づくために激しく競争してきたのは男たちであって、その逆ではなかった）。

ブラウンによれば、男は金を稼ぎ、高い地位に就くために、がむしゃらに努力する。アメリカで行われた調査では、収入を仕事選びの重要な基準にする人は、女性よりも男性のほうが有意に多かった。長年にわたって女性は男性よりも低い賃金に甘んじてきたからだと、フェミニストは言うかもしれないが、この傾向は一〇代でとくに顕著なので、そういう解釈はあたっていない。[11] 対照的に、女性は「この仕事は重要で、達成感を与えてくれる」ということに重きを置いて仕事を選ぶ。[12] アン・モイアとデヴィッド・ジェッセルの共著『Brain Sex: The Real Difference Between Men and Women（ブレイン・セックス――男と女の本当の違い）』では、「詰まるところ、男性が仕事の世界で業績を上げられるのは、それ以外のすべての事柄、さらにはすべての人間に相対的に鈍感だからではないだろうか」と論じている。[13]

ブラウンが指摘するように、高賃金の職には、長時間労働や、家族と子供の都合におかまいなしに勤務地が転々と変わること（ホワイトカラーや専門職）や、危険で不快な就労状況（ブルーカラーの労働者）といった条件が付きものだ。女性はお金が欲しくないわけでも、薄給の仕事が好きなわけでもない。まともな頭の持ち主なら、誰だって金はたくさん欲しいだろう。ただ、女性は会社で出世したり、高収入を得るために必要な代償や犠牲（子供の面倒を十分みてやれないなど）を払いたがらないのだ。再びモイアとジェッセルの共著を引用するなら、「失敗した男は『成功することよりももっと大切なものがあるさ』と言い訳するが、女にとってはこれは言い訳ではなく、自明の理だ」[14]。言い換えれば、男は稼ぎたいから必死で稼ぐが、女には金を稼ぐよりももっとやりがいのあることがあるから、それほど必死で稼がないのである[15]。

男女の所得格差やガラスの天井は、必ずしも雇用者の〝差別〟その他の外的な要因に起因するものではなく、男女の趣向、価値観、欲求、性癖、気質など内的な違いも関与していると思われる。並みの男性より金を稼ぎ、高い地位に就きたいというモチベーションが非常に強い女性も例外的にいるので、大半の男より高収入で責任のある地位に昇りつめている女性も少数ながらいる。

六〇年代から八〇年代にかけて、フェミニストは女性の賃金は男性の五九％にすぎないと主張していた[16]。その後、この数字は修正され、八六年には六四％[17]、八七年には七〇％になり[18]、クリントン元大統領（彼もフェミニストに数えるなら）は九九年に七五％だと言った[19]。それでも、男女の賃金格差は目にあまると、フェミニストは言っていた。しかし、これらの数字は、男女の生まれつきの気質の違いを考慮に入れていない。金を稼ぐことに同じように強いモチベーションをもつ男女を比較した、より慎重な統計では、現在は九八％となっている[20]。今や統計的に有意な男女の賃金格差はほとんどないという結果が出ている[21]。男のほうが明らかに稼ぎがいいというのはもはや過去の話である。

大半の女性が、並みの男性以上にしゃにむに金を稼ぎ、高い地位に就こうとしないから、大半の女性は男性より収入が少なく、男性ほど出世しないのである。ブラウンは、「ガラスの天井を打ち破る女性があらわれたということは、ガラスの天井などもはや存在しないということではないのか」と問いかけている。[22] アメリカやイギリスのような自由な資本主義社会では、男も女も自分の欲しいものを自由に追い求めることができる。ただ、男と女では欲しいものが違うだけだ。

Q　神経外科医は男性、幼稚園の先生は女性が多いのはなぜか

ケンブリッジ大学の心理学者で自閉症の研究者サイモン・バロン＝コーエンは一連の論文や著作、一般向けの科学書『共感する女脳、システム化する男脳』（ＮＨＫ出版）の中で、自閉症の人は「極端な男性脳」をもつという仮説を提出している。[23] この仮説は多くの（すべてではない）自閉症の臨床例（対人関係の領域では深刻な欠陥があるが、他の領域では正常、あるいは非常にすぐれた能力をもつなど）を説明するのみならず、自閉症者の圧倒的多数が男性であるという事実もこれによって説明できる。

バロン＝コーエンの仮説は、まず二つの重要な概念、男性脳と女性脳を定義する。男性脳はシステム化に適した脳であり、女性脳は共感に適した脳である。システム化、共感とは何か。

「システム化とは、システムの分析、探究、建設であり、システム化型の人は本能的に物事の仕組みを考え、システムのふるまいを制御する法則を導きだそうとする。その目的はシステムを理解し、予測し、新たなシステムを創造することだ」[24]。バロン＝コーエンは六つのシステムをあげて

いる。技術的なシステム（人工物、機械）、自然のシステム（生態系、地理）、抽象的なシステム（論理、数学）、社会的なシステム（法律、経済）、組織化のシステム（分類、命名）、運動のシステム（楽器演奏、ダーツを投げるなどの身体的な動き）だ。彼の言うシステムとは非常に包括的で、人間ではなく事物と関連したすべてを含むように思える。論理的、組織的なルールによって制御されるあらゆるものをシステムと呼んでいるようだ。[25]

それに対して、「共感」とは、他者の感情と思考を察し、適切な感情でそれに反応することである。他者の感情に対して、それにふさわしい感情的な反応をするときに、共感が起きる。その目的は他者を理解し、他者の行動を予測し、他者と感情的に結ばれることである。[26]言い換えれば、共感するとは、他者の思考と感情にその場で自然に波長を合わせることであり、共感力にすぐれた人は、相手の感情の変化とその原因を察知し、どうすれば相手の気分をよくしたり害したりするかがとっさにわかる人であり、思いやり、配慮、理解、慰めなど、その場にふさわしい感情で、相手の気分の変化に直感的に反応できる人である。共感力にすぐれた人は、他者の感情に気づくだけでなく、他者がどう感じ、どう考え、何を意図しているかを継続的に思いやる。[27]共感は人間関係を定義づける特徴であり、共感のスキルは本当の意味での意思疎通を可能にする。[28]

バロン＝コーエンはこのようにシステム化と共感のスキルを定義した上で、男女がこの能力をどの程度もっているかを次のように論じる。システム化と共感のスキルには、男性の間でも、女性の間でも、個人差があるが、男性のシステム化スキルの平均値は女性のそれより高く、女性の共感スキルの平均値は男性のそれより高い。ただし、この二つのスキルのばらつきは、男女ともほぼ同じである。つまり、平均的に男性はシステム化にすぐれ、女性は共感能力がすぐれているといっても、女性よりも共感スキルの高い男性はたくさんいるし、男性よりもシステム化に長けた女性も珍しくないということだ。[29]

このことを理解するには、身長の男女差を例にとるのがいちばんだろう。男性の間、女性の間で、身長には個人差があり、男性の身長の平均値は女性のそれより高いが、男女とも身長のばらつきはほぼ同じようなパターンを示す。つまり、大半の男性は平均的な女性より背が高いものの、平均的な女性よりも背の低い男性、平均的な男性よりも長身の女性もいる。バロン＝コーエンは、システム化と共感のスキルにもこれと同じような男女差があるとしている。

脳の二つのタイプ

バロン＝コーエンは、共感よりもシステム化に秀でた人の脳を「タイプS」脳、または「男性脳」（男性脳をもつ人が男性とは限らない）、共感にすぐれた人の脳を「タイプE」脳、または「女性脳」（女性脳の持ち主は女性に限らない）と呼ぶ。彼によれば、タイプS脳は、祖先の環境で男性にとっては非常に適応的な脳だった。なぜなら、システム化の能力は、道具や武器の発明と製作につながり、共感能力が低いということは、獲物を探す長い旅の間、孤独に耐えられること、男同士の競争で必要とあらば相手に暴力的、攻撃的な行動に出られることにつながるからだ。

同様に、タイプE脳は祖先の女性にとって適応的な脳だった。共感スキルは、話ができない乳幼児のニーズを察知し、理解するなど、子育てに役立つ。また祖先の女性は、同族結婚を避けるために思春期になると生まれ育った集団を出て、他の集団の男性に嫁いでいたが、新しい環境で友人や協力者をつくるためにも共感スキルが役立っただろう。そのため自然淘汰と性淘汰によって、祖先の男たちはタイプS脳をもち、女たちはタイプE脳をもつよう選択が進んだのだ。

バロン＝コーエンによると、自閉症（およびアスペルガー症候群など自閉症スペクトラム障害）の人は、システム化にはきわめてすぐれているが、共感能力に乏しい「極端な男性脳」をもつ。極端な男性脳のあらわれとして自閉症を定義したこの概念は、多くの臨床例にあてはまるだけでなく、自閉症が女性よりもはるかに男性に多い理由もこれで説明できる。

バロン＝コーエンらの調査で、自閉症者とアスペルガー症候群の人の家系に物理学者や技術者、数学者が非常に多いことがわかった。[30] これは予測どおりの結果だ。脳のタイプ（タイプSかタイプEか）はおおむね遺伝によって決まり、「家系に脈々と流れる」ものであり、物理学者や技術者は高度なシステム化スキルを必要とする職業である。おそらく科学者や技術者の多くが男性であるのも、システム化能力が必要とされるからだろう。標準社会科学モデルの立場をとる社会科学者たちは、ジェンダーの社会化のせいだと主張するが、それよりも脳の性差に大いに関係がある（繰り返すが、ジェンダーの社会化はもって生まれた男性脳、女性脳の差異を強化し、固定化するだけである）。

同様に、保育士、幼稚園の先生や小学校の教師、看護師、介護士、ソーシャルワーカーなど高い共感スキルを必要とする仕事には女性が就くことが多い。女性脳（タイプE脳）はこういう職業に非常に向いているからだ。

アメリカやイギリスなど自由な資本主義社会では、男女とも最も自分に適した職業に就こうとする。タイプE脳をもつ男性やタイプS脳をもつ女性も少なくないので、男性の看護師や保育士、女性の神経科学者や技術者も大勢いる。しかし、システム化能力が必要な職業では男性が多数を占め、共感型の職業では女性が多数を占めるのは事実である。バロン＝コーエン仮説はこの事実を説明するものだ。

Q　なぜセクハラはなくならないのか

女性が職場に進出し、男性と肩を並べて仕事をするようになった結果、残念なことに「セクシュアルハラスメント（性的嫌がらせ）」が増えた。とくにアメリカではこの傾向が顕著だ。なぜ男女が一緒に働くようになると、セクハラが必然的に増えるのか。そもそもセクハラとは何であり、進化心理学はそれをどう説明するのか。

男女の所得格差とガラスの天井に関する研究と同様（この章の「なぜ男は女よりも多く稼ぎ、高い地位に就くのか」の項を参照のこと）、セクハラをいち早く取り上げた進化心理学者はキングズレー・R・ブラウンである。[31] ブラウンによると、セクハラには二つのタイプがある。「代償」タイプ（「俺と寝たら、昇進させてやる」）と、「敵対的な環境」タイプ（仕事場の雰囲気が「あからさまに性的な」もので、女性が安心して気分よく働けない）だ。フェミニストや標準社会科学モデル派の学者は、セクハラを父権主義その他の悪しきイデオロギー[32]との関連で説明したがるが、ブラウンはこの二つのタイプのセクハラは詰まるところ進化的な心理メカニズムと配偶戦略の性差に起因すると考え、イデオロギーではなく生物学的基盤にその源を探ろうとする。[33]

多くの調査で、男性は女性よりはるかに、短期的な関係や気軽なセックスに関心があることがわかっている。大学生を対象にした有名な研究[34]では、男子学生の七五％がゆきずりの魅力的な女性と喜んでセックスをすると答えたが、見知らぬ魅力的な男性とセックスしてもよいと答えた女子学生はゼロだった。多くの男性は見知らぬ女性とのデートには抵抗があっても、セックスすることには抵抗がない。男性が生涯にもちたいセックスパートナーは平均二〇人近くだが、女性は五人未満だ。[35] 平均的な男性は女性と知り合って一週間で彼女とセックスすることを真剣に考えるが、女性は六カ月の交際期間を必要とする。

代償型およびそれに類するセクハラの背景には、男のほうが短期的な関係や気軽なセックスに対する欲求が強く、その目的のためにできることはなんでもするという事情がある。フェミニストがよく言うのは、ハラスメントは「セックスの問題ではなく、権力の問題だ」という台詞だが、[36]

ブラウンに言わせればその両方だ。男がセックスをするために権力を使うのがセクハラである。「セクハラが権力の問題だというのは、銀行強盗は銃だけが問題で、金は関係ないというようなものだ[37]」と、ブラウンは述べている。

短期的な関係や気軽なセックスに対する欲求の性差に加えて、さらに事情をややこしくする要因がある。これも男女の心理メカニズムの違いからくるものだが、女性は性的欲求を控え目に表現し、「形だけの抵抗」を試みる傾向がある[38]。ある調査では、女子学生の四〇％近くが、男性の性的な誘いに対して、本音では彼とセックスしたいと思っていても、最初はノーと言うと答えた[39]。ノーと言ったケースの三分の一以上で、最終的には女性は誘いに応じ、合意の上でのセックスにいたっていた。故人となった行動遺伝学者のリンダ・ミーレーがこのことを非常に雄弁に語っている。「女性は恥じらいをみせるよう淘汰されており、女性の『ノー』はときとして『もっと熱心にくどいてみて』というサインでもある[40]」

何を「敵対的な環境」とみなすか

ブラウンによれば、もう一つのタイプのセクハラ（敵対的な環境）は、何を「あからさまに性的」あるいは「敵対的」とみなすかで、男女の認識が違うことから起きるという。アメリカの法廷は多くの場合、架空の「妥当な判断をする人」を基準に、特定の職場が「敵対的な環境」かどうか判断を下すが、ブラウンに言わせれば妥当な判断をする人など存在しない。「妥当な判断をする男」と「妥当な判断をする女」がいるだけだ。妥当な判断をする男と妥当な判断をする女が、敵対的な環境とみなすものには大きなずれがあるようだ。被害者とされる側の認識だけを無条件に重視することに、ブラウンは疑問を呈している。

男性の同僚や雇用者から虐待的、脅迫的、屈辱的な扱いを受けたという女性の訴えの多くは正当なものだが、女性が労働市場に参入するよりもずっと前から、男たちは男同士の間での虐待的、脅迫的、屈辱的扱いに耐えてきたと、ブラウンは言う。虐待や脅迫、屈辱をなめさせることは、残念なことに、男同士の競争の場で、男たちがよく使う戦術の一部だからだ。言い換えれば、男性が女性を同性と違ったやり方で扱う（これが「差別」の定義であり、法律の規定するセクハラもそうした差別行為とされる）からではなく、その逆――男女を差別しないことが嫌がらせになっているわけだ。

セクハラはメディアの関心を集め、訴訟のコストも膨大になるため、今では大半のアメリカの企業と大学が従業員・職員間の性的関係を全面的に禁止したセクハラ規定を定めている。これについて、ブラウンは鋭い問題提起をしている。すなわち、セクハラの調査では、職場で望まない相手から性的なアプローチを受けたことがあるかという質問はされても、望ましい相手から性的アプローチを受けたことがあるかどうかが問われることはまずない。この質問に対する答えは一般的にイエスだろう。なぜなら多くの人が職場で恋愛相手を見つけるからだ。[41]

セクハラとして告発されかねない男と女の行動は、ほぼ例外なく人間の正常な配偶戦略の一部である。それらはたいがいうまく行き、多くの男女が職場で長期なり短期の満足のいくセックスパートナーを見つけるが、場合によっては、男女の心理メカニズムの違いによる意思疎通のミスや誤解から、セックスパートナーを獲得するための行為がセクハラの烙印を押されてしまう（第3章の「なぜ同じ状況でも、男と女で受けとり方が違うのか」の項を参照されたい）。

いまアメリカの多くの企業や組織で導入されている、従業員同士の性的関係を全面的に禁じたセクハラ規定は、一考の余地がある。望まない性的アプローチだけでなく、望ましい性的アプローチまで妨げてしまえば、男性だけでなく女性の性的な利益にとってもマイナスになるおそれがあるからだ。

第8章

善きもの、悪しきもの、醜悪なるもの
――宗教と紛争について

進化心理学のこれまでの成果を紹介するこの最終章で扱うのは、宗教と集団間の紛争である。宗教と紛争は、セックスと配偶関係とはとくに関係がないようにみえるトピックであり、おそらくはそのために進化心理学の視点からこのテーマに取り組んだ研究はあまりない。結婚が性と関係があることは誰にもわかるが、宗教と性が関係していることはわかりにくい（聖職者の性的スキャンダルは別として）。だが、宗教もまたセックスや配偶関係と無関係ではない。宗教、集団間紛争については、数は少ないものの、非常にすぐれた進化心理学的な研究がなされており、古くからある問題に新たな光を投げかけ、しばしば問題の意外な側面を浮かび上がらせ、斬新な答えを提供している。

集団間の紛争については、一見すると矛盾するような二つの事実が発見されている。人種差別意識は生得的だが、人種を識別する基準は生得的ではないというのだ。より正確に言えば、自民族中心主義（自分の所属する集団が、他の集団よりすぐれているとみなす傾向）は、進化によって形成された人間が普遍的にもつ心理である。この本をここまで読んでこられた読者には、すでにその理由はおわかりだろう。私たちは自分の適応度を高め、自分の遺伝子を広めるようにつくられている。遺伝子の冷酷な論理には、すべての人々を愛する普遍的な愛など入り込む余地はない。社会科学者やヒッピーは、人は生まれつき差別意識などもたないのに、親や社会の影響で人種差別意識が刷り込まれるというが、実際はその逆で、教育にできるのは差別意識をなくすことのほうである。

〝よそ者〟を犠牲にして、〝内輪〟の人間を優遇する傾向は生得的なものであっても（社会化と本人の意識的な努力により、こうした傾向は克服できるが）、よそ者と内輪の識別基準は生得的なものではない。非常に独創的な実験[1]で、私たちがふだん意識している人種・民族の区別は、状況しだいで消えてしまうことがわかった。このことは、人類の歴史を振り返れば、まったく理にかなっている。私たちの祖先は、ほぼ単一の民族しかいない環境で進化してきた。人が他の民族集団に属する人に日常的に出会うようになったのは、進化の歴史ではごく最近のことである。したがって、私たちの脳には、老若や男女で人を分類する識別方法は生得的に備わっているにしても、人種・民族で人を分類する基準は備わっていないはずだ。

集団間の紛争については簡単に触れるが、まず宗教について、そもそも宗教が何から生まれたかについて考えてみよう。

Q　宗教はどこから生まれたか

宗教[2]は心理的な適応の一形態（私たちの言葉で言えば、進化的な心理メカニズム）であり、自然淘汰と性淘汰によって形づくられたと言いたいところだ。実際、あらゆる人間社会に宗教があり（宗教は文化的に普遍なものの一つである）[3]、人が信仰をもつかどうか、とりわけ大人になってからもつかどうかは、かなりの程度遺伝子で決まり[4]、脳の特定部位が宗教的な思考や体験に関与していることもわかっている。[5]しかし、宗教を適応として説明しようとすると、壁にぶつかる。適応であるからには、それによって解決できるような問題がなければならない。信仰をもつことで寿命が延びたり、繁殖成功度が高まるだろうか。[6]今のところ、宗教によって解決される適応上の問題を指摘した論考はない。[7]

そのため、宗教の起源を探った進化心理学の最近の仮説の多くでは、他の適応の副産物として宗教が生まれたと考えている。宗教そのものが適応上の問題を解決し、生存確率や繁殖成功度を高めるわけではないが、なんらかの適応上の問題を解決するために進化してきた心理メカニズムに付随するものとして、宗教が生まれたというのである。

このような仮説[8]の一部、または全体を要約すると以下のようになる。私たちの祖先が、夜中に近くでごそごそ音がするとか、木の枝から大きな果実が落ちてきて頭にあたるなど、何か原因のはっきりしない出来事に遭遇したとき、ただの偶発的な出来事（風で灌木が揺れて音がしたとか、熟した実が重力によって落ち、たまたま頭にあたったなど）と思うか、背後になんらかの意図が働いていると受けとるか（捕食者が忍び寄ってきたとか、木の後ろに隠れている敵が実を投げたなど）、二通りの解釈が成り立つ。問題はどちらをとるかだ。

二つのタイプの誤り

偶発的な出来事か意図的な事件か、どちらとも考えられる場合、私たちの祖先は二通りの誤りのうちどちらかを犯す可能性がある。偶発的な出来事なのに、なんらかの意図が働いていると考えるケース（肯定的な誤り）と、なんらかの意図が働いているのに偶発的な出来事と考えるケース（否定的な誤り）だ。[9]

肯定的な誤りをすれば、必要以上にびくびくし、ありもしない捕食者や敵を探すことになる。否定的な誤りをすると、油断して捕食者や敵に襲われたり、殺されかねない。否定的な誤りがもたらす代償のほうが生存確率と繁殖成功度にはるかに深刻なダメージを与える。したがって、ただの無害な物理現象にすぎないような場合でも、何者かの意図が働いていると考えるような心理メカニズムが選択されてきたと推測される。進化的に言えば、被害妄想が強いくらいのほうが、生き延びるには都合がよいのである。[10]

このように否定的な誤りよりも肯定的な誤りをしがちで、その結果、多少被害妄想っぽくなる人間の傾向を、「アニミズム的な偏向」[11]とか、「媒介者探知のメカニズム」[12]と呼ぶ研究者もいる。彼らによれば、超自然的な力を信じる宗教の進化的な起源は、否定的な誤りよりも肯定的な誤りをすることが多い、脳の〝癖〟にある。否定的な誤りの代償が肯定的な誤りの代償よりはるかに大きいため、人間の脳には、さまざまな自然の物理現象の背後に何者かの意図を感じとるようなバイアスがかかっているというのである。そのため、私たちは原因がはっきりしない自然の物理現象の背後に〝神の手〟をみてしまう。[13]

読者の中には、ここまでの議論で「パスカルの賭け」を思いだした方もいるだろう。一七世紀のフランスの哲学者ブレーズ・パスカル（一六二三〜一六六二年）は、神の存在は確かめようがないが、にもかかわらず神を信じることが理にかなっていると論じた。神は存在しているのに、神を信じなければ（否定的な誤り）、死後に地獄の責め苦にあうことになる。一方、神が存在していないのに、神を信じた場合（肯定的な誤り）は、祈りを捧げることで多少時間とエネルギーを無駄にするだけですむ。否定的な誤りの代償は肯定的な誤りの代償よりもはるかに大きい。したがって、神を信じるほうが理にかなっているというわけだ。

男の勘違いと同じ理由

さらに興味深いことに、第3章の「なぜ同じ状況でも、男と女で受けとり方が違うのか」の項を読まれた方はお気づきだろうが、宗教の起源に関する進化心理学の説明と、ヘーゼルトンとバスのエラー管理仮説[14]とは明らかに対応している。ヘーゼルトン自身もこの対応について語っている[15]。男女の出会いで、男性が相手は自分に気があると思い、女性は気がないと思う。それと同じ理由で、私たちは神や超自然的な存在を信じているようだ。信仰も男女の勘違いも、効率的なエラー管理のための人間の思考パターンによるものだ。私たちの脳は、肯定的な誤りと否定的な誤りがもたらす代償を最小限に抑えるように働く（誤りそのものを防ぐのではなく）。人が神を信じるのは、女性が男性に明確な求愛行動を迫る理由や、セクハラがいっこうになくならない理由と同じで、エラー管理のためと考えられる。

Q　なぜ女性は男性よりも信心深いのか

宗教はあらゆる文化に普遍的にみられるが、信仰の性差もあらゆる文化に共通する現象である。ほぼあらゆる社会で、女性は男性より信心深い。

七〇カ国・地域で、一〇万人を対象に次のようなアンケート調査が実施された。質問A「神の存在を信じますか」、質問B「教会に通っているかどうかは別として、あなたは次のどれにあてはまりますか。（1）信仰心がある。（2）そうでもない。（3）確信をもった無神論者」。その結果、ごくわずかの例外[16]を除いて、すべての国・地域で女性のほうが男性よりも信心深かった。

アメリカなど信仰心の性差が比較的小さい国もあれば、ロシアのように比較的大きい国もあるが、いずれにせよ女性のほうが信仰にあつい。ガーナ、ポーランド、ナイジェリアのように国民全体の宗教意識が高い国でも、中国、日本、エストニアのようにきわめて低い国でも、同じことが言える。この傾向は六大陸すべてに共通し、どの宗教にも共通する（イタリアとスペインはカトリック、ドイツ、スウェーデンはプロテスタント、ロシアとベラルーシはロシア正教、トルコ、アゼルバイジャンはイスラム教、日本は神道、ガーナは土着の宗教、中国は公的には無神論）。調査が実施されたほぼすべての社会で、女性のほうが信心深かった。これは現代だけの現象ではない。記録を調べると、歴史を通じて宗教上の性差があったことがわかる。[17]

なぜ歴史を通じて、あらゆる文化で、女性は男性より信心深いのだろう。進化心理学で、普遍的な宗教上の性差はどう説明できるのか。

他の領域における性差と同様、標準社会科学モデルは、ここでもジェンダーの社会化で説明しようとする。女性は思いやり深く、服従的になるよう育てられているから、宗教をすんなり受け入れ、より敬虔な信徒となるというのである。[18] さらに、子供にモラルを教え、家族の体と心の健康を守るなど、母親の役割は信仰心に相通ずるものがあるという。[19] 伝統的に、女性は家にいたので、男性よりも聖書を読んだり、祈りを捧げる時間があったなどと説明する社会科学者もいる。[20]

残念ながら、こうした説明を支持する実証的なデータはない。女性が善き妻、善き母となるための厳格なしつけを受けていた伝統的な社会だけでなく、しつけが厳しくない現代社会でも、宗教上の性差はある。[21] 子育ての経験と女性の宗教性とは関連がないことも調査でわかっている。[22] 仕事をもつ女性も主婦も、宗教心では変わりはなく、いずれも男性よりはるかに信心深い。[23] このように多くのデータから、宗教上の性差をジェンダーの社会化で説明しようとする標準社会科学モデルの仮説は無効と考えられる。

宗教はリスク管理の一つ

宗教上の性差についての説明は、宗教の起源についての進化心理学の仮説とリスク回避の性差（第6章の「なぜ暴力的な犯罪者はほぼ例外なしに男なのか」の項を参照されたい）から直接的に導きだせる。すでに述べたように、宗教の起源はリスク管理にあると考えられる。たとえ偶発的な出来事であっても何者かの意図が働いていると解釈するほうがリスクは少ない。だから、私たちの脳は神や超自然的な存在を信じたがる。肯定的な誤謬のほうが否定的誤謬より代償が小さいなら、肯定的な誤謬を犯すような思考パターンをもつことで、トータルの代償を最小限にできる。私たちは、このようなエラー管理戦略を進化によって獲得してきた。[24] この点を踏まえた上で、女性は男性よりもリスク回避の傾向が強いことを思いだしていただきたい。女性は生涯に産める子供の数に限りがあり、どの女性もほぼ確実に子供を産める。[25] しかも、母親がリスクを冒せば、子供の生存が脅かされるため、[26] 女性はリスクを冒すことで得られるメリットが男性よりはるかに少ない。女のほうが男よりリスクを冒す確率が低く、宗教がリスクを最小限にする心理の副産物だとすれば、女のほうが信心深いのも不思議ではない。
この説明と一致する事実として、複数の調査で男女を問わず、危険な賭けを好むかどうかと宗教性とは密接な関係があるという結果が出ている。女性は男性よりもリスク回避の傾向が強く、信心深いが、それのみならず、リスク回避の傾向が強い男性はそうでない男性よりも宗教性が強く、リスク回避の傾向がとくに強い女性はそうでない女性よりも宗教性が強いのである。[27]さらに、無宗教であることがリスクとなるような社会（キリスト教原理主義やムスリムの社会など）では宗教上の性差が比較的大きく、より寛大な宗教の自由があり信仰をもつかどうかを個人の意思で選べる社会や、無宗教であれば地獄に落ちるといった縛りがあまりない社会（仏教社会など）では、宗教上の性差は比較的小さい。[28]
前のセクションで、人間が神や超自然的な存在を信じるのは、男が女の性的関心を過大評価し、女が男の性的関心を過小評価するのと同じリスク管理のためであると論じた。さらにここでは、普遍的な宗教上の性差について、次のように言いたい。あらゆる文化で、男のほうがより犯罪的かつ暴力的であるのと同じ理由で、女は男よりも信心深い。リスク選好、宗教性、犯罪性における性差は、すべて繁殖戦略の性差に直接的に起因する。人生のあらゆる局面で、男はリスクを冒す。リスクを回避すれば繁殖ゲームの完全な敗者になりかねないからだ。そのために男は常に女よりもリスクを冒す確率が高く、宗教性にもそうした男女の違いが反映されている。

Q　なぜ自爆テロ犯の多くはイスラム教徒なのか

この現象は時事的な関心を集めているが、その謎に多様な角度から迫った論文集『Making Sense of Suicide Missions（自殺という使命を理解する）』がある。この本の編纂者で、オックスフォード大学の社会学者であるディエゴ・ガンベッタによると、宗教と無関係な自爆テロもあるが、自爆テロに宗教が絡んでいる場合、例外なしにその宗教はイスラム教だという。[29] なぜなのか。なぜイスラム教は、自分の命を投げうつ使命に信者を駆り立てる唯一の宗教なのか。

意外にも、進化心理学の立場から言えば、イスラム教徒の自爆テロは、イスラムの教えとは関係がない。のちに触れる二つの事柄を除いて、コーランにテロをそそのかすようなことが書かれているわけではない。自爆テロは根底的には宗教とも政治とも、文化、人種、民族、言語、地域とも関係がない。進化心理学の視点から人間の行動をみると、あらゆる事柄がそうであるように、自爆テロもセックスと大いに関係している。いや、この場合は、セックスの欠如と関係していると言うべきだろう。

キリスト教、ユダヤ教など、他の主要な宗教と、イスラム教の大きな違いは、一夫多妻を認めている点だ。第2章で説明したように、一夫多妻では、一部の男性がすべての女性を独占し、多くの男性から繁殖機会を完全に奪ってしまうため、繁殖目的で接近できる女性の絶対数が不足する。五〇%の男性が二人ずつ妻をもてば、残りの五〇%の男性は妻をもてなくなる。二五%の男性が四人ずつ妻をもてば、七五%の男性が繁殖機会をもてず、繁殖上は完全な負け犬として人生を終える可能性に直面することになる。

そのため一夫多妻制のもとでは、男同士の競争が激化する。とくに地位の低い若い男は、地位の高い年長の男が多くの妻をめとっていれば、繁殖機会をもてない可能性が高くなるため、死に物狂いの競争に走る。そのため、若い男が暴力的になる確率が高くなる。妻のいない男たちは、暴力的な手段で何かを得ることはあっても、失うものは何もないからだ。経済的な豊かさ、所得格差、人口密度、民主化レベル、地域の安定度などの要因を差し引いても、一夫多妻の社会では殺人やレイプなど暴力犯罪の発生率が高いことがわかっている。[30] このように、イスラム社会では、一夫多妻であることが、自爆テロ犯を生みだす一つの誘因になっている。一夫多妻制は、イスラム社会に限らず、あらゆる社会で若い男性を暴力的にする。コーランに書かれたことで、自爆テロと関連があることの一つは、この婚姻形態だ。

「天国では七二人の処女妻を」という約束

一夫多妻は男たちを暴力的にするといっても、それだけでは自爆テロの動機としては不十分だ。サハラ砂漠以南のアフリカやカリブ海地域は、中東や北アフリカのイスラム諸国以上に一夫多妻の度合いが高い。世界で最も一夫多妻の度合いが高い二〇カ国のうち、一七カ国がサハラ砂漠以南のアフリカとカリブ諸国である。[31] それに伴い、これらの地域の国々は暴力のレベルもきわめて高く、サハラ砂漠以南のアフリカは延々と続く内戦に長年たたられてきた。だが、自爆テロは起きていない。一夫多妻だけが、自爆テロの原因ではないということだ。

一夫多妻制に加えて、若い男を自爆テロに駆り立てる重要な要因は、コーランに書かれた約束である。殉教者は天国で七二人の処女妻に迎えられるというものだ。これは、地上で繁殖機会を奪われた若いイスラム教徒の男にとって、自爆テロに走る強い動機づけとなる。地上で一人でも妻をもつ男は（一夫一妻が厳しく守られていれば、これはほぼ保証される）、天国で七二人の処女を独占できるという見通しにそれほど引かれないだろう。しかし、地上では一夫多妻制のもとで、繁殖ゲームの完全な負け犬になるという厳しい現実に直面する男にとっては、この見通しはなかなか魅力的にみえるはずだ。

このように一夫多妻（と、その結果としての地上における繁殖機会の欠如）と、天国で多くの処女に迎えられるという約束とがあいまって、多くの若いイスラム教徒の男を自爆テロに駆り立てるというのが、進化心理学の説明だ。この説明を支えるデータとして、自爆テロのあらゆる調査の結果、イスラム教徒全体の中でも、またパレスチナのハマスやレバノンのヒズボラ（神の党）などイスラム教過激派組織の中でも、自爆テロに走るのは若い男が際立って多く、ほぼ例外なしに独身であることがわかっている。[32]

自爆テロの根源はセックス

イラクと中東の現状については、理解しがたい事柄が少なくないが、進化心理学の視点をもち込むことで、それらの事柄の背後にある心理メカニズムがみえてくる。たとえばイラクの武装勢力は、米兵の六倍以上もの同胞を殺している（二〇〇七年一月二九日時点では、米兵二四六六人に対し、イラク人の警官とイラク国軍兵士六〇〇四人、加えて一万一三一人の民間人が殺害されていた）[33]。進化心理学的に言えば、イラクの武装勢力は無意識のうちに米兵（異教徒の占領者）ではなく、できるだけ多くの繁殖上のライバル（同胞のイラク人男性）を抹殺しようとしていたのである。エール大学の政治学者スタシス・N・カリバスは、他の二つのイスラム国家（アルジェリアとオマーン）で起きた内戦について、まさにそのような分析をしている。[34] イラク情勢を伝える日々のニュースをみていると、米軍が居座ることで武装闘争が起きているように思いがちだが、歴史的にみると外国の軍隊の占領は必ずしも武装蜂起を招かない。第二次大戦後、連合軍の占領下に置かれたドイツと日本では、蜂起はまったく起きなかった。

ひとまとめに「テロリスト」と呼ばれているが、イスラム教徒の自爆テロ犯は、従来のテロ組織、つまりアイルランド共和国軍（ＩＲＡ）や「バスク祖国と自由」（ＥＴＡ）、日本の赤軍、その他のマルクス主義の革命組織のメンバーとはまったく違っている。従来のテロリストは明確な政治的目標をもち、その実現のために暴力や破壊行為に走った。彼らにとって最も重要なのは政治的な目標であり、暴力や破壊行為はそのための手段にすぎなかった。たとえば、ＩＲＡは多くの個人を標的とし暗殺したが、その大半は政治家とイギリス兵で、市民を無差別に殺そうとはしなかった。だから、イギリスの商業施設などをテロの標的にする際には、たいがい爆破の四五分前に犯行予告をした。四五分あれば、ビル内にいる人たちは無事に避難できるが、爆発物処理班が駆けつけて、信管を抜く時間的余裕はない。[35] グリーンピースその他「環境テロ」グループのメンバーは、自分たちの命を危険にさらすことがあるが、彼らが意図的に他人の命を脅かしたという話は絶えて聞かない。従来のテロ組織は、自分たちが暴力なり破壊行為を犯したことを全世界に知らせ、しばしばメディアの注目を引こうとする。それによって、自分たちの政治的な目標を大々的に宣伝できるからだ。

現在の「対テロ戦争」での私たちの敵はこれとは大きく異なる。彼らは自分の命も含めできるかぎり多くの人命を脅かそうとする。しかも、明確な政治目標をもたないかにみえる。[36] 攻撃に先立つ事前予告もせず、事後に犯行声明を出すこともない。[37] ネット上のさまざまなサイトに出される犯行声明の多くは偽物である。彼らにとって、殺人と破壊は政治目標を達成するための手段ではなく、それ自体が目的であるかのようだ。たとえばイスラエルのエフード・バラク元首相が、パレスチナ側の要求をほぼすべてのむような形で（ヨルダン川西岸からの完全な撤退とエルサレムの分割統治）、停戦合意にこぎつけても、パレスチナ人による自爆テロが収まらなかったのは、おそらくこのためだろう。[38]

進化心理学の視点でニュースをみれば、こうした問題の多くが理解しやすくなる。自爆テロは従来のテロ行為とは違い、イスラエルとも米英軍とも本質的には関係がないと考えられる。人生のすべての事柄と同じく、自爆テロの根源にあるのはセックスなのである。

Q なぜ世界中で民族紛争や独立紛争が絶えないのか

新聞やテレビのニュースをみれば、残念ながら民族紛争や独立紛争は人間の歴史についてまわるものだという認識をもたざるを得ないだろう。なんらかの形でこうした紛争の影響を受けなかった地域なり時代はないといっても過言ではない。不幸にも三千年紀が幕を明けた今でもこの状況は変わっていない。文明史のかなりの部分は民族紛争、独立紛争に血塗られてきた。

なぜ人類の歴史を通じて、世界のあらゆる地域でナショナリズムの紛争が絶えないのだろう。標準社会科学モデル、とりわけ「合理的選択理論」を掲げている一学派にとっては、民族運動は理解しがたいものだろう。[39] 民族運動で勝ちとれる成果、つまり民族の独立、政治的な自治、国家の認知などは、その民族のメンバー全員が等しく享受できる。たとえば、カナダのケベック州の独立が認められたら、住民全員が独立国の国民となり、誰もが新たに獲得された民族自決を享受できる。つまり、独立という大義にまったく貢献しなかったメンバー（ただ乗り屋）も、独立のために体を張り、命を賭した人々（熱狂者）と同じように利益を受けるわけである。[40] ただ乗り屋と熱狂者が同レベルの自由と独立を享受できるとすれば、誰が負傷や死を覚悟で独立のために戦うだろう。こうした状況では常に、ただ乗りをすることが合理的な選択であり、合理的なプレーヤーは決して大義に貢献しない。[41]誰もが合理的であれば、大義のために貢献する者はおらず、独立運動は成就しないどころか、そうした動きが起きることすらないはずだ。ではなぜ、民族運動は実際に起き、成果を上げているのか。

民族運動は遺伝子にとって合理的な選択

ここでも標準社会科学モデル、とりわけ合理的選択理論では説明できなかった問題が、進化心理学によって解決できる。[42]本書ですでに二度ほど取り上げたピエール・L・ファン・デン・ベルへの弟子に、ジョセフ・M・ホイットマイヤーという研究者がいる。ホイットマイヤーは、婚姻する可能性のある他者、自分の子供がその子供と婚姻する可能性がある他者、さらには自分の孫がその孫と婚姻する可能性のある他者を助ける遺伝子に注目している。そして、そのような他者を助ける遺伝子が、進化の過程で選択されて受け継がれてきたことを数学的に証明している。[43]そうした「拡大家族」もしくは部族の福利に貢献することは、遺伝的な子孫（遠い子孫と近い子孫）に利益をもたらすことになる。民族集団と呼ばれているものは、本質的にはそのような拡大家族である（民族集団のメンバー間で婚姻関係を結ぶことが多いので）と、ホイットマイヤーは述べている。

合理的選択理論が示すように、ただ乗り屋もその成果を享受できるのだから、民族運動に貢献することは経済的には非合理的である。しかし、拡大家族に利するという点で進化的、生物学的には合理的なのである。個体にとっては非合理的な選択が、遺伝子にとっては合理的な選択となる。[44]

このことから、よい知らせと悪い知らせが引き出せる。悪い知らせのほうは、残念ながら、民族中心主義に傾きがちな私たちの性癖、〝自分と同種〟の人々を助け、支援する傾向は、おそらく生得的なものだということだ。人間はまっさらな書字版だと考える社会科学者たちは、人間はもともと偏見をもたないが、子供時代の社会化（多くの場合は人種差別的な両親の影響）で差別的、自民族中心主義的になると主張する。しかし、ホイットマイヤーをはじめ多くの進化心理学者は、この主張に与しない。[45]そうではなく、人間は生まれつき人種差別的、自民族中心主義的なのであり、むしろ社会化と教育を通じて、そのような性癖を抑制することを学ぶのである。自民族中心主義、すなわち他集団の人々をすべて犠牲にして、自分の属する集団のメンバーを助けることは、祖先の環境では適応的な行動だった。

よい知らせは、自民族中心主義を簡単に克服できる方法があるということである。ロバート・O・カーズバン、ジョン・トゥービー、レダ・コスミデスが最近行った非常に独創的な実験で、性別や世代は固定的なカテゴリーであるが、人種や民族は〝私たち〟対〝彼ら〟を分ける固定的なカテゴリーではないことがわかった。[46]生まれつきの自民族中心主義的な性癖は消し去れないにしても、特定の民族、宗教、国家、文化集団間の敵意や葛藤は容易になくせる。どうやって？　異なる集団のメンバー同士が結婚すればよい。私たちの脳は、婚姻関係によって結ばれた拡大家族の一員であれば、自分たちの仲間とみなすよう設計されている。それまで敵対関係にあった集団間に婚姻関係ができれば、やがて敵意は消える。

もちろん、言うは易し、行うは難しである。敵対する民族集団のメンバー同士の結婚にはさまざまな障害があるだろう。しかし、希望はもてる。人々は常に男性と女性、若者と老人を区別するが、北アイルランドのカトリックとプロテスタント、イスラエルのイスラム教徒とユダヤ教徒、ボスニアのセルビア人とクロアチア人とイスラム教徒など民族グループの線引きはあいまいで、自民族と他民族の区別はそれほど強く人々の意識に刻印されているわけではないことがわかったのである。

民族対立と異民族間結婚の少なさとは、ニワトリと卵の関係にある。民族間に敵対感情があるから、異民族の男女が結ばれないのか、異民族間結婚がないから、敵対感情が生まれるのか。ホイットマイヤーの数学的なモデルは、後者であると示唆している。つまり、異民族間結婚が盛んになれば、民族間の対立が解消される可能性があるということだ。

Q　独身女性は海外旅行好きで、独身男性は外国嫌いなのはなぜか

身近なところでちょっとした調査をしてみるといい。独身の若い女性に趣味を聞くと、かなりの確率で旅行と答えるが、独身の若い男性ではその確率はぐっと低くなる。まとまった休みがあれば外国に行くという若い女性は多いが、男性は非常に少ない。

今度はちょっと角度を変えて考えてみよう。アメリカの白人至上主義組織クー・クラックス・クラン、イギリスの極右政党・英国国民党など、極端な排外主義組織に関するニュースを注意深くみると、メンバーの大半が若い独身男性であることに気づくはずだ。実は、若い独身女性の外国旅行好きと、ネオナチの多くが若い独身男性であることは、コインの裏表のようなものである。いずれも、動物学で「レッキング」と呼ばれる現象と関係がある。

レックはスウェーデン語で「遊び」という意味である。動物学では、集団の一方の性（ほぼ常に雄）が、他方の性（ほぼ常に雌）の前で、遺伝的資質の優劣を競い、誇示し、見せびらかす一連の複雑な行動を指す。レックの終わりに雌は勝者を選び、もっぱらその雄と交尾を行う。レッキングに勝った雄が繁殖機会を独占し、他の雄は繁殖できない。

一見すると、ヒトは自然界では例外のようにみえる。大半の種では、雄は派手でカラフル、華やかに身を飾り立てているが、雌は地味な外見をしている。クジャクがいい例だ。レッキングを行う種の雄は、繁殖相手を引きつけるために自分の体の特徴を誇示し、雌はそれをみて繁殖相手

を選ぶ。華やかでカラフルなほど、すぐれた雄と判断される。それに対してヒトでは、繁殖相手を選ぶ基準として外見が重視されるのは女性のほうであり、第3章で述べたように、おもに外見で配偶者を選ぶのは男性である。工業化以前の社会では、往々にして男性のほうが女性よりも凝った飾りを身につけているが、少なくとも工業社会では、おおむね女性のほうが華やかに身を飾り立てている。

自然界では大半の種の雌が、配偶相手から子育て上の便益を受けない。雄は交尾時に雌の体に精子を入れる以外には、父親としての投資をまったく行わない。そのために雌にとっては雄の遺伝的な資質が非常に重要になる。いや、重要なのは遺伝的な資質だけである。そのため、こうした種では、雄がレッキングを通じて、遺伝的資質を誇示し、雌は遺伝的資質だけを基準に交尾相手を選ぶ。この点では、ヒトの雄は自然界では例外だ。第5章で述べたように、子供に対する投資では母親のほうが多いとはいえ、父親もかなりの投資をする。だからといって、女性にとって、男性の遺伝的資質が重要でないわけではない。男性の遺伝的資質は、将来的に富を蓄積し、地位を獲得する能力があるかどうかを予測する上で重要だ[47]。ヒトの場合は、父親の投資が大きいため、重要なのは遺伝的資質そのものではなく、富の蓄積能力である。遺伝的資質が問題になるのは、その資質が物質的資源の獲得と蓄積の能力にかかわるかぎりにおいてのみである。

だからこそ、人間の男がレックを行うときには、遺伝的な資質に加え、潜在的な稼ぎの能力や蓄積した富を見せびらかす。ライチョウやアンテロープなどレックをする他の種と違って、ヒトの雄はおもに体以外の手段でレックをする。高級車を乗りまわしたり、高価な腕時計をしたり、ブランド物のスーツを着る、[48] 携帯電話やPDA（携帯情報端末）などの電子機器をもつ、なにげない会話で自分の業績を自慢するなどだ。[49] 若い男はまた、音楽、美術、文学、科学など「数量化でき、公表できて、コストのかかる」活動ですぐれた実績を上げ、その「文化的なディスプレー」によって、自分の遺伝的な資質や潜在的な経済力をアピールする。[50]

九〇年代後半にリバプール中心部のバーで客をひそかに観察した研究がある。当時はまだ携帯電話は比較的珍しく、高価だった。男性の場合は、グループの男性数と男女比に応じて、携帯電話をテーブルの上に人目につくように置く確率が高まるが、女性にはそうした傾向は認められなかった。[51] この結果について、研究チームは、男性は意識的にせよ無意識にせよ、自分の富とステータスを誇示して、グループの他の男性と張り合い、女性の注目を引くためにこうした行動をとると解釈している。人間の男は、身を飾り立てる代わりに、社会的、文化的な装飾で、レックを行うのである。[52]

文化圏によって異なる男性の魅力

社会的、文化的な装飾を誇示することで、ヒトの雄には一つ困った問題が生じる。それは自分の体を飾り立てる種には生じない悩みだ。つまり、そうした装飾が通用する範囲は限られているということである。社会的、文化的な装飾は、字義どおりその社会、文化に特有なものだ。相手が同じ言葉をしゃべるのでなければ、会話の中で自分の業績を自慢できない。アマゾンの熱帯雨林に暮らす先住民ヤノマミの女性たちには、BMWと韓国製の車の区別はつかないし、アルマーニのスーツとバーガーキングの制服の違いも、それが意味するステータスもわからない。グラミー賞もノーベル賞も、ヤノマミの女性たちには意味をもたない（ノーベル賞受賞者の中に、こん棒を手にして戦った証しである、頭の傷をたくさんもった人がいただろうか）。逆に、欧米の女性は傷跡やペニスを大きくみせる鞘には魅力を感じない。男の地位や配偶者としての価値は、ある社会や文化に特有のもので、その社会、文化の外では意味を失う。

これとくっきりと対照をなすのは、女性の地位と配偶者としての価値である。若さと肉体的魅力という、女性の地位と繁殖価を決定する二大要因は、文化的に普遍である[53]。それらは生得的なものだからだ[54]（第3章の「『美は見る人の目に宿る』はなぜ嘘なのか」の項を参照）。文字も数字もない文化圏、小数や比率の概念もない文化圏でも、男たちはウエストとヒップの比率が一・〇の女性と〇・七の女性を見分ける。ヤノマミの男たちが、アメリカの下着モデルの女性をみたら、「モコ・ドゥデ」（性的に成熟した女だ）と思うだろう[55]。

誰かがすでに選んだ男なら

男性の地位と繁殖上の価値が社会や文化に特有なものだとすれば、彼らは自分たちの知らないまったく違ったルールが適用される異文化を避けようとするはずだ。女性に適用されるルールは普遍的なものだから、女性は男性ほど異文化を嫌う理由がない。

しかし、こうした性差は男性が結婚すると、二つの理由でなくなってしまう。第一の理由は、繁殖に成功した既婚男性は、社会的、文化的な飾りで配偶相手を引きつける必要性が独身男性ほどないということ。[56] 第二に（こちらのほうが重要だが）、配偶者がいることは、男性があらゆる文化で普遍的に誇示できるただ一つの飾り、ないしはレッキング手段だからだ。グッピー[57]からメダカ、[58]クロライチョウ、[59]ウズラ[60]まで、多様な種の雌が、他の雌と配偶行動を行ったばかりの雄と配偶したがることがわかっている。雌は他の雌のメガネにかなった雄を選ぶのである。つまり、互いの選択をまねる。人間の女性にも同様の現象がみられることを示唆する研究結果がある。[61]

単純な話だ。女性が見知らぬ男性に出会ったときに、その遺伝的な資質をどうやって評価するだろう。これといった手掛かりはない。質の高い男かもしれないし、そうではないかもしれない。なんとも判断のしようがない。そんな場合でも、その男に妻がいるなら、少なくとも一人の女性は、彼と結婚する前に、彼の資質を細かくチェックし、結婚してもよいと判断したということだ。だとすれば、彼はそれほどひどくないだろう。少なくとも一人の女が彼を望ましいと判断したのだから。このように、結婚しているということ、妻がいるということは、文化を超えて男性のすぐれた価値を示す飾りなりレッキング手段になる。したがって、既婚男性は異文化を避ける必要がない。[62]

異文化嫌いの度合いは、外国旅行をする頻度と関連がある。ヨーロッパで行われた大規模な調査では、年齢、教育レベル、所得などの関連要因を調整した上で、独身女性と独身男性が外国で休暇を過ごす割合を比較したところ、女性のほうが有意に多かった。[63] 同様に、年齢、教育程度を調整して比較した調査では、他国籍の人や他民族や他宗教の人に対し排外主義的な感情をあらわす割合は、独身女性のほうが独身男性より有意に少なかった。アメリカ人に対して行われた調査でも同様の結果が出ている。[64] どの場合でも、回答者が結婚すると、性差は解消される。既婚の男女では、外国旅行をする割合も差がなく（既婚者は夫婦で外国旅行に出かけるためと考えられる）、排外主義の傾向でも差はない。

外国旅行をしたがらないことも排外主義の傾向も、背景にあるのは社会的・文化的な飾りで女性を引きつけなければならないという男の事情だ。女性と違って、男性のステータスや繁殖上の価値は、ある社会なり文化に固有のものであり、その社会なり文化の外では通用しない。既婚男性の場合は、妻がいるということが普遍的に通用する飾りになるので、異文化圏でも自分の繁殖上の価値をアピールできる。これとは対照的に、女性の繁殖価が判断される基準は、どの社会、どの文化でも同じだから、女性は異文化圏にも自信をもって進出できるのだ。

第9章

おわりに――いくつかの難問

これまでの章で、私たちはセックスと配偶者選び、結婚と家族、さらには犯罪と暴力から経済、政治、宗教まで、社会生活の、実に多様な領域における、実に多様な謎を進化心理学の立場から解き明かしてきた。人間の行動には、学者たちを悩ませてきた謎が多くあるが、進化心理学はそれに対して少なくともなんらかの（部分的な）答えを提供できるアプローチであることを、納得のいく形で読者に示すことができたと思う。この本で私たちが取り上げた問題の幅広さと数から、当然ながら読者は、進化心理学で説明できない問題が果たしてあるのかとお考えではないだろうか。

一九九四年に出版され、世界的にベストセラーとなった著書『モラル・アニマル』（講談社）――私たち二人はこの本で進化心理学に出会った――の補遺で、サイエンスライターのロバート・ライトは、当時、進化心理学が答えを出せなかった六つの問いをあげている。ここにこの六つの問いを掲げ、この一三年間に進化心理学がこれらの謎をどれだけ解き明かせたかを検証してみることにしよう。

1　同性愛をどう説明するか

進化心理学は人間の行動の究極の動機として、おおむね異性間のセックスを通じて達成される繁殖の成功に非常に重きを置いているが、それなら同性愛をどう説明できるだろうか。これは、私たちが学生や知人、学者仲間に進化心理学のアイデアを語ったときに、いつでも真っ先に聞かれる質問である。ベストセラーとなった二〇〇〇年の著書『恋人選びの心――性淘汰と人間性の進化』（岩波書店）で、進化心理学者のジェフリー・F・ミラーは同性愛を説明できないことを認めている。[1] 私たちの知るかぎり、この問題を説明できる人はいない。ライトが「同性愛をどう説明すればいいのか」と問いかけてから一三年後の今でも、同性愛に関する定説となった決定的な説明は存在しない。

ただし、進化心理学ではなく、それと関連した分野である行動遺伝子学から、一つの仮説が提出されている。遺伝子学者のディーン・ヘイマーらは男性の同性愛の遺伝的なルーツを突き止めた。といっても、「ゲイ遺伝子」（男性が同性愛になる確率を高める遺伝子そのもの）を発見したわけではないが、染色体の一定の領域、Xq28という遺伝子上の配列が同性愛に関与していることを突き止めたのである。[2]

一個または複数のゲイ遺伝子が見つかり、その塩基配列が明らかにされても、それらの遺伝子をもつ人すべて、あるいは大半が同性愛者であるならば、そのような遺伝子がなぜ伝えられてきたのか説明がつかない。これについては、進化生物学者のロバート・L・トリバースとウィリアム・R・ライスがアイデアを提供した。男性の同性愛の進化に関する彼らの仮説は、ヘイマーの著書[3]で紹介されている。トリバースは電話でヘイマーにアイデアを話したものの、彼自身とライスはその仮説を発表していない[4]。

トリバースとライスは、男性の同性愛の遺伝子が、ゲイの男性ではなく、彼らの姉妹やその他の親族によって次世代に伝えられると考えた。ゲイ遺伝子は、その持ち主が男であれ女であれ、同じ行動に向かわせる。男性とセックスをしたいという欲求だ。遺伝子の持ち主が男であれば、彼らは同性愛者になる（次世代には彼らの遺伝子は伝わらない）。だが持ち主が女なら、彼女たちはその遺伝子をもたない女たちよりも多くの男性のセックスパートナーをもち、より頻繁にセックスをするので、より多くの子供を産むだろう。ゲイ遺伝子をもつ男たちの繁殖成功度が低下しても、彼らの姉妹たちの繁殖成功度が高まることで相殺され、ゲイ遺伝子は未来の世代に伝えられていく。

「男好きの姉妹仮説」とでも呼ぶべきトリバースらのアイデアは非常に大胆なものだが、この説を支持する研究結果が最近発表されている。母方の親戚に同性愛者がいる女性は、そうではない女性に比べて、子供の数が有意に多いというのである[5]。ちなみにゲイ遺伝子はX染色体上にあるので、父方ではなく、母方の系統で子孫に受け継がれる。

とはいえ、有史以来ほぼ一貫して、ゲイの男たちは社会規範や法的な締めつけで同性愛であることを隠すよう強いられ、異性愛の男たち同様に結婚して子供をつくってきた。男性の同性愛遺伝子が今日まで受け継がれてきた理由として、最も有力と考えられるのはこのような事情だろう。[6]だとすれば、同性愛が社会的に受け入れられ、ゲイの男たちがカミングアウトして堂々と同性のパートナーと暮らすようになった時点で、皮肉にも同性愛の遺伝子は途絶えてしまうかもしれない。

女性の同性愛の遺伝的なベースに関しては、今のところ何もわかっていない。

2　きょうだいでも性格が違うのはなぜか

この問題は、進化心理学の理論と研究の有効性を示す格好の例となった。進化心理学の面目躍如というところだ。一九九四年には説明できなかったが、今ではこの分野の異端のヒーローとも呼ぶべきフランク・J・サロウェー[7]とジュディス・リッチ・ハリス[8]のおかげで答えが出ている。

サロウェーは一九九六年の著書『Born to Rebel: Birth Order, Family Dynamics,and Creative Lives（生まれつきの反逆児――出生の順番、家族の力関係、創造的な生活）』で、きょうだいは家族の中でそれぞれ異なるニッチ（生態的地位）を占めると述べている。[9]第一子（長男長女）は、生まれたときに親が与える資源をきょうだいと奪い合わずにすむ立場で、多くの場合は親をお手本にして育つ。また、その延長上として、権威ある人物をお手本にするようになる。第二子以降は、生まれたときにすでにきょうだいがおり、親に見習うというニッチはすでに兄や姉が占めているので、親とは距離を置き、反逆児になることで、独自のニッチを開拓しなければならない。サロウェーは、宗教、政治、科学の分野で活躍した歴史上の人物のデータを精力的に調べ上げ、第一子は伝統を守る保守的なタイプになるケースが多く、第二子以降は変革者になる傾向があることを実証した。このように、同じ家庭で育っても、長男か次男かで性格が違ってくる。

一方、ハリスは一九九八年の著書『子育ての大誤解――子供の性格を決定するものは何か』（早川書房）で、親の育て方が子供の性格を形づくる決定的な要因であるという普遍的な思い込みを周到な議論で打ち砕いた。[10] ハリスによれば、親による社会化が子供に与える影響は取るに足らない。同年代の友達の影響が非常に大きいからだ。ハリスの主張は、政治家やメディアの猛反発をくらったが、行動遺伝学の研究結果とは一致している。[11] 行動遺伝学によれば、遺伝、家庭環境、家庭外の環境が子供の発達を左右する割り合いは大ざっぱに言って五〇／〇／五〇だという。つまり、遺伝的な要因は五〇％、家庭環境（きょうだいで共有する）で決定されるのは〇％、学校や社会（きょうだいで共有しない）で決定される割合は五〇％だというのである。

ハリスの研究は家庭外の環境が子供の発達に大きな影響を及ぼすことを示したものであり、そこから同じ両親に育てられたきょうだいでも、それぞれ個性が異なる理由も説明できる。メディアはハリスの著書を親不要論であるかのように紹介し、激しく攻撃したが、実際には子供の発達にとって親は重要ではないなどとは、一言も述べていない。子供は血のつながった両親から一〇〇％遺伝子を受け継ぐのであり、親が重要であることは言うまでもない。ただ広い視野でみれば、親による社会化が、子供の成人後の人格に及ぼす影響はそれほど大きくないというだけの話だ。

サロウェーとハリスの研究はいずれも物議をかもしたが、反発したのはおもにメディアや一般の人々である。研究者、なかんずく進化心理学の研究者は、彼らの独創的な研究と、常識をくつがえす結論を支持した。サロウェーは家族の力関係が成人後の人格を形成する決定的な要因であると主張し、ハリスは家庭の外に目を向けて、同年代の友達の影響が重要だとしているので、当然ながらこの二人は互いの論文に批判的である。[12]

3　子供をもたないか、一人か二人しか産まないことを選択する人たちがいるのはなぜか

4　なぜ人は自殺をするのか

ライトの九四年のリストのうち、最初の二つの問題では、進化心理学と行動遺伝学は大きな成果を上げたが、続く二つはいまだに解けない謎として残っている。なぜ子供をつくらないことを選択する人たちや自殺する人たちがいるのか、私たちの知るかぎり、説得力ある仮説は提出されていない。行動遺伝学で最近、生殖行動の遺伝的な基礎が発見され、子供をたくさんつくるか少数しかつくらないかは部分的には遺伝子に左右されることがわかった。[13]しかし、まったく子供をつくらない人については依然として説明がつかない。子供をつくらない遺伝的な傾向が、性淘汰によって残されるはずがないことは言うまでもない。

子供を何人もつかが遺伝子に左右されるとしたら、進化のロジックと矛盾する。遺伝的要因が働くなら、きょうだいが多い人（彼らの両親は子だくさんだった）は子だくさんになり、きょうだいが少ない人（両親は子供を少ししかつくらなかった）は少ししか子供をもたないということになるが、進化のロジックではその逆になるはずだ。きょうだいが多ければ、子供が少なくても、きょうだいに投資することで繁殖成功度を高められる。子供もきょうだいも、あなたの遺伝子の半分をもっているからだ。逆にきょうだいがいなければ、子供をたくさんつくる必要がある。きょうだいに投資するという選択肢がないからだ。このように、遺伝的な要因が子供の数に影響を与えることは、進化心理学にとってはいまだに謎である。

5　なぜ子殺しをする親がいるのか

この問題がなぜライトの一九九四年のリストに載っているのか理解に苦しむ。マーティン・デイリーとマーゴ・ウィルソンの一九八八年の著書『人が人を殺すとき――進化でその謎をとく』ですでに解決ずみだからだ。この本は、それよりも前に発表された著者らの論文を下敷きにしている。[14] デイリーとウィルソンはまず、「なぜ子殺しをする親がいるのか」という質問に対する答えは、「人は子殺しをしない」であると述べている。子殺しをする親のほとんどは、被害者となった子供と遺伝的なつながりのない義理の親だ。警察は進化心理学の知識をもたないから、生物学的な親と義理の親を統計上区別せず、結果的に犯罪統計では血のつながった子供を殺す親がいるかのようなデータが出る。

進化心理学の視点から言えば、義理の親が子供の養育を放棄したり、投資を惜しんだり、さらには配偶相手が（将来生まれる子供も含め）自分との子供に時間と資源を集中するよう、義理の子供を殺すことは十分考えられる。ヒヒやライオンなど多くの動物では、新たな雄が子連れの雌グループを乗っとったときに、真っ先に行うのは組織的な子殺し行動だ。それによって、すべての雌を生殖可能な状態にする。ヒトも動物である以上、当然そうした衝動はあるはずだ。

親が血のつながった子供を殺す少数のケースも、デイリーとウィルソンの「親の差別的な気遣い」という概念で説明できる。[15] デイリーらが指摘するように、どんな親でも子供に投じられる資源には限りがある。親は子供の数を最大限にするのではなく、孫の数を最大限にすることで、自分の適応度を最大限に高めようとする。この徹底してダーウィニズム的な視点から言えば、性的に成熟するまで生き残れない、あるいは伴侶を見つけて生殖する能力がない子供に投じた資源はまったくの無駄になる。そのため、病気の子供や肉体的魅力に乏しい子供の養育を放棄したり、虐待したり、殺す確率ははるかに高くなる。それによって、生殖に成功する見込みがある子供に限られた資源をシフトできるからだ。[16] このような結論は居心地の悪いものかもしれないが、そうした側面があることは否めない。親は義理の子供より血のつながった子供をかわいがるばかりか、実の子供でもかわいがり方に差があり、知能、容貌、健康、社会性にすぐれた子供を優先する傾向がある。

6 兵士が国のために死ぬのはなぜか

私たちの知るかぎり、この現象について進化心理学の視点から満足のいく説明は出されていない。しかし、いくつか言えることがある。まず、国のために兵士が死ぬのは、国が戦没者をたたえ、残された妻と子供の生活を保障する場合のみであること。事実、文明社会では、国のために戦って死んだ男たちは必ずたたえられる。第二に、多くの男たちは召集されて戦地に赴く直前に結婚する。そのために戦地にいる兵士たちの多くには、まだみたことのない生まれたばかりのわが子がいる。一部の兵士にとって、国のために戦って死ぬことは繁殖戦略なのかもしれない。自分は子供に十分な資源を提供できないが、戦死すれば国が子供を確実に扶養してくれるからだ。歴史的に、兵士は下層の出身者が多い。さらに付け加えるならば、男たちが戦地に向かう前に最後にすることは、結婚して新婚の花嫁をはらませることだが、敵を征服したときに最初にするのはときとして、被征服社会の女性をレイプすることである。[17] その行動も繁殖成功度を高めるのに役立つ。国のために進んで戦い死ぬ覚悟がなければ、こうした機会を獲得できないだろう。しかし、これらはあくまで私たちの観察にすぎず、兵士がなぜ国のために死ぬかについては、私たちも他の研究者も今のところ明確に説明できない。

というわけで、現時点でスコアは三対三である。ライトが九四年にあげた六つの疑問のうち、三つについては満足できる答えが出たが、あとの三つは未解決のままだ。

残る三つに加えて、さらにいくつか未解決の問題がある。以下は、今のところ進化心理学で謎とされている事柄だ。

7 子供はなぜ親を愛するのか

一見すると、これは愚かしい質問のようだ。言うまでもなく、子供が親を愛するのはごく自然な感情である。だが、なぜ自然な感情なのだろう。

進化心理学的には子供が親を愛して、老親の介護をする理由はまったく見当たらない。親にとっては、愛情を返してくれる子供のほうがかわいく思え、その子に投資する意欲がかき立てられるからだという人もいる。これはおもに親の立場からの意見だが、進化的に言えば、そうではない。親は子供が愛情を返してくれるかどうかにかかわらず、子供に愛情を注いで、資源を与える必要がある。デイリーとウィルソンの「親の差別的な気遣い」説が示唆するように、親は自分をいちばん愛してくれる子供ではなく、適応度がいちばん高くなりそうな子供（より魅力的、知的で健康な子供。また、親が裕福な場合は男の子、貧しい場合は女の子）に投資するよう動機づけられる。二人の子供がいて、親の資源が限られている場合、一人は知能が高く、肉体的に魅力があり、健康な子供で、もう一人は親をとても愛しているが、魅力的でない病弱な子なら、親は後者ではなく前者に投資するだろう。残酷なようだが、単純に遺伝子の論理で言えば、そういうことになる。だとすれば、子供は親を愛する必要がないわけだ。

成人後の子供の場合はなおさらである。親が若く、まだ子供をつくれるなら、成人後の子供が親に資源を分け与えるのは進化的に理にかなっている。きょうだいは遺伝子の半分を共有する存在だから、きょうだいが増えれば、遺伝子を次世代に伝えられる確率は高まり、したがって自分の適応度が高まることになる。しかし、親が生殖可能年齢を過ぎればそうはいかない。成人後の子供が老いた親の世話をすることは、進化心理学的にはまったく説明のつかないことなのである。

にもかかわらず、膨大な証拠が示すように人間社会では子供は親を愛する。これは進化心理学では解けない謎である。むしろ進化心理学にとってのみ、謎であると言ったほうがいいかもしれない。

8　豊かな先進国では少子化が進むのはなぜか

これはライトがリストの三番目にあげた「なぜ子供をもたないことを選択する人がいるか」という問題とは微妙に違う。大半の人、たとえば今のアメリカで言えば九〇%の人たちは子供をつくる。しかし、中流層のアメリカ人のほとんどは四人か五人の子供を余裕をもって育てられ、全員に十分な資源を与えられるにもかかわらず、多くの夫婦が二人程度しか子供をつくらない。

この上にもう一つ謎が重なる。ほとんどのアメリカ人は男の子二人か女の子二人ではなく、男の子と女の子の両方をもちたがる。実際、男の子と女の子が一人ずつできたら、それで子づくりを打ち止めにする親が多いが、男なり女が二人続くと、三人目をつくる確率が高いことがわかっている。[18] 欧米の親はなぜ、余裕をもって養え資源を与えられる数だけ子供をつくらず、男の子と女の子の両方を望むのか。これは進化心理学にとって、今もって謎である。

9 なぜ日焼けした肌が魅力的とされるか。テレビのリモコンを手放さずに絶えずチャンネルを変える癖が男性に多くみられるのはなぜか。毎日の料理はたいがい女性がするのに、バーベキューや肉を切り分けるときは男性の出番となるのはなぜか

これらは、私たちや他の研究者たちが着目した現象のほんの一部である。いずれも、多くの社会で一貫してみられ、偶然や社会化によるものにしては、あまりに根強い。このような行動には、なんらかの生物学的、進化的な理由があると考えられる。実際、日焼けした肌が好まれることとそれに関する性差については、すでに研究が進められている。[19]

しかし、進化心理学がこうした現象を説明するには、まずこうした現象があらゆる文化に共通する人間の普遍的な行動だということ（もしくは、文化によって多少の違いはあるが、その違いは、進化的な心理メカニズムと地域の生態系と環境との間の相互作用で説明できること）を確認しなければならない。[20] 文化的に普遍な行動でなければ、生物学的、進化的なルーツをもつことはまずあり得ない。進化心理学が広くみられる行動を説明する際に、最初にしなければならないのは、その行動が文化的に普遍であると立証することである。

進化心理学の草分け、デヴィッド・M・バスは八〇年代にまさにそうした作業を行った。ミシ

ガン大学の学生を対象にした理想の配偶相手に関する調査結果があらゆる人間社会で広く共有されるものかどうか、六大陸の三七カ国で調査を実施したのである。[21]他の研究者たちもこれに倣っている。最近の例をあげれば、六大陸と一三の島におよぶ、世界五二カ国、一〇地域での調査で、多様な相手を求めるといった性的欲求と、その結果としてのメイト・ポーチング（配偶相手の略奪）と呼ばれる、他人の配偶相手を盗むなどの行為は、多かれ少なかれあらゆる社会にみられることが確かめられた。[22]文化的な普遍性は、進化的な心理の指標の一つである。

進化心理学における理論的に未解決の問題をざっとみてきたが、これによって現代の進化心理学には設定されるべき多くの問いや解決すべき多くの謎があることがわかっていただければ幸いである。私たちはロバート・ライトの一九九四年の著書『モラル・アニマル』のたった一つの文章、「肥沃な土地がたくさんあるのに、それを耕す農夫はあまりに少ない――今のところ、これが進化心理学の現状である」[23]を読んで、社会学から進化心理学に転じた。私たちは農夫になり、肥沃な土地を耕しはじめた。今では状況は大きく改善されている。学部段階では心理学や人類学を専攻した多くの若い才能ある研究者が、進化心理学に進んでいる。進化心理学はいま最も成長めざましい学問分野と言えるだろう。

二〇〇四年にベルリンで開かれた人間行動進化学会（進化心理学の主要な学会）の第一七回年次総会で、ボビー・S・ロウ会長が、この年次総会を企画・運営した委員の数は、わずか二〇年前にこの学会の前身である組織が誕生したときに集まったメンバー全員よりも多いと語った。八〇年代にミシガン大学で年次総会が開かれた際、創設時のメンバーの多くは、ロウの家の床で寝泊まりしたものだ。[24]その二〇年後、二〇〇五年にテキサス州オースティンで開かれた年次総会の会場はハイアットリージェンシー・ホテルだった。参加者は五〇〇人近くにのぼり、いくらロウが寛大に客を迎えるといっても、この人数を泊めるのはとても無理だったからだ。

国際的な広がりも見落とせない。進化心理学に限らず、科学のあらゆる分野で研究活動が最も盛んなアメリカとイギリスに加えて、日本とベルギーにはこの分野の研究者が多くおり、他分野と比べても進化心理学の人気が非常に高い。しかし、残された多くの理論的な謎を解くためにも、進化心理学はまだまだ優秀な頭脳を必要としている。多くの若い〝農夫〟がこの新たな分野の開拓に加わることを願ってやまない。

著者あとがき

本書の初版では、私たちが日々出会うさまざまな現象について二八の問いを立て、進化心理学の視点から答えを探った。言うまでもなく、進化心理学が新たな光を投げかける問いはこの他にもたくさんあるし、進化心理学ではまだ解けていない謎も多い。その一つに、半世紀あまりも科学者たちを悩ませてきた現象がある。誰もが知っている現象なのに、誰もそれを説明できない。私は二〇〇〇年にその謎を知り、どうにかして解きたいものだと思った。初版には入れなかったその問いを、ここで考えてみたい。

Q 大規模な戦争の最中と直後には、女の子よりも男の子の出生数が多いのはなぜか

この現象は、第二次大戦中にアメリカで生まれた白人の男女比を調べた一九五四年の論文で初めて指摘された。[1] その後、第一次、第二次大戦の参戦国の多くについても同様の調査が行われ、同じ現象が認められた。[2] この現象は「帰還兵効果」と呼ばれている。[3] この効果があることは確かだが、理由は説明されていない。なぜ戦地から帰還した男性の子は男児である確率が高いのか。

第一次大戦に参戦したイギリス兵の記録をもとに、身長と生還の確率の関係を調べた論文が発表されている。それによれば戦闘を生き延びて帰国し、妻と再会して子をなした兵士は、戦死して子孫を残せなかった兵士よりも平均して身長が高い。[4] 生還した兵士と戦死した兵士の平均身長はそれぞれ約一六六センチと約一六三・七五センチで、約二・二五センチ差があった。この調査のサンプル数は比較的少ないが、二・二五センチの差は統計学的に有意な差である。

本書の一二四ページの問い「男の子か女の子か——子供の性別に影響を与えるものは」で指摘したように、背の高い親からは男の子が生まれる確率が高いことがわかっている。だとすれば、戦中戦後に男の子が多く生まれるのは、背の高い兵士（彼らは息子をもつ確率が高い）のほうが戦地から生還する確率が高いためだと考えられる。

たった二・二五センチほどの差でそんな違いが出るものかといぶかしく思う向きもあるだろうが、詳細な計算により、たとえ身長差がこの半分足らずだったとしても、第一次大戦中と戦争直後のイギリスで男児が多く生まれた理由は、生還した兵士の平均身長の高さで十分に説明がつくという結果が出ている。身長が二・二五センチ高ければ、男の子が生まれる確率は五％高くなる。わずか五％とはいえ、第一次大戦では多くの男性が動員されたから（イギリスでは一五～四〇歳の三分の一近く）、男の子が何百万人も多く生まれることになった。イギリスの場合は、帰還兵効果はこれで十分すぎるほど説明がつく。

では、なぜ背が高い兵士は戦地から生還する確率が高いのか

帰還兵効果の説明から新たな問いが生まれる。なぜ背が高い兵士は生還率が高いのか。これはいまだに謎で、はっきりした答えはないが、いくつかの理由は考えられる。

まず言えるのは、とりわけ二〇世紀初めの比較的貧しい時代には、背が高い人は、遺伝的な体質や栄養状態に恵まれるなどして、より健康に育ったと推測されることだ。つまり、長身の兵士は小柄な兵士よりもおしなべて頑健だったと考えられる。そのため戦地の過酷な環境下でも感染症や負傷に対する抵抗力が強く、生還率が高くなったのではないか。

また、身長と知能には相関性があることがわかっている。なぜそうなのかは学者の間でも意見が分かれているが、長身の人のほうが知能が高いことは議論の余地がない。長身の兵士は平均して小柄な兵士よりも知能が高いのだとすれば、軍隊内で高い地位に就ける確率も高いだろう。第一次大戦におけるイギリス兵の調査は兵と下士官を対象としたもので、士官クラスはサンプルに入っていない。それでも、背が高く、知能が高い兵士は、伍長なり軍曹に昇進する確率が高く、戦場で最も危険な任務を避けられた可能性がある。さらに、知能が高い兵士は戦地でうまく立ちまわって生き延びた可能性もある。第一次大戦では驚くほど多くのイギリス兵が軍務放棄により生き延びた。軍務を放棄し、なおかつ軍法会議をまぬがれるには、より高度な知能が必要だったと推測される。

最後に、私の同僚の研究者、エジンバラ大学のドミニク・D・P・ジョンソンが非常に興味深

いアイデアを提供してくれた。生命維持に不可欠な臓器は、体の大きさに厳密に比例して大きくなるわけではない、というのだ。言い換えれば、背の高い兵士は心臓や肺などの臓器が比較的大きいにしても、体の大きさから予測されるほどには大きくないということだ。そうだとすれば、背が高い兵士は体が大きいために銃弾が当たる確率は高いものの、心臓や肺に命中しない〝生命に別状のない〟撃たれ方をして、負傷しても生き延びる確率が高かったと考えられる。

現代の戦争でも男の子の出生数が多くなるのか

二〇〇〇年代初めのイラク戦争など現代の戦争でも、戦争中や戦争直後には男児が多く生まれただろうか。

長身の兵士の生還率が高いことには変わりはないが、最近の戦争では帰還兵効果は認められないし、将来の戦争でも認められないだろう。というのも、人口のかなりの割合が戦争に動員されなければ、帰還兵効果はあらわれないからだ。今日の先進国の軍隊は、かつてほど多くの兵員を必要としない。欧米諸国の大半で、徴兵制が廃止されたのも軍隊の省力化が進み、定員が削減されたからだ。

戦争に動員される人員が人口に占める割合が小さければ、長身の兵士の生還率が高く、長身の親からは男児が生まれる確率が高くても、帰還兵効果は起こらない。生き延びて帰還した兵士の子供の男女比が、社会全体の新生児の男女比を大きく変えることはないからだ。イラク戦争では多数のアメリカ兵が戦地に派遣されたが、その割合は同年代の三分の一には遠くおよばなかった。おそらくは同じ理由で、二〇世紀後半以降の戦争、たとえば一九八〇〜一九八八年のイラン・イラク戦争[6]や一九九一年のスロベニアの一〇日間戦争[7]でも、帰還兵効果は認められなかった。とはいえ、第一次大戦におけるイギリス兵の調査で明らかになった長身の兵士の生還率の高さが、第一次・第二次大戦の他の参戦国にもあてはまるなら、この点に着目することで、進化心理学において長年謎とされてきた問題の一つが解決できる可能性がある。

二〇〇八年二月　ロンドンにて

サトシ・カナザワ

訳者あとがき

セックスが男性の選択でできるなら、文明など生まれず、美術も文学も音楽もなく、ビートルズもマイクロソフトもなかっただろう。男たちは女たちに自分の能力を誇示し、イエスと言ってもらいたいがために、文明を築き、破壊してきた。すべては女のためなのである（本文より）。

スポーツで好成績を上げるのも、マネーゲームで稼ぐのも、選挙に出るのも、研究室にとじこもってノーベル賞をめざすのも、男たちのすることはほぼすべて、突き詰めていけばその根源には「女の気を引くため」という動機がある。男たちはもてたい一心で頑張る。女に「イエス」と言ってもらうために身を削って奮闘する。人間の男たちの涙ぐましい努力は、ニワシドリの雄が雌の気を引くためにせっせと小石や枝を集めて芸術的なまでに手の込んだ巣をつくるのと、本質的には変わらない。

そんな男のさが、女のさがに生物進化の視点で迫るのが、進化心理学だ。到底わかり合えないほど認識のずれがある男と女だが、その違いの根底に雌と雄の繁殖戦略の違いがあると考えると、なるほどとうなずけることが多々ある。

このように進化心理学は素人にとっても非常に興味深い分野だが、受けとりようによっては誤解を招きかねないので、ここでちょっとことわっておきたい。

まず、この本では、女性の性的魅力として、若さと美しさだけが取り上げられているが、言うまでもなく男性がパートナーに求めるのはそれだけではない。男は精子をばらまくだけでは繁殖に成功できない。生まれた子供が生殖可能年齢まで育たなければ、ばらまいた精子は無駄になる。ちゃんと子供を育ててくれる相手を選ばなければならないのだ。したがって、よき母親となる資質、たとえば賢さや愛情深さもパートナー選びの重要な要件となり、女性の性的魅力の一部をなす。進化心理学がおもに肉体的魅力を取り上げるのは、おそらく賢さや人柄は数値化しにくいために調査があまり進んでおらず、若さやウエスト・ヒップ比など、わかりやすい指標に着目した研究が先行しているからだろう。

セックスの目的が繁殖だけではないことも言うまでもない。ヒトはもちろんのこと、ボノボなど霊長類の調査でも、性的行為がコミュニケーション手段になっていることが報告されている。繁殖のためのセックスは、セックスの一面でしかない。

また著者もことわっているように、統計的な事実は個々のケースにはあてはまらない。義理の親が継子を虐待する確率が高いことや、若い男性と年配女性のカップルが少ないことは、統計的な事実にすぎない。義理の親でも愛情深い親はたくさんいるし、年配女性と若い男性のカップルでうまく行っているケースもいくらでもある。

もう一つ、強調しておきたいことがある。生物の進化は驚くべきプロセスだ。進化は、たった一個の細胞からヒトやウミウシ、モルフォチョウなど目を見張るほど多彩な生き物をつくりだし、手や心臓のように複雑で精巧な器官を形づくってきた。いま地球上にある多様な遺伝子のバラエティーはすべて、この進化のプロセスでふるいにかけられ、残ってきたものである。美人の鼻の遺伝子も、だんご鼻やわし鼻の遺伝子も、いずれも適応的な形として残ってきたのだ。それらは、ある局面（環境）で生存と繁殖に有利だったためにたまたま残っただけで、「すぐれている」から残ったわけではないし、途絶えた血統が「劣っていた」わけでもない。生物界で進む遺伝子のふるい分け（自然・性淘汰）には、優劣の判断が入る余地はないのだ。

「美しくてＩＱが高いほうがよい」などと、人間の価値基準で遺伝的な資質に優劣をつけ、選別するのは、とんでもない愚行である。

こうしたことを頭に入れて、この本で紹介されている進化心理学のアイデアを、「人間とは何か」という興味の尽きないテーマを考えるヒントにしていただければ幸いである。

伊藤和子

あとがき

1. MacMahon, Brian and Thomas F. Pugh. 1954. "Sex Ratio of White Births in the United States During the Second Worlde War." *American Journal of Human Genetics*. 6: 284-92
2. Graffelman, Jan and Rolf F.Hoekstra. 2000. "A Statistical Analysis of the Effect of Warfare on the Human Secondary Sex Ratio." *Human Biology*. 72: 433-45.
3. Cartwright, John. 2000. *Evolution and Human Behavior: Darwinian Perspectives on Human Nature*. Cambridge: MIT Press.
4. Kanazawa, Satoshi. 2007. "Big and Tall Soldiers Are More Likely to Survive Battle: A Possible Explanation for the 'Returning Soldier Effect' on the Secondary Sex Ratio." *Human Reproduction*. 22: 3002-8.
5. Case, Anne and Christina Paxon. 2006. "Stature and Status: Height, Ability, and Labor Market Outcomes." NBER Working Paper Series 12466.
   Jensen, Arthur R. and S.N. Sinha. 1993. "Physical Correlates of Human Intelligence." pp.139-242 in *Biological Approaches to the Study of Human Intelligence*, edited by Philip A.Vernon. Norwood, NJ: Ablex.
6. Ansari-Lari, M. and M. Saadat. 2002. "Changing Sex Ratio in Iran 1976-2000." *Journal of Epidemiology and Community Health*. 56: 622-23
7. Zorn, Branko, Veselin Sucur, Janez Stare, and Helena Meden-Vrtovec. 2002. "Decline in Sex Ratio at Birth After 10-Day War in Slovenia." *Human Reproduction*. 17: 3173-7.

2. Hamer et al. (1993).
3. Hamer and Copeland (1994, pp.183-4).
4. Trivers (personal communication).
5. Camperio-Ciani, Corna, and Capiluppi (2004).
6. Hamer and Copeland (1994, pp.182-3); Miller (2000, pp.217-9).
7. サロウェーは研究者として非常に輝かしい経歴の持ち主である。ハーバード大学で科学史の博士号を取得、偉大な進化生物学者エルンスト・マイアーに師事したが、大学で正規の職を得ず、非常にすぐれた研究者に与えられるマッカーサー賞奨学制度など助成金で生計を立て、研究費を賄っている。科学史、心理学、進化生物学の著書があり、ハーバード大、マサチューセッツ工科大（MIT）、スタンフォード大学行動科学高等研究所、カリフォルニア大学バークレー校（現在、この大学で客員研究者・教授を務める）で研究を指揮してきた（Sulloway, personal communication）。
8. ジュディス・リッチ・ハリスは1960年にハーバード大の心理学の大学院生で修士号を取得したが、当時の研究科長ジョージ・A・ミラーに博士号取得の能力はないと判断され、博士課程に進めなかった。それから35年後、ハリスは心理学の教科書執筆で生計を立てながら、発達過程での同年代集団による社会科という自身の仮説を研究し、権威ある学術誌『サイコロジカル・レビュー』で論文を発表した。ハリスの論文は1997年に米国心理学会の賞である「一般心理学の卓越した最新論文に贈られるジョージ・A・ミラー賞」に選ばれた（Harris 1998, pp.xi-xviii）。
9. Sulloway (1995).
10. Harris (1995, 1998).
11. Rowe (1994).
12. Harris (1998, pp.365-78); Sulloway (2000).
13. Kohler, Rodgers, and Christensen (1999); Rodgers, Kohler, Kyvik, and Christensen (2001); Rodgers et al. (2001).
14. Daly and Wilson (1985).
15. Daly and Wilson (1995). おそらく母親による実子殺しの最も一般的な原因は精神障害だろう。しかし普遍的な人間の本性を扱う進化心理学の手法では、精神疾患に起因する行動は十分に説明できない。
16. Daly and Wilson (1988, pp.37-93).
17. Shields and Shields (1983); Thornhill and Palmer (2000).
18. Yamaguchi and Ferguson (1995).
19. Saad and Peng (2006).
20. Kanazawa (2006c).
21. Buss (1989).
22. Schmitt (2003, 2004).
23. Wright (1994, p.84).
24. Low, personal communication.

32. Atran (2003); Berrebi (2003).
33. O'Hanlon and Campbell (2007).
34. Kalyvas (2005, pp.96-7).
35. Coogan (1995, pp.513-21).
36. Atran (2003, p.1538); Friedman (2002, pp.144-5).
37. Krueger and Maleckova (2003, p.129).
38. Friedman (2002, pp.13-4,19-20).
39. Hechter (2000).
40. Coleman (1988).
41. Olson (1965).
42. Kanazawa (2001a).
43. Whitmeyer (1997).
44. Dawkins (1976).
45. Pinker (2002).
46. Kurzban, Tooby, and Cosmides (2001).
47. Miller (2000).
48. Townsend and Levy (1990).
49. Dunbar, Duncan, and Marriott (1997).
50. Kanazawa (2000, 2003c); Miller (1998, 1999).
51. Lycett and Dunbar (2000).
52. Low (1979).
53. Cunningham et al. (1995); Jones (1996); Jones and Hill (1993); Maret and Harling (1985); Morse and Gruzen (1976); Thakerar and Iwawaki (1979).
54. Langlois et al. (1987); Samuels and Ewy (1985).
55. Buss (1999, p.135).
56. Kanazawa (2000, 2003c).
57. Dugatkin (1998).
58. Grant and Green (1998).
59. Höglund et al. (1995).
60. Galef and White (1998).
61. Dugatkin (2000).
62. この“婚約指輪効果”説は魅力的な仮説だが、これまでにこの説を検証するためになされた唯一の研究（Uller and Johansson 2003）では、この説は実証されなかった。したがって、今のところは興味深いが、一つのアイデアにすぎない説として扱う必要がある。
63. Kanazawa and Frerichs (2001).
64. Kanazawa and Frerichs (2001, p.327, Table 2).

第9章　おわりに

1. Miller (2000, p.217-9).

汲みとろうとするのであり、その結果として宗教が生まれたと、これらの理論家は主張する。したがって、他社の感情を汲みとる能力に欠けた自閉症の人は、そうでない人よりも、信仰をもつ確率が低いと、マクナマラ（2001）は述べている。私たちの知るかぎり、自閉症の人とそうでない人との信仰の度合いを比較した研究はなされていない。

14. Haselton (2003); Haselton and Buss (2000).
15. Haselton and Nettle (2006). 宗教の進化に関するカークパトリックの仮説がヘーゼルトンのエラー管理仮説と深く関連しているのはただの偶然ではない。ヘーゼルトンは、カークパトリックのもとで学んだことがあるからだ。もっとも、カークパトリックを進化心理学の分野に導いたのはヘーゼルトンのほうだ（Kirkpatrick 2005, pp.x-xi）。
16. バングラデシュでは、ほんの少しだが男性のほうが「神の存在を信じる」と答えた割合が多く（男性98.7% 対 女性98.5%）、「信仰心がある」と答えた人も男性が多かった（男性84.1% 対 女性83.7%）。ドミニカ共和国でも男性のほうが「神の存在を信じる」と答えた人が多かった（男性95.2% 対 女性90.9%）が、サンプル規模が小さい（回答者は411人）。モンテネグロでも、「神の存在を信じる」のは男性が多く（男性66.3% 対 女性63.9%）、「信仰心がある」と答えた人も男性が多い（男性50.9% 対 女性47.9%）が、サンプル規模はさらに小さく、第一の質問の回答者は209人、第二の質問は225人である。
17. Miller and Stark (2002).
18. Mol (1985); Suziedalis and Potvin (1981).
19. Glock, Ringer, and Babbie (1967); Walter and Davie (1998).
20. Azzi and Ehrenberg (1975); Iannaccone (1990); Luckmann (1967); Martin (1967).
21. Miller and Stark (2002).
22. de Vaus and McAllister (1987); Steggarda (1993).
23. Cornwall (1988); de Vaus (1984); Stark (1992).
24. Haselton and Nettle (2006).
25. Kanazawa and Still (2000c).
26. Campbell (1995, 1999, 2002).
27. Miller and Hoffmann (1995); Miller and Stark (2002); Stark (2002); Sherkat (2002).
28. Miller (2000).
29. Gambetta (2005, pp.259-63).
30. Kanazawa and Still (2000c).
31. 一夫多妻の度合いが最も高い国の上位20カ国は以下のとおり。1.アンギラ、1.アンティグア・バーブーダ、1.バハマ、1.バルバドス、1.赤道ギニア、1.ガボン、1.ハイチ、1.レソト、1.セントビンセントおよびグレナディーン諸島、1.スワジランド（以上の国々はいずれも一夫多妻の指標が最高度の3.000）、11.モロッコ（2.9700）、12.リベリア（2.8175）、13.ナイジェリア（2.8175）、14.コンゴ（旧ザイール）（2.8095）、15.シエラレオネ（2.8000）、16.チャド、16.ニカラグア（2.7500）、18.ニジェール（2.7250）、19.トーゴ（2.6667）、20.モザンビーク（2.6664）。モロッコ、ニカラグア以外はすべてサハラ砂漠以南のアフリカとアラブ諸国。

35. Buss and Schmitt (1993).
36. Avner (1994); Bravo and Cassedy (1992).
37. Browne (2002, p.202).
38. Muehlenhard and Hollabaugh (1988).
39. Muehlenhard and McCoy (1991).
40. Mealey (1992, p.397).
41. Browne (1997, p.75).

第８章　善きもの悪しきもの、醜悪なるもの

1. Kurzban, Tooby, and Cosmides (2001).
2. 宗教の進化的起源を探る前に、まず言葉を定義しておく必要がある。学術文献でも一般の文章でも、宗教という言葉は多くの場合、相互に関連があるが、それぞれ独立した三要素を意味する。信仰（一個人内の脳内の認知プロセス）、宗教的な慣行（儀式など、一個人または個人間の社会的な行動）、宗教組織（教会、シナゴーグその他の宗派など、個人を超えた集まり）である。心理学はおもに信仰を扱い（Allport 1950; James 1902）、人類学は信仰と慣行に焦点をあて（Durkheim 1915/1965; Evans-Pritchard 1956）、社会学と経済学は慣行と組織に注目する傾向がある（Greeley 1972; Iannaccone 1994）。

　ここでは、私たちは信仰の進化心理学的な起源のみを論ずる。したがって、デヴィッド・スローン・ウィルソンの卓越した著書『Darwin's Cathedrai: Evolution, Religion, and the Nature of Society』（2002）は、私たちの論議には含めない。この本はおもに宗教組織について、また歴史を通じて多様な宗教団体がどのように発展してきたかについて論じているからだ。
3. Brown (1991).
4. Bouchard et al. (1999); Koenig et al. (2005).
5. Alper (2001); Hamer (2004); Newberg, D'Aquili, and Rause (2002).
6. 信仰をもつ人はもたない人より長生きするという研究結果が２、３発表されている（Hall 2006; Miller and Thoresen 2003; McCullough et al. 2000）。だが、信仰が長寿につながる生化学的メカニズムは特定されておらず、なぜ信仰が長寿につながるかも説明されていない。また、これらの研究は、ジョン・テンプルトン財団の助成でなされたか（Miller and Thoresen 2003; McCullough et al. 2000）、聖公会の牧師が行ったもの（Hall 2006）であるため、その信憑性には限界がある。
7. Kirkpatrick (2005, pp.214-39).
8. Atran (2002); Boyer (2001); Guthrie (1993); Kirkpatrick (2005).
9. 重ねて言うが、統計学の初歩をご存知であれば、肯定的な誤りは「タイプＩエラー」、否定的な誤りは「タイプⅡエラー」だと気づかれることだろう。
10. Haselton and Nettle (2006).
11. Guthrie (1993).
12. Atran (2002).
13. 言い換えれば、人は生命のない物体を意思をもつ存在のようにみなし、その意志を

領から大統領に就任したアンドリュー・ジョンソンが弾劾されている。1974年にはウォーターゲート疑惑で下院がリチャード・M・ニクソン大統領の弾劾に向けた調査を開始したが、この年の８月、弾劾決議の採決が行われる前にニクソンが辞任したため弾劾にはいたらなかった。ちなみに、アメリカの大統領で辞任したのは今のところニクソンただ一人である。

2. Betzig (1982, 1986, 1993, 2002).
3. Betzig (1992, 1995).
4. Kanazawa (2004c).
5. Blau and Kahn (1992); Mueller, Kuruvilla, and Iverson (1994); Rosenfeld and Kalleberg (1990); Sørensen and Trappe (1995).
6. Blau and Kahn (2000).
7. Marini (1989).
8. England (1992).
9. Browne (1995, 1998, 2002).
10. Campbell (1999, 2002).
11. Kanazawa (2005b, p.276, Table 1).
12. Kanazawa (2005b, p.284).
13. Moir and Jessel (1989, p.167).
14. Moir and Jessel (1989, p.159).
15. Kanazawa (2005b).
16. Eitzen (1985, p.378); Furchtgott-Roth and Stolba (1999, p.11).
17. Eitzen (1988, p.385).
18. Eitzen and Zinn (1991, p.324).
19. "Clinton Seeks More Money to Reduce Gap in Wages." *New York Times*, January 31, 1999.
20. Furchtgott-Roth and Stolba (1999).
21. Kanazawa (2005b).
22. Browne (2002).
23. Baron-Cohen (1999, 2002, 2003); Baron-Cohen and Hammer (1997); Baron-Cohen, Lutchmaya, and Knickmeyer (2004).
24. Baron-Cohen (2003, p.3).
25. Baron-Cohen (2003, p.63).
26. Baron-Cohen (2003, p.2).
27. Baron-Cohen (2003, pp.23-4).
28. Baron-Cohen (2003, p.24).
29. Baron-Cohen (2003, p.60, Figure 5, p.85, Figure 7).
30. Baron-Cohen et al. (1997, 1998).
31. Browne (1997, 2002, pp.191-214; 2006).
32. Franke (1995); Paludi (1996); Tangri, Burt, and Johnson (1982).
33. Browne (1997).
34. Clarke and Hatfield (1989).

4. Kanazawa (2006c).
5. International Criminal Police Organization (various years).
6. Daly and Wilson (1988, pp.137-61).
7. Daly and Wilson (1988, pp.123-36).
8. Wolfgang (1958).
9. Buss (1994, pp.19-48).
10. Thornhill and Palmer (2000); Thornhill and Thornhill (1983).
11. Ellis (1998).
12. Campbell (1995, 1999).
13. Campbell (2002).
14. Campbell (1999, p.210).
15. Browne (2002); Furchtgott-Roth and Stolba (1999); Kanazawa (2005b).
16. Greenberg (1985); Hirschi and Gottfredso (1985); Steffensmeier et al. (1989).
17. Blumstein (1995); Campbell (1995); Daly and Wilson (1990).
18. Miller (1999, p.87; emphases added).
19. Kanazawa (2003c).
20. Kanazawa (2000); Miller (1999).
21. Kanazawa (2003c).
22. Kanazawa (2003b, 2003c); Kanazawa and Still (2000c); Miller (2000).
23. Kanazawa (2003c).
24. Trivers (1972).
25. Blumstein and Schwartz (1983, pp.195-8); Laumann et al. (1994, pp.315-6, Table 8.4).
26. Kanazawa (2000, 2003c); Miller (1998, 1999, 2000).
27. Hirschi (1969).
28. Laub, Nagin and Sampson (1998); Sampson and Laub (1993).
29. Hirschi (1969).
30. Kanazawa (2000).
31. Hargens, McCann, and Reskin (1978).
32. Gould and Lewontin (1979).
33. Ketelaar and Ellis (2000); Kurzban and Haselton (2006).
34. Daly and Wilson (1996).
35. Wilson, Daly, and Wright (1993); Wilson, Johnson, and Daly (1995).
36. Wilson, Daly, and Wright (1993, p.275, Table 4).
37. Wilson, Daly, and Wright (1993, p.276, Table 5).
38. Kanazawa and Still (2000c, pp.444-6).
39. Buss (1988); Buss and Shackelford (1997); Peters, Shakelford and Buss (2002).
40. Wilson, Daly, and Wright (1993).

第7章　世の中は公正ではなく、政治的に正しくもない

1. クリントン以外には、ただ一人、1865年に暗殺されたリンカーンに代わり、副大統

S_E=1.0500+0.3498=1.3998となる。D_Nの演算では、S_O=S_E= 1 を仮定しており、D_O=0.9524、D_N=0.9524+0.3981=1.3505となる。
この演算ではJouni Kuhaの協力を得た。

17. Kanazawa (2005a).
18. de Waal (1982).
19. Chagnon (1997).
20. Kanazawa (2006b).
21. Kanazawa (2007).
22. Kanazawa (2007); Takahashi et al. (2006).
23. Christenfeld and Hill (1995).
24. McLain et al. (2000).
25. Brédart and French (1999); Bressan and Grassi (2004).
26. Daly and Wilson (1982); McLain et al. (2000); Regalski and Gaulin (1993).
27. McLain et a1. (2000).
28. Kanazawa and Still (2000a, p.25, appendix).
29. Liss (1987, p.781).
30. US Bureau of the Census (1995, p.7, Table B).
31. Bellis et al. (2005).
32. Kanazawa and Still (2000a).
33. Daly and Wilson (1988, pp.62-3).
34. Campbell (1988); Fischer and Oliker (1983); Marsden (1987).
35. Smith-Lovin and McPherson (1993); Munch, McPherson, and Smith-Lovin (1997).
36. Smith-Lovin and McPherson (1993, pp.234-5).
37. Kanazawa (2001b).
38. Draper and Harpending (1982, 1988); Ellis et al. (1999).
39. Ellis et al. (2003); Quinlan (2003).
40. Ellis (2004, pp.922-4).
41. Kaprio et al. (1995); Rowe (2002).
42. Ellis (2004).
43. Draper and Harpending (1982, 1988).
44. Quinlan (2003).
45. Bailey et al. (2000); Kanazawa (2001c).
46. Kanazawa (2001c).
47. Herman-Giddens et al. (1997); Lemonick (2000).
48. Ellis (2002).

第６章　男を突き動かす悪魔的な衝動

1. Daly and Wilson (1988).
2. Brown (1991).
3. Pinker (2002, pp.435-9, appendix).

31. Kanazawa and Still (1999).
32. Katzev, Warner, and Acock (1994); Morgan, Lye, and Condran (1988).
33. Draper and Harpending (1982).
34. Thornhill (1976).
35. Sozou and Seymour (2005).
36. Gangestad and Simpson (2000).
37. Draper and Harpending (1982).
38. Trivers (1972).
39. Gangestad and Thornhill (1997).
40. Rhodes, Simmons, and Peters (2005).
41. Gangestad and Simpson (2000, p.583).

第５章　親と子、厄介だがかけがえのない絆

1. Daly and Wilson (1985).
2. Daly and Wilson (1999).
3. Trivers and Willard (1973).
4. Betzig (1986).
5. Betzig and Weber (1995).
6. Cronk (1989).
7. Voland (1984).
8. Moore (1990, pp.326-7, Figures 1-2).
9. Mueller (1993).
10. Kanazawa (2006c).
11. Ellis and Bonin (2002); Freese and Powell (1999); Keller, Nesse, and Hofferth (2001).
12. Cronk (1991); Gaulin and Robbins (1991); Kanazawa (2001d); Trivers (2002, pp.120-2).
13. Kanazawa (2005a, 2006b, 2007); Kanazawa and Vandermassen (2005).
14. Baron-Cohen (1999, 2002, 2003); Baron-Cohen and Hammer (1997); Baron-Cohen, Lutchmaya, and Knickmeyer (2004).
15. Kanazawa and Vandermassen (2005).
16. カナザワとバンダーマッセンの回帰方程式（2005, p.595, Table 1）は、（オリジナルのトリバース＝ウィラード仮説における親の社会的階層の効果をコントロールするため）回答者の教育、所得、年齢、初婚時の年齢、人種、現在の婚姻状況というコントロール変数を含んでいる。さらに、男女の子供の数をコントロールした上で、システム型の職業の親で、息子の数が増える確率は0.3498（$p<0.01$）、共感型の職業で娘の数が増える確率は0.3981（$p<0.01$）。

    S_O＝人口全体の出生性比（男児）の中間値、D_O＝人口全体での出生性比（女児）の中間値、S_E＝親がシステム型職業の場合の出生性比（男児）の中間値、D_N＝親が共感型職業の場合の出生性比（女児）の中間値。

    S_Eについてのわれわれの演算は、D_O=D_N= 1 を仮定しており、S_O=1.0500、

第４章　病めるときも貧しきときも？

1. Emlen (1995).
2. Smith (1984, p.604, Figure 1A).
3. Smith (1984, p.609).
4. Cerda-Flores et al. (1999); Gaulin, McBurney, and Brakeman-Wartell (1997).
5. White (1988).
6. Chisholm and Burbank (1991).
7. Bellis and Baker (1990); Birkhead and Møller (1991).
8. Cartwright (2000, p.222, Table 8.1).
9. Gallup et al. (2003, p.278).
10. Gallup et al. (2003, p.278).
11. Gallup et al. (2003).
12. Baker and Bellis (1995).
13. Barash and Lipton (2001).
14. Alexander et al. (1979); Leutenegger and Kelly (1977).
15. Alexander et al. (1979, pp.428-30, Table 15-3).
16. Mealey (2000, p.306).
17. Alexander et al. (1979); Leutenegger and Kelly (1977).
18. Kanazawa and Novak (2005).
19. Silventoinen et al. (2001).
20. Biro et al. (2001); Frisch and Revelle (1970); Helm, Münster, and Schmidt (1995); Jaruratanasirikul, Mo-suwan, and Lebel (1997); Nettle (2002); Okasha et al. (2001).
21. 体の大きさの性的二型については、もう一つ、一夫多妻とは関連がないものの、さらに新しい説明がある（Kanazawa, 2005a）。トリバース＝ウィラード仮説（第５章の「男の子か女の子か――子供の性別に影響を与えるものは」で紹介）を一般化したもので、長身で大きい両親（父親も母親も大柄）からは息子が生まれる傾向があり、小柄な両親からは娘が生まれる確率が高いという説である。入手可能な実証的データはこの説を裏づけている。体の大きさ（身長と体重）はかなりの部分が遺伝子で決まる。したがって、女の子の初潮を早める一夫多妻の効果とともに、このようなメカニズムでサイズの性的二型が進化したと思われる。
22. Kirkpatrick (1987); Small (1993); Trivers (1972).
23. Kanazawa and Still (1999).
24. Shaw (1957, p.254).
25. Dawkins (1986).
26. Davies (1989); Orians (1969); Searcy and Yasukawa (1989); Verner (1964); Verner and Willson (1966). Borgerhoff Mulder (1990)がいち早く一夫多妻の閾値モデルを人間社会にあてはめた研究を行った。
27. Lenski (1966, pp.308-18).
28. Kanazawa and Still (2001).
29. Betzig (1986).
30. Kanazawa (2003a); Pérusse (1993. 1994).

Perrett et al. (1999).
41. Bailit et al. (1970); Møller (1990, 1992); Parsons (1992).
42. Parsons (1990).
43. Gangestad and Buss (1993).
44. Langlois and Roggman (1990); Rubenstein, Langlois, and Roggman (2002).
45. Langlois and Roggman (1990).
46. Thornhill and Gangestad (1993).
47. Thornhill and Møller (1997, pp.528-33).
48. Langlois et al. (2000); Shackelford and Larsen (1999).
49. Hönekopp, Bartholome, and Jansen (2004).
50. Henderson and Anglin (2003).
51. Al-Eisa, Egan, and Wassersub (2004).
52. Kalick et al. (1998).
53. Grammer and Thornhill (1994).
54. Langlois et al. (1994).
55. Trivers (1972).
56. Pérusse (1993, pp.273-4).
57. Pérusse (1993, p.273).
58. Buss and Schmitt (1993).
59. Ellis and Symons (1990).
60. Buss and Schmitt (1993).
61. Salmon and Symons (2001, 2004).
62. Symons (1979, pp.170-84).
63. Ellis and Symons (1990).
64. Buss and Schmitt (1993).
65. Hejl, Kammer, and Uhl (Forthcoming).
66. Carroll (1999); Gottschall et al. (2004); Thiessen and Umezawa (1998); Wilson (1998, pp.210-37).
67. Buss (1989).
68. Kenrick and Keefe (1992).
69. Kenrick and Keefe (1992).
70. Abbey (1982).
71. Kanazawa (2006a); Liedtke (2000); Pate (2001); Ream (2000).
72. Haselton (2003); Haselton and Buss (2000).
73. Yamagishi, Jin, and Kiyonari (1999).
74. 統計学の初歩をご存知であれば、肯定的な誤解は「タイプⅠエラー」、否定的な誤解は「タイプⅡエラー」だと気づかれることだろう。
75. Haselton and Buss (2000, p.90); Haselton and Nettle (2006).
76. Yamagishi et al. (Forthcoming).
77. Guthrie (1993).
78. Boyer (2001).

第3章　進化がバービー人形をデザインした

1. Buss (1989).
2. Bloch (1994, pp.1-13).
3. Abdollahi and Mann (2001).
4. Crawford,Salter,and Jang (1989).
5. Kanazawa and Still (2000b).
6. Etcoff (1999, pp.89-129); Mesko and Bereczkei (2004).
7. Etcoff(1999, pp.122-6).
8. Singh (1993); Singh and Young (1995); Singh and Luis (1995).
9. Jasienska et al. (2004).
10. Symons (1995, p.93).
11. Cartwright (2000, pp.153-4).
12. Marlowe (1998).
13. Jasienska et al. (2004).
14. Rich and Cash (1993).
15. Bloch (1994, pp.1-13).
16. Wall (1961).
17. Ramanchandran (1997).
18. Feinman and Gill (1978).
19. van den Berghe and Frost (1986).
20. Wong and Ellis (1984).
21. Feinman and Gill (1978).
22. Ridley (1993, pp.293-5).
23. Feinman and Gill (1978).
24. Kenrick and Keefe (1992).
25. Hess (1975); Hess and Polt (1960).
26. Feinman and Gill (1978, p.47, Table 1).
27. Cunningham,Druen,and Barbee (1997).
28. Wagatsuma and Kleinke (1979).
29. Bernstein, Tsai-Ding, and McClellan (1982); Cross and Cross(1971).
30. Cunningham et al. (1995).
31. Jones (1996); Jones and Hill (1993).
32. Maret and Harling (1985).
33. Morse and Gruzen (1976).
34. Thakerar and Iwawaki (1979).
35. Langlois et al. (1987); Samuels and Ewy (1985).
36. Slater et al. (1998).
37. Langlois, Roggman,and Rieser-Danner (1990).
38. Symons (1995).
39. Little et al. (2002).
40. Gangestad, Thornhill, and Yeo (1994); Mealey, Bridgstock, and Townsend (1999);

26. Bowlby (1969).
27. Kanazawa (2002, 2004b).
28. Kanazawa (2002).
29. Buss (1988).
30. Crawford (1993): Symons (1990), Toby and Cosmides (1990).
31. Kanazawa (2004c).

第2章　男と女はなぜこんなに違うのか

1. Blum (1997); Mealy (2000); Moir and Jessel (1989); Pinker (2002, pp.337-71).
2. Connellan et al. (2000).
3. Alexander and Hines (2002).
4. Brown (1991); Pinker (2002, appendix, pp.435-9).
5. Alexander et al. (1979); Daly and Wilson (1988, pp.140-2).
6. 第4章で述べるように、どの文化圏でもまたいつの時代でも、ヒトの婚姻形態は普遍的に一夫多妻である。イスラム圏やアフリカの部族社会では、一人の男が複数の妻をもつ文字どおりの一夫多妻が認められているが、そうでなくとも離婚、再婚を繰り返して一生のうちに複数の妻をもつことも事実上の一夫多妻と言える。厳密な一夫一妻社会とは、離婚、再婚も、愛人をもつこともいっさい禁じている社会であり、人類学の調査ではそれに該当するケースは知られていない（Betzig 1989）。したがって、出生性比がおおむね50対50であれば、どの社会でも、結婚できない男のほうが結婚できない女よりも多いことになる。
7. ムーレイ・イスマイルの子供の数として、最もよく引用されるのは1976年版『ギネスブック：世界記録事典』（McWhirter and McWhirter 1975）で888人とされている。だが同じギネスブックの1995年版（Young 1994, p.10）では、少なくとも1,042人となっている。
8. Betzig (1986).
9. Campbell (1999, 2002).
10. Clutton-Brock and Vincent (1991).
11. Trivers (1972).
12. Harris (1974).
13. Chomsky (1957).
14. Pinker (1994).
15. van den Berghe (1990, p.428).
16. Freeman (1983, 1999).
17. Chagnon (1968).
18. Nance (1975).
19. Hemley (2003).
20. Ridley (1996, pp.213-5).

著『モラル・アニマル』(講談社)]。研究者には以下が参考になるだろう。Barkow, Cosmides, and Tooby (1992); Buss (1995, 1999); Cartwright (2000); Daly and Wilson (1988); and Kanazawa (2001a).

11. 自然淘汰と性淘汰を明確に定義しておかなければならない。私たちの使う自然淘汰、性淘汰という用語は、進化生物学の知識をもつ読者には、やや正統からはずれていると感じられるかもしれないからだ。私たちは、より長生きするような形質が選ばれるプロセスを自然淘汰、より多くの子孫(もしくは遺伝子のコピー)を残せる形質が選ばれるプロセスを性淘汰と呼ぶ。自然淘汰は生存、性淘汰は繁殖の成功にかかわる。ダーウィンはもともとこのように、二つの別個なプロセスとして、自然淘汰と性淘汰を定義していた。それゆえ彼は二つの別々の著作、自然淘汰について述べた『種の起源』—*On the Origin of Species by Means of Natural Selection* (1859) と、性淘汰を扱った『人間の進化と性淘汰』—*The Descent of Man, and Selection in Relation to Sex* (1871) を著したのである。しかし1930年代になると、生物学者は自然淘汰に性淘汰を含めるようになり、繁殖の成功率が個体によって異なることも自然淘汰によると主張するようになった。今ではすべての生物学の教科書で、性淘汰は自然淘汰の一部にすぎないとする立場が正統とされている (Cronin, 1991, pp.231-43)。

 本書で、私たちはこの正統に異議を唱える。ジェフリー・F・ミラー (Miller, 2000, pp.8-12)、アン・キャンベル (Campbell, 2002, pp.34-5) ら今の世代の進化心理学者と同じ立場をとり、自然淘汰と性淘汰は二つの別個のプロセスであるというダーウィンの定義に回帰すべきだと考える。この見解は今も批判の的であり、少数意見である。しかし、私たちは自然淘汰と性淘汰の概念を区別することで、進化生物学と進化心理学の理論は明確になると確信している。

12. Williams (1966).
13. Barash (1982, pp.144-7).
14. Daly, Wilson, and Weghorst (1982).
15. Gaulin, McBurney, and Brakeman-Wartell (1997).
16. Cerda-Flores et al. (1999).
17. Baker and Bellis (1995, p.200, Box 8.4).
18. Buss (1988, 2000); Buss and Shackelford (1997).
19. White (1981); Buunk and Hupka (1987).
20. Buss, Larsen, and Westen (1992); Buss et al. (1999).
21. Harris (2003); DeSteno et al. (2002).
22. Pietrzak et al. (2002). 現代の進化心理学の長老格の一人、デヴィッド・M・バスが指摘しているように (Buss, Larsen, and Western 1996)、進化心理学者たち (Daly, Wilson, and Weghorst 1982; Symons 1979, pp.226-46) は系統だったデータが得られるよりも10年以上も前に、進化の基本的な論理のみで、性的な嫉妬の男女差を予測していた。
23. Betzig (1997a).
24. van den Berghe (1990, p.428).
25. Endorsement on the cover of Betzig (1997b).

原注

まえがき

1. Miller and Kanazawa (2000).

序章　人間の本性を探る

1. Maynard Smith (1997).
2. Ridley (1999, pp.54-64).
3. Pinker (2002).
4. Scarr (1995).
5. Wilson (2007) is a late exception.
6. Moore (1903).
7. Hume (1739).
8. Davis (1978).
9. Ridley (1996, pp.256-8).
10. Alexander et al. (1979); Kanazawa and Novak (2005).
11. Calden, Lundy, and Schlafer (1959); Gillis and Avis (1980); Sheppard and Strathman (1989).
12. Davis et al. (1993); Rand and Kuldau (1990).

第1章　進化心理学について

1. Buss (1989); Daly and Wilson (1988).
2. Barkow, Cosmides, and Tooby (1992).
3. Ellis and Bjorklund (2005, p.x).
4. Barkow (2006); Tooby and Cosmides (1992, pp.24-49).
5. Ellis (1996); Daly and Wilson (1988, pp.152-6).
6. Campbell (1999, p.243).
7. Pinker (2002).
8. Ellis (1996).
9. Cornwell, Palmer, and Davis (2000); Cornwell et al. (2001); Machalek and Martin (2004).
10. ここでは手短に進化心理学という研究分野を紹介しているが、より詳しい入門書を読みたい一般読者には以下の文献を推奨する。David M. Buss's *The Evolution of Desire: Strategies of Human Mating* (Buss 1994).［デヴィッド・M・バス著『男と女のだましあい――ヒトの性行動の進化』（草思社）］、Matt Ridley's *The Red Queen: Sex and the Evolution of Human Nature* (Rigley 1993).［マット・リドレー著『赤の女王　性とヒトの進化』（早川書房）］、Robert Wright's *The Moral Animal: The New Science of Evolutionary Psychology* (Wright 1994).［ロバート・ライト

Walter, Tony and Grace Davie. 1998. "The Religiosity of Women in the Modern West." *British Journal of Sociology*. 49: 640-60.

White, Douglas R. 1988. "Rethinking Polygyny: Co-Wives, Codes and Cultural Systems." *Current Anthropology*. 29: 529-58.

White, Gregory L. 1981. "Some Correlates of Romantic Jealousy." *Journal of Personality*. 49: 129-47.

Whitmeyer, Joseph M. 1997. "Endogamy as a Basis for Ethnic Behavior." *Sociological Theory*. 15: 162-78.

Williams, George C. 1966. *Adaptation and Natural Selection: A Critique of Some Current Evolutionary Thought*. Princeton: Princeton University Press.

Wilson, David Sloan. 2002. *Darwin's Cathedral: Evolution, Religion, and the Nature of Society*. Chicago: University of Chicago Press.

Wilson, David Sloan. 2007. *Evolution for Everyone: How Darwin's Theory Can Change the Way We Think about Our Lives*. New York: Delacorte.

Wilson, Edward O. 1998. *Consilience: The Unity of Knowledge*. New York: Knopf. ［エドワード・オズボーン・ウィルソン著『知の挑戦――科学的知性と文化的知性の統合』（角川書店）］

Wilson, Margo, Martin Daly, and Christine Wright. 1993. "Uxoricide in Canada: Demographic Risk Patterns." *Canadian Journal of Criminology*. 35: 263-91.

Wilson, Margo, Holly Johnson, and Martin Daly. 1995. "Lethal and Nonlethal Violence Against Wives." *Canadian Journal of Criminology*. 37: 331-61.

Wolfgang, Marvin E. 1958. *Patterns in Criminal Homicide*. Philadelphia: University of Pennsylvania Press.

Wong, R. C. and C. N. Ellis. 1984. "Physiologic Skin Changes in Pregnancy." *Journal of the American Academy of Dermatology*. 10: 929-43.

Wright, Robert. 1994. *The Moral Animal: The New Science of Evolutionary Psychology*. New York: Vintage. ［ロバート・ライト『モラル・アニマル』（講談社）］

Yamagishi, Toshio, Nobuhito Jin, and Toko Kiyonari. 1999. "Bounded Generalized Reciprocity: Ingroup Favoritism and Ingroup Boasting." *Advances in Group Processes*. 16: 161-97.

Yamagishi, Toshio, Shigeru Terai, Toko Kiyonari, and Satoshi Kanazawa. Forthcoming. "The Social Exchange Heuristic: Managing Errors in Social Exchange." *Rationality and Society*.

Yamaguchi, Kazuo and Linda R. Ferguson. 1995. "The Stopping and Spacing of Childbirths and their Birth-History Predictors: Rational-Choice Theory and Event History Analysis." *American Sociological Review*. 60: 272-98.

Young, Mark C. (Editor.) 1994. *The Guinness Book of Records 1995*. New York: Facts on Life.

Tooby, John and Leda Cosmides. 1990. "The Past Explains the Present: Emotional Adaptations and the Structure of Ancestral Environments." *Ethology and Sociobiology*. 10: 29-49.

Tooby, John and Leda Cosmides. 1992. "The Psychological Foundations of Culture." pp. 19-136 in *The Adapted Mind: Evolutionary Psychology and the Generation of Culture*, edited by Jerome H. Barkow, Leda Cosmides, and John Tooby. New York: Oxford University Press.

Townsend, John M. and Gary D. Levy. 1990. "Effects of Potential Partners' Costume and Physical attractiveness on Sexuality and Partner Selection." *Journal of Psychology*. 124: 371-89.

Trivers, Robert L. 1972. "Parental Investment and Sexual Selection." pp.136-79 in *Sexual Selection and the Descent of Man 1871-1971*, edited by Bernard Campbell. Chicago: Aldine.

Trivers, Robert. 2002. *Natural Selection and Social Theory: Selected Papers of Robert Trivers*. Oxford: Oxford University Press.

Trivers, Robert L. and Dan E. Willard. 1973. "Natural Selection of Parental Ability to Vary the Sex Ratio of Offspring." *Science*. 179: 90-2.

Uller, Tobias and L. Christoffer Johansson. 2003. "Human Mate Choice and the Wedding Ring Effect: Are Married Men More Attractive?" *Human Nature*. 14: 267-76.

US Bureau of the Census. 1995. *Current Population Reports*. Series P60-187. Child Support for Custodial Mothers and Fathers: 1991. Washington,DC: US Government Printing Office.

van den Berghe, Pierre L. 1990. "From the Popocatepetl to the Limpopo." pp.410-31 in *Authors of Their Own Lives: Intellectual Autobiographies by Twenty American Sociologists*, edited by Bennett M. Berger. Berkeley: University of California Press.

van den Berghe, P. L. and P. Frost. 1986. "Skin Color Preference, Sexual Dimorphism and Sexual Selection: A Case of Gene Culture Co-Evolution?" *Ethnic and Racial Studies*. 9: 87-113.

Verner, Jared. 1964. "Evolution of Polygamy in the Long-Billed Marsh Wren." *Evolution*. 18: 252-61.

Verner, Jared and Mary F. Willson. 1966. "The Influence of Habitats on Mating Systems of North American Passerine Birds." *Ecology*. 47: 143-7.

Voland, Eckart. 1984. "Human Sex-Ratio Manipulation: Historical Data from a German Parish." *Journal of Human Evolution*. 13: 99-107.

Wagatsuma, Erica and Chris L. Kleinke. 1979. "Ratings of Facial Beauty by Asian-American and Caucasian Females." *Journal of Social Psychology*. 109: 299-300.

Wall, Florence Emeline. 1961. *The Principles and Practice of Beauty Culture*, Fourth Edition. New York: Keystone Publications.

1989. "Age and the Distribution of Crime." *American Journal of Sociology*. 94: 803-31.
Steggarda, M. 1993. "Religion and the Social Position of Men and Women." *Social Compass*. 40: 65-73.
Sulloway, Frank J. 1996. *Born to Rebel: Birth Order, Family Dynamics, and Creative Lives*. New York: Pantheon.
Sulloway, Frank J. 2000. "Born to Rebel and Its Critics." *Politics and the Life Sciences*. 19: 181-202.
Suziedalis, Antanas and Raymond H. Potvin. 1981. "Sex Differences in Factors Affecting Religiousness Among Catholic Adolescents." *Journal for Scientific Study of Religion*. 20: 38-50.
Symons, Donald. 1979. *The Evolution of Human Sexuality*. Oxford: Oxford University Press.
Symons, Donald. 1990. "Adaptiveness and Adaptation." *Ethology and Sociobiology*. 11: 727-44
Symons, Donald. 1995. "Beauty is in the Adaptations of the Beholder: The Evolutionary Psychology of Human Female Sexual Attractiveness." pp.80-118 in *Sexual Nature, Sexual Culture*, edited by Paul R. Abrahamson and Steven D. Pinkerton. Chicago: University of Chicago Press.
Takahashi, Chisato, Toshio Yamagishi, Shigehito Tanida, Toko Kiyonari, and Satoshi Kanazawa. 2006. "Attractiveness and Cooperation in Social Exchange." *Evolutionary Psychology*. 4: 315-29.
Tangri, Sandra S., Martha R. Burt, and Leanor B. Johnson. 1982. "Sexual Harassment at Work: Three Explanatory Models." *Journal of Social Issues*. 38: 33-54.
Thakerar, Jitendra N. and Saburo Iwawaki. 1979. "Cross-Cultural Comparisons in Interpersonal Attraction of Females Toward Males." *Journal of Social Psychology*. 108: 121-2.
Thiessen, Del and Yoko Umezawa. 1998. "The Sociobiology of Everyday Life: A New Look at a Very Old Novel." *Human Nature*. 9: 293-320.
Thornhill, Randy. 1976. "Sexual Selection and Nuptial Feeding Behavior in *Bittacus apicalis* (Insecta: Mecoptera)." American Naturalist. 119: 529-48.
Thornhill, Randy, and Steven W. Gangestad. 1993. "Human Facial Beauty: Averageness, Symmetry, and Parasite Resistance." *Human Nature*. 4: 237-69.
Thornhill, Randy and Anders Pape Møller. 1997. "Developmental Stability, Disease and Medicine." *Biological Review*. 72: 497-548.
Thornhill, Randy and Craig T. Palmer. 2000. *A Natural History of Rape: Biological Bases of Sexual Coercion*. Cambridge: MIT Press. ［ランディ・ソーンヒル、クレイグ・パーマー著『人はなぜレイプするのか――進化生物学が解き明かす』（青灯社）］
Thornhill, Randy and Nancy Wilmsen Thornhill. 1983. "Human Rape: An Evolutionary Analysis." *Ethology and Sociobiology*. 4: 137-73.

Shaw, Bernard. 1957. *Man and Superman*. New York: Penguin. [バーナード・ショー著『人と超人』(岩波書店)]
Sheppard, James A. and Alan J. Strathman. 1989. "Attractiveness and Height: The Role of Stature in Dating Preference, Frequency of Dating, and Perceptions of Attractiveness." *Personality and Social Psychology Bulletin*. 15: 617-27.
Sherkat, Darren E. 2002. "Sexuality and Religious Commitment: An Empirical Assessment." *Journal for the Scientific Study of Religion*. 41: 313-23.
Shields, William M. and Lea M. Shields. 1983. "Forcible Rape: An Evolutionary Analysis." *Ethology and Sociobiology*. 4: 115-36.
Silventoinen, Karri, Jaakko Kaprio, Eero Lahelma, Richard J. Viken, and Richard J. Rose. 2001. "Sex Differences in Genetic and Environmental Factors Contributing to Body-Height." *Twin Research*. 4: 25-9.
Singh, Devendra. 1993. "Adaptive Significance of Waist-to-Hip Ratio and Female Physical Attractiveness." *Journal of Personality and Social Psychology*. 65: 293-307.
Singh, D. and S. Luis. 1995. "Ethnic and Gender Consensus for the Effect of Waist-to-Hip Ratio on Judgments of Women's Attractiveness." *Human Nature*. 6: 51-65.
Singh, D. and R. K. Young. 1995. "Body Weight, Waist-to-Hip Ratio, Breasts, and Hips: Role in Judgments of Female Attractiveness and Desirability for Relationships." *Ethology and Sociobiology*. 16: 483-507.
Slater, Alan, Charlotte Von der Schulenburg, Elizabeth Brown, Marion Badenoch, George Butterworth, Sonia Parsons, and Curtis Samuels. 1998. "Newborn Infants Prefer Attractive Faces." *Infant Behavior and Development*. 21: 345-54.
Small, Meredith F. 1993. *Female Choices: Sexual Behavior of Female Primates*. Cornell University Press.
Smith, Robert L. 1984. "Human Sperm Competition." pp.601-59 in *Sperm Competition and the Evolution of Mating Systems*, edited by Robert L. Smith. New York: Academic Press.
Smith-Lovin, Lynn and J. Miller McPherson. 1993. "You Are Who You Know: A Network Approach to Gender." pp.223-51 in *Theory on Gender/Feminism on Theory*, edited by Paula England. New York: Aldine.
Sørensen, Annemette and Heike Trappe. 1995. "The Persistence of Gender Inequality in Earnings in the German Democratic Republic." *American Sociological Review*. 60: 398-406.
Sozou, Peter D. and Robert M. Seymour. 2005. "Costly but Worthless Gifts Facilitate Courtship." *Proceedings for the Royal Society of London, Series B*. 272: 1877-84.
Stark, Rodney. 1992. *Doing Sociology*. Belmont: Wadsworth.
Stark, Rodney. 2002. "Physiology and Faith: Addressing the 'Universal' Gender Difference in Religious Commitment." *Journal for the Scientific Study of Religion*. 41: 495-507.
Steffensmeier, Darrell J., Emilie Andersen Allan, Miles D. Harer, and Cathy Streifel.

and Molecular Genetic Studies." *Current Directions in Psychological Science*. 10: 184-8.

Rodgers, Joseph Lee, Hans-Peter Kohler, Kirsten Ohm Kyvik, and Kaare Christensen. 2001. "Behavior Genetic Modeling of Human Fertility: Findings from a Contemporary Danish Study." *Demography*. 38: 29-42.

Rosenfeld, Rachel A. and Arne L. Kalleberg. 1990. "A Cross-National Comparison of Gender Gap in Income." *American Journal of Sociology*. 96: 69-106.

Rowe, David C. 1994. *The Limits of Family Influence: Genes, Experience, and Behavior*. New York: Guilford.

Rowe, David C. 2002. "On Genetic Variation in Menarche and Age at First Sexual Intercourse: A Critique of the Belsky-Draper Hypothesis." *Evolution and Human Behavior*. 23: 365-72.

Rubenstein, Adam J., Judith H. Langlois, and Lori A. Roggman. 2002. "What makes a Face Attractive and Why: The Role of Averageness in Defining Facial Beauty." pp.1-33 in *Facial Attractiveness: Evolutionary, Cognitive, and Social Perspectives*, edited by Gillian Rhodes and Leslie A. Zebrowitz. Westport: Ablex.

Saad, Gad and Albert Peng. 2006. "Applying Darwinian Principles in Designing Effective Intervention Strategies: The Case of Sun Tanning." *Psychology and Marketing. 23: 617-38.*

Salmon, Catherine and Donald Symons. 2001. *Warrior Lovers: Erotic Fiction, Evolution and Female Sexuality*. London: Weidenfeld and Nicolson. [キャスリン・サーモン、ドナルド・サイモンズ著『女だけが楽しむ「ポルノ」の秘密』(新潮社)]

Salmon, Catherine and Donald Symons. 2004. "Slash Fiction and Human Mating Psychology." *Journal of Sex Research*. 41: 94-100.

Sampson, Robert J. and John H. Laub. 1993. *Crime in the Making: Pathways and Turning Points Through Life*. Cambridge: Harvard University Press.

Samuels, Curtis A. and Richard Ewy. 1985. "Aesthetic Perception of Faces During Infancy." *British Journal of Developmental Psychology*. 3: 221-8.

Scarr, Sandra. 1995. "Psychology Will Be Truly Evolutionary When Behavior Genetics Is Included." *Psychological Inquiry*. 6: 68-71.

Schmitt, David P. 2003. "Universal Sex Differences in the Desire for Sexual Variety: Tests from 52 Nations, 6 Continents, and 13 Islands." *Journal of Personality and Social Psychology*. 83: 85-104.

Schmitt, David P. 2004. "Pattern and Universals of Mate Poaching Across 53 Nations: The Effects of Sex, Culture, and Personality on Romantically Attracting Another Person's Partner." *Journal of Personality and Social Psychology*. 86: 560-84.

Searcy, William A. and Ken Yasukawa. 1989. "Alternative Models of Territorial Polygyny in Birds." *American Naturalist*. 134: 323-43.

Shackelford, Todd K. and Randy J. Larsen. 1999. "Facial Attractiveness and Physical Health." *Evolution and Human Behavior*. 20: 71-6.

potheses with Behavioral Data." *Human Nature*. 5: 255-78.
Peters, Jay, Todd K. Shackelford, and David M. Buss. 2002. "Understanding Domestic Violence Against Women: Using Evolutionary Psychology to Extend the Feminist Functional Analysis." *Violence and Victims*. 17: 255-64.
Pietrzak, Robert H., James D. Laird, David A. Stevens, and Nicholas S. Thompson. 2002. "Sex Differences in Human Jealousy: A Coordinated Study of Forced-Choice, Continuous Rating-Scale, and Physiological Responses on the Same Subjects." *Evolution and Human Behavior*. 23: 83-94.
Pinker, Steven. 1994. *The Language Instinct*. New York: HarperCollins. [スティーブン・ピンカー著『言語を生み出す本能』(NHK出版)]
Pinker, Steven. 2002. *The Blank Slate: The Modern Denial of Human Nature*. London: Penguin. [スティーブン・ピンカー著『人間の本性を考える――心は「空白の石版」か (NHK出版)』
Quinlan, Robert J. 2003. "Father Absence, Parental Care, and Female Reproductive Development." *Evolution and Human Behavior*. 24: 376-90.
Ramanchandran, V. S. 1997. "Why Do Gentlemen Prefer Blondes?" *Medical Hypotheses*. 48: 19-20.
Rand, Colleen S. and John M. Kuldau. 1990. "The Epidemiology of Obesity and Self-Defined Weight Problem in the General Population: Gender, Race, Age, and Social Class." *International Journal of Eating Disorders*. 9: 329-43.
Ream, Sarah L. 2000. "When Service with a Smile Invites More Than Satisfied Customers: Third-Party Sexual Harassment and the Implications of Charges Against Safeway." *Hastings Women's Law Journal*. 11: 107-22.
Regalski, Jeanne M. and Steven J. C. Gaulin. 1993. "Whom Are Mexican Infants Said to Resemble?: Monitoring and Fostering Paternal Confidence in the Yucatan." *Ethology and Sociobiology*. 14: 97-113.
Rhodes, Gillian, Leigh W. Simmons, and Marianne Peters. 2005. "Attractiveness and Sexual Behavior: Does Attractiveness Enhance Mating Success?" *Evolution and Human Behavior*. 26: 186-201.
Rich, Melissa K. and Thomas F. Cash. 1993. "The American Image of Beauty: Media Representations of Hair Color for Four Decades." *Sex Roles*. 29: 113-24.
Ridley, Matt. 1993. *The Red Queen: Sex and the Evolution of Human Nature*. New York: Penguin. [マット・リドレー著『赤の女王　性とヒトの進化』(早川書房)]
Ridley, Matt. 1996. *The Origins of Virtue: Human Instincts and the Evolution of Cooperation*. New York: Viking. [マット・リドレー著『徳の起源――他人をおもいやる遺伝子』(翔泳社)]
Ridley, Matt. 1999. *Genome: The Autobiography of a Species in 23 Chapters*. New York: Perennial. [マット・リドレー著『ゲノムが語る23の物語』(紀伊國屋書店)]
Rodgers, Joseph Lee, Kimberly Hughes, Hans-Peter Kohler, Kaare Christensen, Debby Doughty, David C. Rowe, and Warren B. Miller. 2001. "Genetic Influence Helps Explain Variation in Human Fertility: Evidence from Recent Behavioral

fessionals and Gender Inequalities." *Social Forces*. 73: 555-73.

Mueller, Ulrich. 1993. "Social Status and Sex." *Nature*. 363: 490.

Munch, Allison, J. Miller McPherson, and Lynn Smith-Lovin. 1997. "Gender, Children, and Social Contact: The Effects of Childrearing for Men and Women." *American Sociological Review*. 62: 509-20.

Nance, John. 1975. *The Gentle Tasaday: A Stone Age People in the Philippine Rain Forest*. New York: Harcourt Brace Jovanovich.

Nettle, Daniel. 2002. "Women's Height, Reproductive Success and the Evolution of Sexual Dimorphism in Modern Humans." *Proceedings of the Royal Societyof London, Series B-Biological Sciences*. 269: 1919-23.

Newberg, Andrew, Eugene D'Aquili, and Vince Rause. 2002. *Why God Won't Go Away: Brain Science and the Biology of Belief*. New York: Ballantine. [アンドリュー・ニューバーグ、ヴィンス・ローズ、ユージン・ダギリ著『脳はいかにして<神>を見るか——宗教体験のブレイン・サイエンス』(PHPエディターズグループ)]

O'Hanlon, Michael E. and Jason H. Campbell. 2007. Iraq Index: Tracking Variables of Reconstruction & Security in Post-Saddam Iraq. Washington DC: Brookings Institution [www.brookings.edu/fp/saban/iraq/indexarchive.htm]

Okasha, M., P. McCarron, J. McEwen, and G. Davey Smith. 2001. "Age at Menarche: Secular Trends and Association with Adult Anthropometric Measures." *Annals of Human Biology*. 28: 68-78.

Olson, Mancur. 1965. *The Logic of Collective Action: Public Goods and the Theory of Groups*. Cambridge: Harvard University Press. [マンサー・オルソン著『集合行為論——公共財と集団理論』(ミネルヴァ書房)]

Orians, Gordon H. 1969. "On the Evolution of Mating Systems in Birds and Mammals." *American Naturalist*. 103: 589-603.

Paludi, Michele. (Editor.) 1996. *Sexual Harassment on College Campuses: Abusing the Ivory Power*. Albany: SUNY Press.

Parsons, P. A. 1990. "Fluctuating Asymmetry: An Epigenetic Measure of Stress." *Biological Review*. 65: 131-45.

Parsons, P. A. 1992. "Fluctuating Asymmetry: A Biological Monitor of Environmental and Genomic Stress." *Heredity*. 68: 361-4.

Pate, Kelly. 2001. "Seller Beware! Secret Shoppers Check Service; Some Call it Spying" *Denver Post*. July 1. Business Section, K-01.

Perrett, David I., Michael Burt, Ian S. Penton-Voak, Kieran J. Lee, Duncan A. Rowland, and Rachel Edwards. 1999. "Symmetry and Human Facial Attractiveness." *Evolution and Human Behavior*. 20: 295-307.

Pérusse, Daniel. 1993. "Cultural and Reproductive Success in Industrial Societies: Testing the Relationship at the Proximate and Ultimate Levels." Behavioral and Brain Sciences. 16: 267-322.

Pérusse, Daniel. 1994. "Mate Choice in Modern Societies: Testing Evolutionary Hy-

63-75.
Miller, Alan S. and Satoshi Kanazawa. 2000. *Order by Accident: The Origins and Consequences of Conformity in Contemporary Japan*. Boulder: Westview.
Miller, Alan S. and Rodney Stark. 2002. "Gender and Religiousness: Can Socialization Explanations be Saved?" *American Journal of Sociology*. 107: 1399-423.
Miller, Geoffrey F. 1998. "How Mate Choice Shaped Human Nature: A Review of Sexual Selection and Human Evolution." pp.87-129 in *Handbook of Evolutionary Psychology: Ideas, Issues, and Applications*, edited by C. Crawford and D. L. Krebs. Lawrence Erlbaum.
Miller, Geoffrey F. 1999. "Sexual Selection for Cultural Displays." pp.71-91 in *The Evolution of Culture: An Interdisciplinary View*, edited by Robin Dunbar, Chris Knight and Camilla Power. New Brunswick: Rutgers University Press.
Miller, Geoffrey F. 2000. *The Mating Mind: How Sexual Choice Shaped the Evolution of Human Nature*. New York: Doubleday. [ジェフリー・F・ミラー著『恋人選びの心――性淘汰と人間性の進化』(岩波書店)]
Miller, William R. and Carl E. Thoresen. 2003. "Spirituality, Religion, and Health: An Emerging Research Field." *American Psychologist*. 58: 24-35.
Moir, Anne and David Jessel. 1989. *Brain Sex: The Real Difference Between Men and Women*. New York: Delta.
Mol, Hans. 1985. *The Faith of Australians*. Sydney: George, Allen and Unwin.
Møller, Anders Pape. 1990. "Fluctuating Asymmetry in Male Sexual Ornaments May Reliably Reveal Male Quality." *Animal Behaviour*. 40: 1185-7.
Møller, Anders Pape. 1992. "Parasites Differentially Increase the Degree of Fluctuating Asymmetry in Secondary Sexual Characters." *Journal of Evolutionary Biology*. 5: 691-700.
Moore, George Edward. 1903. *Principia Ethica*. Cambridge: Cambridge University Press. [ジョージ・エドワード・ムーア著『論理学原理』(三和書籍)]
Moore, John H. 1990. "The Reproductive Success of Cheyenne War Chiefs: A Contrary Case to Chagnon's Yanomamö." *Current Anthropology*. 31: 322-30.
Morgan, S. Philip, Diane N. Lye, and Gretchen A. Condran. 1988. "Sons, Daughters, and the Risk of Marital Disruption." *American Journal of Sociology*. 94: 110-29.
Morse, Stanley J. and Joan Gruzen. 1976. "The Eye of the Beholder: A Neglected Variable in the Study of Physical Attractiveness?" *Journal of Personality*. 44: 209-25.
Muehlenhard, Charlene L. and Lisa C. Hollabaugh. 1988. "Do Women Sometimes Say No When They Mean Yes? The Prevalence and Correlates of Women's Token Resistance to Sex." *Journal of Personality and Social Psychology*. 54: 872-9.
Muehlenhard, Charlene L. and Marcia L. McCoy.1991. "Double Standard/Double Bind: The Sexual Double Standard and Women's Communication about Sex." *Psychology of Women Quarterly*. 15: 447-61.
Mueller, Charles W., Sarosh Kuruvilla, and Roderick D. Iverson. 1994. "Swedish Pro-

Luckmann, Thomas. 1967. *The Invisible Religion*. New York: Macmillan. [トーマス・ルックマン著『見えない宗教――現代宗教社会学入門』(ヨルダン社)]
Lycett, J. E. and R. I. M. Dunbar. 2000. "Mobile Phones as Lekking Devices Among Human Males." *Human Nature*. 11: 93-104.
Machalek, Richard and Michael W. Martin. 2004. "Sociology and the Second Darwinian Revolution: A Metatheoretical Analysis." *Sociological Theory*. 22: 455-76.
Maret, Stephen M. and Craig A. Harling. 1985. "Cross-Cultural Perceptions of Physical Attractiveness: Ratings of Photographs of Whites by Cruzans and Americans." *Perceptual and Motor Skills*. 60: 163-6.
Marini, Margaret Mooney. 1989. "Sex Differences in Earnings in the United States." *Annual Review of Sociology*. 15: 343-80.
Marlowe, Frank. 1998. "The Nubility Hypothesis: The Human Breast as an Honest Signal of Residual Reproductive Value." *Human Nature*. 9: 263-71.
Marsden, Peter V. 1987. "Core Discussion Networks of Americans." *American Sociological Review*. 52: 122-31.
Martin, David. 1967. *A Sociology of English Religion*. London: SCM Press.
Maynard Smith, John. 1997. "Commentary." pp.522-6 in *Feminism and Evolutionary Biology: Boundaries, Intersections, and Frontiers*, edited by Patricia Adair Gowaty. New York: Chapman and Hall.
McCullough, Michael E., William T. Hoyt, David B. Larson, Harold G. Koenig, and Carl Thoresen. 2000. "Religious Involvement and Mortality: A Meta-Analytic Review." *Health Psychology*. 19: 211-22.
McLain, D. Kelly, Deanna Setters, Michael P. Moulton, and Ann E. Pratt. 2000. "Ascription of Resemblance of Newborns by Parents and Nonrelatives." *Evolution and Human Behavior*. 21: 11-23.
McNamara, Patrick. 2001. "Religion and the Frontal Lobes." pp.237-56 in *Religion in Mind: Cognitive Perspectives on Religious Belief, Ritual, and Experience*, edited by Jensine Andresen. New York: Cambridge University Press.
McWhirter, Norris and Ross McWhirter. 1975. *The Guinness Book of World Records 1976*. New York: Sterling.
Mealey, Linda. 1992. "Alternative Adaptive Models of Rape." *Behavioral and Brain Sciences*. 15: 397-8.
Mealey, Linda. 2000. *Sex Differences: Development and Evolutionary Strategies*. San Diego: Academic Press.
Mealey, L., R. Bridgstock, and G. C. Townsend. 1999. "Symmetry and Perceived Facial Attractiveness: A Monozygotic Co-Twin Comparison." *Journal of Personality and Social Psychology*. 76: 151-8.
Mesko, Norbert and Tamas Bereczkei. 2004. "Hairstyle as an Adaptive Means of Displaying Phenotypic Quality." *Human Nature*. 15: 251-70.
Miller, Alan S. and John P. Hoffmann. 1995. "Risk and Religion: An Explanation of Gender Differences in Religiosity." *Journal for the Scientific Study of Religion*. 34:

Academy of Sciences. 98: 15387-92.
Langlois, Judith H., Lisa Kalakanis, Adam J. Rubenstein, Andrea Larson, Monica Hallam, and Monica Smoot. 2000. "Maxims or Myths of Beauty?: A Meta-Analytic and Theoretical Review." *Psychological Bulletin*. 126: 390-423.
Langlois, Judith H. and Lori A. Roggman. 1990. "Attractive Faces Are Only Average." *Psychological Science*. 1: 115-21.
Langlois, Judith H., Lori A. Roggman, Rita J. Casey, Jean M. Ritter, Loretta A. Rieser-Danner and Vivian Y. Jenkins. 1987. "Infant Preferences for Attractive Faces: Rudiments of a Stereotype?" *Developmental Psychology*. 23: 363-9.
Langlois, Judith H., Lori A. Roggman, and Lisa Musselman, 1994. "What is Average and What is Not Average About Attractive Faces?" *Psychological Science*. 5: 214-20.
Langlois, Judith H., Lori A. Roggman, and Loretta A. Rieser-Danner. 1990. "Infants' Differential Social Responses to Attractive and Unattractive Faces." *Developmental Psychology*. 26: 153-9.
Laub, John H., Daniel S. Nagin, and Robert J. Sampson. 1998. "Trajectories of Change in Criminal Offending: Good Marriages and the Desistence Process." *American Sociological Review*. 63: 225-38.
Laumann, Edward O., John H. Gagnon, Robert T. Michael, and Stuart Michaels. 1994. *The Social Organization of Sexuality: Sexual Practices in the United States*. University of Chicago Press.
Lemonick, Michael D. 2000. "Teens Before Their Time." *Time*. 156 (18): 66-74.
Lenski, Gerhard E. 1966. *Power and Privilege: A Theory of Social Stratification*. Chapel Hill: University of North Carolina Press.
Leutenegger, Walter and James T. Kelly. 1977. "Relationship of Sexual Dimorphism in Canine Size and Body Size to Social, Behavioral, and Ecological Correlates in Anthropoid Primates." *Primates*. 18: 117-36.
Liedtke, Michael. 2000. "Smiles More Discerning at Safeway." *Contra Costa Times*. January 18. Business and Financial News Section.
Liss, Lora. 1987. "Families and the Law." pp.767-93 in *Handbook of Marriage and the Family*, edited by Marvin B. Sussman and Suzanne K. Steinmetz. New York: Plenum.
Little, Anthony C., Ian S. Penton-Voak, D. Michael Burt, and David I. Perrett. 2002. "Evolution and Individual Differences in the Perception of Attractiveness: How Cyclic Hormonal Changes and Self-Perceived Attractiveness Influence Female Preferences for Male Faces." pp.59-90 in *Facial Attractiveness: Evolutionary, Cognitive, and Social Perspectives*, edited by Gillian Rhodes and Leslie A. Zebrowitz. Westport: Ablex.
Low, Bobbi S. 1979. "Sexual Selection and Human Ornamentation." pp.462-87 in *Evolutionary Biology and Human Social Behavior: An Anthropological Perspective*, edited by Napoleon A. Chagnon and William Irons. North Scituate: Duxbury.

Kanazawa, Satoshi and Mary C. Still. 2000c. "Why Men Commit Crimes (and Why They Desist)." *Sociological Theory*. 18: 434-47.

Kanazawa, Satoshi and Mary C. Still. 2001. "The Emergence of Marriage Norms: An Evolutionary Psychological Perspective." pp.274-304 in *Social Norms*, edited by Michael Hechter and Karl-Dieter Opp. New York: Russell Sage Foundation.

Kanazawa, Satoshi and Griet Vandermassen. 2005. "Engineers Have More Sons, Nurses Have More Daughters: An Evolutionary Psychological Extension of Baron-Cohen's Extreme Male Brain Theory of Autism and Its Empirical Implications." *Journal of Theoretical Biology*. 233: 589-99.

Kaprio, Jaakko, Arja Rimpela, Torsten Winter, Richard J. Viken, Matti Rimpela, and Richard J. Rose. 1995. "Common Genetic Influences on BMI and Age at Menarche." *Human Biology*. 67: 739-53.

Katzev, Aphra R., Rebecca L. Warner, and Alan C. Acock. 1994. "Girls or Boys Relationship of Child Gender to Marital Stability." *Journal of Marriage and the Family*. 56: 89-100.

Keller, Matthew C., Randolph M. Nesse, and Sandra Hofferth. 2001. "The Trivers-Willard Hypothesis of Parental Investment: No Effect in the Contemporary United States." *Evolution and Human Behavior*. 22: 343-60.

Kenrick, Douglas T. and Richard C. Keefe. 1992. "Age Preferences n Mates Reflect Sex Differences in Reproductive Strategies." *Behavioral and Brain Sciences*. 15: 75-133.

Ketelaar, Timothy and Bruce J. Ellis. 2000. "Are Evolutionary Explanations Unfalsifiable? Evolutionary Psychology and the Lakatosian Philosophy of Science." *Psychological Inquiry*. 11: 1-21.

Kirkpatrick, Lee A. 2005. *Attachment, Evolution, and the Psychology of Religion*. New York: Guilford.

Kirkpatrick, Mark. 1987. "Sexual Selection by Female Choice in Polygynous Animals." *Annual Review of Ecology and Systematics*. 18: 43-70.

Koenig, Laura B., Matt McGue, Robert F. Krueger, and Thomas J. Bouchard,Jr. 2005. "Genetic and Environmental Influences on Religiousness: Findings for Retrospective and Current Religiousness Ratings." *Journal of Personality*. 73: 471-88.

Kohler, Hans-Peter, Joseph L. Rodgers, and Kaare Christensen. 1999. "Is Fertility Behavior in Our Genes? Findings from a Danish Twin Study." *Population and Development Review*. 25: 253-88.

Krueger, Alan B. and Jitka Maleckova. 2003. "Education, Poverty and Terrorism: Is There a Causal Connection?" *Journal of Economic Perspectives*. 17: 119-44.

Kurzban, Robert and Martie G. Haselton. 2006. "Making Hay Out of Straw? Real and Imagined Controversies in Evolutionary Psychology." pp.149-61 in *Missing the Revolution: Darwinism for Social Scientists*. Oxford: Oxford University Press.

Kurzban, Robert, John Tooby, and Leda Cosmides. 2001. "Can Race Be Erased? Coalitional Computation and Social Categorization." *Proceedings of the National*

Behavior in the Contemporary United States?" *Sociological Quarterly*. 44: 291-302.

Kanazawa, Satoshi. 2003b. "A General Evolutionary Psychological Theory of Male Criminality and Related Male-Typical Behavior." pp.37-60 in *Biosocial Criminology: Challenging Environmentalism's Supremacy*, edited by Anthony Walsh and Lee Ellis. New York: Nova Science Publishers.

Kanazawa, Satoshi. 2003c. "Why Productivity Fades with Age: The Crime-Genius Connection." *Journal of Research in Personality*. 37: 257-72.

Kanazawa, Satoshi. 2004a. "General Intelligence as Domain-Specific Adaptation." Psychological Review. 111: 512-23.

Kanazawa, Satoshi. 2004b. "The Savanna Principle." Managerial and Decision Economics. 25: 41-54.

Kanazawa, Satoshi. 2004c. "Social Sciences Are Branches of Biology." *Socio-Economic Review*. 2: 371-90

Kanazawa, Satoshi. 2005a. "Big and Tall Parents Have More Sons: Further Generalizations of the Trivers-Willard Hypothesis." *Journal of Theoretical Biology*. 235: 583-90.

Kanazawa, Satoshi. 2005b. "Is 'Discrimination' Necessary to Explain the Sex Gap in Earnings?" *Journal of Economic Psychology*. 26: 269-87.

Kanazawa, Satoshi. 2006a. " 'First, Kill All the Economists...' : The Insufficiency of Microeconomics and the Need for Evolutionary Psychology in the Study of Management" Managerial and Decision Economics. 27: 95-101.

Kanazawa, Satoshi. 2006b. "Violent Men Have More Sons: Further Evidence for the Generalized Trivers-Willard Hypothesis (gTWH)." *Journal of Theoretical Biology*. 239: 450-459.

Kanazawa, Satoshi. 2006c. "Where Do Cultures Come From?" *Cross-Cultural Research*. 40: 152-76.

Kanazawa, Satoshi. 2007. "Beautiful Parents Have More Daughters: A Further Implication of the Generalized Trivers-Willard Hypothesis (gTWH)." *Journal of Theoretical Biology*. 244: 133-40.

Kanazawa, Satoshi and Rebecca L. Frerichs. 2001. "Why Single Men Might Abhor Foreign Cultures." *Social Biology*. 48: 320-7.

Kanazawa, Satoshi and Deanna L. Novak. 2005. "Human Sexual Dimorphism in Size May Be Triggered by Environmental Cues." *Journal of Biosocial Science*. 37: 657-65.

Kanazawa, Satoshi and Mary C. Still. 1999. "Why Monogamy?" *Social Forces*. 78: 25-50.

Kanazawa, Satoshi and Mary C. Still. 2000a. "Parental Investment as a Game of Chicken." *Politics and the Life Sciences*. 19: 17-26.

Kanazawa, Satoshi and Mary C. Still. 2000b. "Teaching May Be Hazardous to Your Marriage." *Evolution and Human Behavior*. 21: 185-90.

the Experimental Method of Reasoning into Moral Subjects and Dialogues Concerning Natural Religion. London: John Noon. ［デイヴィド・ヒューム著『人性論』（岩波書店）］
Iannaccone, Laurence R. 1990. "Religious Practice: A Human Capital Approach." *Journal for the Scientific Study of Religion*. 29: 297-314.
Iannaccone, Laurence R. 1994. "Why Strict Churches Are Strong." *American Journal of Sociology*. 99: 1180-1211.
International Criminal Police Organization. Various years. *International Criminal Statistics*. Lyon: Interpol.
James, William. 1985 (1902). *Varieties of Religious Experience*. Cambridge: Harvard University Press. ［ウィリアム・ジェイムズ著『宗教的経験の諸相』（岩波書店）］
Jaruratanasirikul, S., L. Mo-suwan, and L. Lebel. 1997. "Growth Pattern and Age at Menarche of Obese Girls in a Transitional Society." *Journal of Pediatric Endocrinology and Metabolism*. 10: 487-90.
Jasienska, Grazyna, Anna Ziomkiewicz, Peter T. Ellison, Susan F. Lipton, and Inger Thune. 2004. "Large Breasts and Narrow Waists Indicate High Reproductive Potential in Women." *Proceedings of the Royal Society of London, Series B*. 271: 1213-17.
Jones, Doug. 1996. *Physical Attractiveness and the Theory of Sexual Selection*. Ann Arbor: University of Michigan Museum of Anthropology.
Jones, Doug and Kim Hill. 1993. "Criteria of Physical Attractiveness in Five Populations." *Human Nature*. 4: 271-96.
Kalick, S. Michael, Leslie A. Zebrowitz, Judith H. Langlois, and Robert M. Johnson. 1998. "Does Human Facial Attractiveness Honestly Advertise Health?: Longitudinal Data on an Evolutionary Question." *Psychological Science*. 9: 8-13.
Kalyvas, Stathis N. 2005. "Warfare in Civil Wars." pp.88-108 in *Rethinking the Nature of War*, edited by Isabelle Duyvesteyn and Jan Angstrom. Abington: Frank Cass.
Kanazawa, Satoshi. 2000. "Scientific Discoveries as Cultural Displays: A Further Test of Miller's Courtship Model." *Evolution and Human Behavior*. 21: 317-21.
Kanazawa, Satoshi. 2001a. "De Gustibus Est Disputandum." *Social Forces*. 79: 1131-63.
Kanazawa, Satoshi. 2001b. "Where Do Social Structures Come From?" *Advances in Group Processes*. 18: 161-863
Kanazawa, Satoshi. 2001c. "Why Father Absence Might Precipitate Early Menarche: The Role of Polygyny." *Evolution and Human Behavior*. 22: 329-34.
Kanazawa, Satoshi. 2001d. "Why We Love Out Children" *American Journal of Sociology*. 106: 1761-76
Kanazawa, Satoshi. 2002. "Bowling with Our Imaginary Friends." *Evolution and Human Behavior*. 23: 167-71.
Kanazawa, Satoshi. 2003a. "Can Evolutionary Psychology Explain Reproductive

Haselton, Martie G. 2003. "The Sexual Overperception Bias: Evidence of a Systematic Bias in Men from a Survey of Naturally Occurring Events." *Journal of Research in Personality*. 37: 34-47.

Haselton, Martie G. and David M. Buss. 2000. "Error Management Theory: A New Perspective on Biases in Cross-Sex Mind Reading." *Journal of Personality and Social Psychology*. 78: 81-91.

Haselton, Martie G. and Daniel Nettle. 2006. "The Paranoid Optimist: An Integrative Evolutionary Model of Cognitive Biases." *Personality and Social Psychology Review*. 10: 47-66.

Hechter, Michael. 2000. *Containing Nationalism*. Oxford: Oxford University Press.

Hejl, Peter M., Manfred Kammer, and Matthias Uhl. Forthcoming. "The Really Interesting Stories Are the Old Ones: Evolved Interests in Economically Successful Films from Hollywood and Bollywood." In *You Can't Turn It Off: Media, Mind, and Evolution*, edited by Jerome H. Barkow and Peter M. Hejl. New York: Oxford University Press.

Helm, P., K. R. Münster, and L. Schmidt. 1995. "Recalled Menarche in Relation to Infertility and Adult Weight and Height." *Acta Obstetricia Et Gynecologica Scandinavica*. 74: 718-22.

Hemley, Robin. 2003. *Invented Eden: The Elusive, Disputed History of the Tasaday*. New York: Farrar, Straus and Giroux.

Henderson, Joshua J. A. and Jeremy M. Anglin. 2003. "Facial Attractiveness Predicts Longevity." *Evolution and Human Behavior*. 24: 351-6.

Herman-Giddens, M. E., E. J. Slora, R. C. Wasserman, C. J. Bourdony, M. V. Bhapkar, G. G. Koch, and C. M. Hasemeier. 1997. "Secondary Sexual Characteristics and Menses in Young Girls Seen in Office Practice: A Study from the Pediatric Research in Office Settings Network." *Pediatrics*. 99: 505-12.

Hess, Eckhard H. 1975. *The Tell-Tale Eye: How Your Eyes Reveal Hidden Thoughts and Emotions*. New York: Van Nostrand Reinhold.

Hess, Eckhard H. and James M. Polt. 1960. "Pupil Size Related to Interest Value of Visual Stimuli." *Science*. 132: 349-50.

Hirschi, Travis. 1969. *Causes of Delinquency*. Berkeley: University of California Press.［T・ハーシ著『非行の原因――家庭・学校・社会へのつながりを求めて』（文化書房博文社）］

Hirschi, Travis and Michael Gottfredson. 1985. "Age and Crime, Logic and Scholarship: Comment on Greenberg." *American Journal of Sociology*. 91: 22-7.

Höglund, Jacob, Rauno V. Alatalo. Robert M. Gibson, and Arne Lundberg. 1995. "Mate-Choice Copying in Black Grouse." *Animal Behaviour*. 49: 1627-33.

Hönekopp, Johannes, Tobias Bartholomé, and Gregor Jansen. 2004. "Facial Attractiveness, Symmetry, and Physical Fitness in Young Women." *Human Nature*. 15: 147-67.

Hume, David. 1739. *A Treatise of Human Nature: Being an Attempt to Introduce* ences in Mate Choice Criteria Are Reflected in Folktales from Around the World and in Historical European Literature." *Evolution and Human Behavior*. 25: 102-12.

Gould, Stephen J. and Richard C. Lewontin. 1979. The Spandrels of San Marcos and the Panglossian Paradigm: A Critique of the Adaptationist Programme. *Proceedings of the Royal Society of London, Series B*. 205: 581-98.

Grammer, Karl and Randy Thornhill. 1994. "Human (*Homo sapiens*) Facial Attractiveness and Sexual Selection: The Role of Symmetry and Averageness." *Journal of Comparative Psychology*. 108: 233-42.

Grant, J. W. A. and L. D. Green. 1996. "Mate Copying Versus Preference for Actively Courting Males by Female Japanese Medaka (Oryzias latipes)." *Behavioral Ecology*. 7: 165-7.

Greeley, Andrew. 1972. *The Denominational Society: A Sociological Approach to Religion in America*. Glenview: Scott Foresman.

Greenberg, David F. 1985. "Age, Crime, and Social Explanation." *American Journal of Sociology*. 91: 1-21.

Guthrie, Stewart Elliott. 1993. *Faces in the Clouds: A New Theory of Religion*. New York: Oxford University Press.

Hall, Daniel E. 2006. "Religious Attendance: More Cost-Effective Than Lipitor?" *Journal of the American Board of Family Medicine*. 19: 103-9.

Hamer, Dean H. 2004. *The God Gene: How Faith is Hardwired into Our Genes*. New York: Doubleday.

Hamer, Dean H. and Peter Copeland. 1994. *The Science of Desire: The Search for the Gay Gene and the Biology of Behavior*. New York: Simon and Schuster.

Hamer, Dean H., Stella Hu, Victoria L. Magnuson, Nan Hu, and Angela M. L. Pattatucci. 1993. "A Linkage Between DNA Markers on the X Chromosome and Male Sexual Orientation." *Science*. 261: 321-7.

Hargens, Lowell L., James C. McCann, and Barbara F. Reskin. 1978. "Productivity and Reproductivity: Fertility and Professional Achievement among Research Scientists." *Social Forces*. 57: 154-63.

Harris, Christine R. 2003. "A Review of Sex Differences in Sexual Jealousy, Including Self-Report Data, Psychophysiological Responses, Interpersonal Violence, and Morbid Jealousy." *Personality and Social Psychology Review*. 7: 102-28.

Harris, Judith Rich. 1995. "Where Is the Child's Environment?: A Group Socialization Theory of Development." *Psychological Review*. 102: 458-89.

Harris, Judith Rich. 1998. *The Nurture Assumption: Why Children Turn Out the Way They Do*. New York: Free Press. ［ジュデス・リッチ・ハリス著『子育ての大誤解――重要なのは親じゃない』（早川書房）］

Harris, Marvin. 1974. *Cows, Pigs, Wars and Witches: The Riddles of Culture*. New York: Random House. ［マーヴィン・ハリス著『文化の謎を解く――牛・豚・戦争・魔女』（岩波書店）］

sis of Her Samoan Research. Boulder: Westview.

Freese, Jeremy and Brian Powell. 1999. "Sociobiology, Status, and Parental Investment in Sons and Daughters: Testing the Trivers-Willard Hypothesis." *American Journal of Sociology*. 106: 1704-43.

Friedman, Thomas. 2002. *Longitudes and Attitudes: Exploring the World Before and After September 11*. London: Penguin. [トーマス・フリードマン著『グラウンドゼロ アメリカが初めて体験したこと』(ウェッジ)]

Frisch, Rose E. and Roger Revelle. 1970. "Height and Weight at Menarche and a Hypothesis of Critical Body Weights and Adolescent Events." *Science*. 169: 397-8.

Furchtgott-Roth, Diana and Christine Stolba. 1999. *Women's Figures: An Illustrated Guide to the Economic Progress of Women in America*. Washington: AEI Press.

Galef,Jr., Bennet G. and David J. White. 1998. "Mate-Choice Copying in Japanese Quail, Coturnix coturnix japonica." *Animal Behaviour*. 55: 545-52.

Gallup,Jr., Gordon G., Rebecca L. Burch, Mary L. Zappieri, Rizwan A. Parvez, Malinda L. Stockwell, and Jennifer A. Davis. 2003. "The Human Penis as a Semen Displacement Device." *Evolution and Human Behavior*. 24: 277-89.

Gambetta, Diego. 2005. "Can We Make Sense of Suicide Missions?" pp.259-99 in *Making Sense of Suicide Missions*, edited by Diego Gambetta. Oxford: Oxford University Press.

Gangestad, Steven W. and David M. Buss. 1993. "Pathogen Prevalence and Human Mate Preferences." *Ethology and Sociobiology*. 14: 89-96.

Gangestad, Steven W. and Jeffry A. Simpson. 2000. "The Evolution of Human Mating: Trade-Offs and Strategic Pluralism." *Behavioral and Brain Sciences*. 23:573-644.

Gangestad, Steven W. and Randy Thornhill. 1997. "The Evolutionary Psychology of Extrapair Sex: The Role of Fluctuating Asymmetry." *Evolution and Human Behavior*. 18:69-88.

Gangestad, Steven W., Randy Thornhill, and Ronald A. Yeo. 1994. "Facial Attractiveness, Developmental Stability, and Fluctuating Asymmetry." *Ethology and Sociobiology*. 15:73-85.

Gaulin, Steven J. C., Donald H. McBurney, and Stephanie L. Brakeman-Wartell. 1997. "Matrilateral Biases in the Investment of Aunts and Uncles: A Consequence and Measure of Paternity Uncertainty." *Human Nature*. 8: 139-51.

Gaulin, Steven J. C. and Carole J. Robbins. 1991. "Trivers-Willard Effect in Contemporary North American Society." *American Journal of Physical Anthropology*. 85: 61-9.

Gillis, John S. and Walter E. Avis. 1980. "The Male-Taller Norm in Mate Selection." *Personality and Social Psychology Bulletin*. 6: 396-401.

Glock, Charles, Benjamin Ringer, and Earl Babbie. 1967. *To Comfort and to Challenge*. Berkeley: University of California Press.

Gottschall, Jonathan, Johanna Martin, Hadley Quish, and Jon Rea. 2004. "Sex Differ-

Ellis, Bruce J. 2004. "Timing of Pubertal Maturation in Girls: An Integrated Life History Approach." *Psychological Bulletin*. 130: 920-58.
Ellis, Bruce J., John E. Bates, Kenneth A. Dodge, David M. Fergusson, L. John Horwood, Gregory S. Pettit, and Lianne Woodward. 2003. "Does Father Absence Place Daughters at Special Risk for Early Sexual Activity and Teenage Pregnancy?" *Child Development*. 74: 801-21.
Ellis, Bruce J. and David F. Bjorklund. 2005. "Preface." pp.ix-xii in *Origins of the Social Mind: Evolutionary Psychology and Child Development*, edited by Bruce J. Ellis and David F. Bjorklund. New York: Guilford.
Ellis, Bruce J., Steven McFadyen-Ketchum, Kenneth A. Dodge, Gregory S. Pettit, and John E. Bates. 1999. "Quality of Early Family Relationships and Individual Differences in the Timing of Pubertal Maturation in Girls: A Longitudinal Test of an Evolutionary Model." *Journal of Personality and Social Psychology*. 77: 387-401.
Ellis, Bruce J. and Donald Symons. 1990. "Sex Differences in Fantasy: An Evolutionary Psychological Approach." *Journal of Sex Research*. 27: 527-57.
Ellis, Lee. 1996. "A Discipline in Peril: Sociology's Future Hinges on Curing Its Biophobia." *American Sociologist*. 27: 21-41.
Ellis, Lee. 1998. "Neo-Darwinian Theories of Violent Criminality and Antisocial Behavior: Photographic Evidence from Nonhuman Animals and a Review of the Literature." *Aggression and Violent Behavior*. 3: 61-110.
Ellis, Lee and Steven Bonin. 2002. "Social Status and the Second Sex Ratio: New Evidence on a Lingering Controversy." *Social Biology*. 49: 35-43.
Emlen, Stephen T. 1995. "Can Avian Biology Be Useful to the Social Sciences?" *Journal of Avian Biology*. 26: 273-276.
England, Paula. 1992. *Comparable Worth: Theories and Evidence*. New York: Aldine.
Etcoff, Nancy. 1999. *Survival of the Prettiest: The Science of Beauty*. New York: Doubleday. [ナンシー・エトコフ著『なぜ美人ばかりが得をするのか』(草思社)]
Evans-Pritchard, E. E. 1956. *Nuer Religion*. New York: Oxford University Press. [E・E・エヴァンズ＝プリチャード著『ヌアー族の宗教』(平凡社)]
Feinman, Saul and George W. Gill. 1978. "Sex Differences in Physical Attractiveness Preferences." *Journal of Social Psychology*. 105: 43-52.
Fischer, Claude S. and Stacy J. Oliker. 1983. "A Research Note on Friendship, Gender, and the Life Cycle." *Social Forces*. 62: 124-33.
Franke, Katherine M. 1995. "The Central Mistake of Sex Discrimination Law: The Disaggregation of Sex from Gender." *University of Pennsylvania Law Review*. 144: 1-99.
Freeman, Derek. 1983. *Margaret Mead and Samoa: The Making and Unmaking of an Anthropological Myth*. New York: Penguin. [デレク・フリーマン著『マーガレット・ミードとサモア』(みすず書房)]
Freeman, Derek. 1999. *The Fateful Hoaxing of Margaret Mead: A Historical Analy-

ality and Other Correlates of Dietary Restraint: An Age by Sex Comparison." *Personality and Individual Differences*. 14: 297-305.

Dawkins, Richard. 1976. *The Selfish Gene*. Oxford: Oxford University Press. [リチャード・ドーキンス著『利己的な遺伝子』(紀伊國屋書店)]

Dawkins, Richard. 1986. "Wealth, Polygyny, and Reproductive Success." *Behavioral and Brain Sciences*. 9: 190-1.

de Vaus, David A. 1984. "Workforce Participation and Sex Differences in Church Attendance." *Review of Religious Research*. 25: 247-58.

de Vaus, David A. and Ian McAllister. 1987. "Gender Differences in Religion: A Test of the Structural Location Theory." *American Sociological Review*. 52: 472-81.

de Waal, Frans B. M. 1982. *Chimpanzee Politics: Power and Sex among Apes*. London: Jonathan Cape. [フランス・ドゥ・ヴァール著『政治をするサル――チンパンジーの権力と性』(平凡社)]

DeSteno, David, Monica Y. Bartlett, Julia Braverman, and Peter Salovey. 2002. "Sex Differences in Jealousy: Evolutionary Mechanism or Artifact of Measurement?" *Journal of Personality and Social Psychology*. 83: 1103-16.

Draper, Patricia and Henry Harpending. 1982. "Father Absence and Reproductive Strategy: An Evolutionary Perspective." *Journal of Anthropological Research*. 38: 255-73.

Draper, Patricia and Henry Harpending. 1988. "A Sociobiological Perspective on the Development of Human Reproductive Strategies." pp.340-72 in *Sociobiological Perspectives on Human Development*, edited by Kevin B. MacDonald. New York: Springer-Verlag.

Dugatkin, Lee A. 1998. "Genes, Copying, and Female Mate Choice: Shifting Thresholds." *Behavioral Ecology*. 9: 323-7.

Dugatkin, Lee Alan. 2000. *The Imitation Factor: Evolution Beyond the Gene*. New York: Free Press.

Dunbar, R. I. M., N. D. C. Duncan, and Anna Marriott. 1997. "Human Conversational Behavior." *Human Nature*. 8: 231-46.

Durkheim, Emile. 1965 (1915). *The Elementary Forms of the Religious Life*. New York: Free Press. [エミル・デュルケム著『宗教生活の原初形態』(岩波書店)]

Eitzen, D. Stanley. 1985. *In Conflict and Order: Understanding Society*, Third Edition. Boston: Allyn and Bacon.

Eitzen, D. Stanley. 1988. *In Conflict and Order: Understanding Society*, Fourth Edition. Boston: Allyn and Bacon.

Eitzen, D. Stanley and Maxine Baca Zinn. 1991. *In Conflict and Order: Understanding Society*, Fifth Edition. Boston: Allyn and Bacon.

Ellis, Bruce J. 2002. "Of Fathers and Pheromones: Implications of Cohabitation for Daughters' Pubertal Timing." pp.161-72 in *Just Living Together: Implications of Cohabitation on Families, Children, and Social Policy*, edited by Alan Booth and Ann C. Crouter. Mahwah: Lawrence Erlbaum.

man Nature. 2: 387-417.
Cross, John F. and Jane Cross. 1971. "Age, Sex, Race, and the Perception of Facial Beauty." *Developmental Psychology*. 5: 433-439.
Cunningham, Michael R., Perri B. Druen, and Anita P. Barbee. 1997. "Angels, Mentors, and Friends: Trade-Offs among Evolutionary, Social, and Individual Variables in Physical Appearance." pp.109-40 in *Evolutionary Social Psychology*, edited by Jeffry A. Simpson and Douglas T. Kenrick. Mahwah: Lawrence Erlbaum.
Cunningham, Michael R., Alan R. Roberts, Anita P. Barbee, Perri B. Druen, and Cheng-Huan Wu. 1995. "Their Ideas of Beauty Are, on the Whole, the Same as Ours": Consistency and Variability in the Cross-Cultural Perception of Female Physical Attractiveness." *Journal of Personality and Social Psychology*. 68: 261-79.
Daly, Martin and Margo I. Wilson. 1982. "Whom Are Newborn Babies Said to Resemble?" *Ethology and Sociobiology*. 3: 69-78.
Daly, Martin and Margo Wilson. 1985. "Child Abuse and Other Risks of Not Living with Both Parents." *Ethology and Sociobiology*. 6: 197-210.
Daly, Martin and Margo Wilson. 1988. *Homicide*. New York: De Gruyter. [マーティン・デイリー、マーゴ・ウィルソン著『人が人を殺すとき —— 進化でその謎をとく』(新思索社)]
Daly, Martin and Margo Wilson. 1990. "Killing the Competition: Female/Female and Male/Male Homicide." *Human Nature*. 1: 81-107.
Daly, Martin and Margo Wilson. 1995. "Discriminative Parental Solicitude and the Relevance of Evolutionary Models to the Analysis of Motivational Systems." pp.1269-86 in *The Cognitive Neurosciences*, edited by Michael S. Gazzaniga. Cambridge: MIT Press.
Daly, Martin and Margo Wilson. 1996. "Homicidal Tendencies." *Demos*. 10: 39-45.
Daly, Martin and Margo Wilson. 1999. *The Truth about Cinderella: A Darwinian View of Parental Love*. New Haven: Yale University Press. [マーティン・デイリー、マーゴ・ウィルソン著『シンデレラがいじめられるほうんとうの理由』(新潮社)]
Daly, Martin, Margo Wilson, and Suzanne J. Weghorst. 1982. "Male Sexual Jealousy." *Ethology and Sociobiology*. 3: 11-27.
Darwin, Charles. 1859. *On the Origin of Species by Means of Natural Selection*. London: John Murray. [チャールズ・ダーウィン著『種の起源』(岩波書店)]
Darwin, Charles. 1871. *The Descent of Man, and Selection in Relation to Sex*. London: John Murray. [チャールズ・ダーウィン著『人間の進化と性淘汰』(文一総合出版)]
Davies, N. B. 1989. "Sexual Conflict and the Polygamy Threshold." *Animal Behaviour*. 38: 226-34.
Davis, Bernard. 1978. "Moralistic Fallacy." *Nature*. 272: 390.
Davis, Caroline, Colin M. Shapiro, Stuart Elliott, and Michelle Dionne. 1993. "Person-

hart, and Winston.
Chagnon, Napoleon A. 1997. *Yanomamö*, Fifth Edition. Fort Worth: Harcourt Brace.
Chisholm, James S. and Victoria K. Burbank. 1991. "Monogamy and Polygyny in Southeast Arnhem Land: Male Coercion and Female Choice." *Ethology and Sociobiology*. 12: 291-313.
Chomsky, Noam. 1957. *Syntactic Structures*. The Hague: Mouton. [ノーム・チョムスキー著『文法の構造』(研究者出版)]
Christenfeld, Nicholas J. S. and Emily A. Hill. 1995. "Whose Baby Are You?" *Nature*. 378: 669.
Clarke, Russell D. and Elaine Hatfield. 1989. "Gender Differences in Receptivity to Sexual Offers." *Journal of Psychology and Human Sexuality*. 2: 39-55.
Clutton-Brock, T. H. and A. C. J. Vincent. 1991. "Sexual Selection and the Potential Reproductive Rates of Males and Females." *Nature*. 351: 58-60.
Coleman, James S. 1988. "Freeriders and Zealots: The Role of Social Networks." *Sociological Theory*. 6: 52-57.
Connellan, Jennifer, Simon Baron-Cohen, Sally Wheelwright, Anna Batki, and Jag Ahluwalia. 2000. "Sex Differences in Human Neonatal Social Perception." *Infant Behavior and Development*. 23: 113-8.
Coogan, Tim Pat. 1995. *The I.R.A.*, Fourth Edition. London: HarperCollins.
Cornwall, Marie. 1988. "The Influence of Three Agents of Religious Socialization." pp.207-31 in *The Religion and Family Connection*, edited by Darwin Thomas. Provo: Brigham Young University Religious Studies Center.
Cornwell, R. Elisabeth, Kristi M. Hetterscheidt, Craig T. Palmer, and Hasker P. Davis. 2001. The Status of Sociobiology/Evolutionary Psychology in Sociology. Paper presented at the Annual Meeting of the Human Evolution and Behavior Society, London, June 13-17.
Cornwell, R. Elisabeth, Craig T. Palmer, and Hasker P. Davis. 2000. Sociobiology and Evolutionary Psychology: A 25-Year Retrospective on Change and Treatment in Psychology. Paper presented at the Annual Meetings of the Human Evolution and Behavior Society, Amherst, June 7-11.
Crawford, Charles B. 1993. "The Future of Sociobiology: Counting Babies or Proximate Mechanisms." *Trends in Ecology and Evolution*. 8: 183-6.
Crawford, Charles B., Brenda E. Salter, and Kerry L. Jang. 1989. "Human Grief: Is Its Intensity Related to the Reproductive Value of the Deceased?" *Ethology and Sociobiology*. 10: 297-307.
Cronin, Helena. 1991. *The Ant and the Peacock: Altruism and Sexual Selection from Darwin to Today*. Cambridge: Cambridge University Press. [ヘレナ・クローニン著『性選択と利他行動』──クジャクとアリの進化論』(工作舎)]
Cronk, Lee. 1989. "Low Socioeconomic Status and Female-Based Parental Investment: The Mukogodo Example." *American Anthropologist*. 91: 414-29.
Cronk, Lee. 1991. "Preferential Parental Investment in Daughters Over Sons." *Hu-*

ton: Allyn and Bacon.
Buss, David M. 2000. *The Dangerous Passion: Why Jealousy is as Necessary as Love and Sex*. New York: Free Press.［デヴィッド・M・バス著『一度なら許してしまう女 一度でも許せない男――嫉妬と性行動の進化論』（PHP研究所）］
Buss, David M., Randy J. Larsen, and Drew Westen. 1992. "Sex Differences in Jealousy: Evolution, Physiology, and Psychology." *Psychological Science*. 3: 251-5.
Buss, David M. and David P. Schmitt. 1993. "Sexual Strategies Theory: An Evolutionary Perspective on Human Mating." *Psychological Review*. 100: 204-32.
Buss, David M. and Todd K. Shackelford. 1997. "From Vigilance to Violence: Mate Retention Tactics in Married Couples." Journal of Personality and Social Psychology. 72: 346-61.
Buss, David M., Todd K. Shackelford, Lee A. Kirkpatrick, Jae C. Choe, Mariko Hasegawa, Toshikazu Hasegawa, and Kevin Bennett. 1999. "Jealousy and the Nature of Beliefs about Infidelity: Tests of Competing Hypotheses about Sex Differences in the United States, Korea, and Japan." *Personal Relationships*. 6: 125-50.
Buunk, Bram and Ralph B. Hupka. 1987. "Cross-Cultural Differences in the Elicitation of Sexual Jealousy." *Journal of Sex Research*. 23: 12-22.
Calden, George, Richard M. Lundy, and Richard J. Schlafer. 1959. "Sex Differences in Body Concepts." *Journal of Consulting Psychology*. 23: 378.
Campbell, Anne. 1995. "A Few Good Men: Evolutionary Psychology and Female Adolescent Aggression." *Ethology and Sociobiology*. 16: 99-123.
Campbell, Anne. 1999. "Staying Alive: Evolution, Culture, and Women's Intrasexual Aggression." *Behavior and Brain Sciences*. 22:203-52.
Campbell, Anne. 2002. *A Mind of Her Own: The Evolutionary Psychology of Women*. Oxford: Oxford University Press.
Campbell, Karen E. 1988. "Gender Differences in Job-Related Networks." *Work and Occupations*. 15: 179-200.
Camperio-Ciani, Andrea, Francesca Corna, and Claudio Capiluppi. 2004. "Evidence for Maternally Inherited Factors Favouring Male Homosexuality and Promoting Female Fecundity." *Proceedings of the Royal Society of London, Series B*. 271: 2217-21.
Carroll, Joseph. 1999. "The Deep Structure of Literary Representations." *Evolution and Human Behavior*. 20: 159-73.
Cartwright, John. 2000. *Evolution and Human Behavior: Darwinian Perspectives on Human Nature*. Cambridge: MIT Press.［ジョン・H・カートライト著『進化心理学入門』（新曜社）］
Cerda-Flores, Ricardo M., Sara A. Barton, Luisa F. Marty-Gonzalez, Fernando Rivas, and Ranajit Chakraborty. 1999. "Estimation of Nonpaternity in the Mexican Population of Nuevo Leon: A Validation Study with Blood Group Markers." *American Journal of Physical Anthropology*. 109: 281-93.
Chagnon, Napoleon A. 1968. *Yanomamö: The Fierce People*. New York: Holt, Rine-

Bouchard, Jr., Thomas J., Matt McGue, David Lykken, and Auke Tellegen. 1999. "Intrinsic and Extrinsic Religiousness: Genetic and Environmental Influences and Personality Correlates." *Twin Research*. 2: 88-98.

Bowlby, John. 1969. *Attachment and Loss*. Volume 1: Attachment. New York: Basic. [ジョン・ボウルビィ著『母子関係の理論（1）愛着行動』（岩崎学術出版社）]

Boyer, Pascal. 2001. *Religion Explained: The Evolutionary Origins of Religious Thought*. New York: Basic. [パスカル・ボイヤー著『神はなぜいるのか？』（NTT出版）]

Bravo, Ellen and Ellen Cassedy. 1992. *The 9 to 5 Guide to Combating Sexual Harassment*. New York: Wiley.

Brédart, Serge and Robert M. French. 1999. "Do Babies Resemble Their Fathers More Than Their Mothers? A Failure to Replicate Christenfeld and Hill (1995)." *Evolution and Human Behavior*. 20: 129-35.

Bressan, Paola and Massimo Grassi. 2004. "Parental Resemblance in 1-Year-Olds and the Gaussian Curve." *Evolution and Human Behavior*. 25: 133-41.

Brown, Donald E. 1991. *Human Universals*. New York: McGraw-Hill. [ドナルド・E・ブラウン著『ヒューマン・ユニヴァーサルズ——文化相対主義から普遍性の認識へ』（新曜社）]

Browne, Kingsley R. 1995. "Sex and Temperament in Modern Society: A Darwinian View of the Glass Ceiling and the Gender Gap." *Arizona Law Review*. 37: 971-1106.

Browne, Kingsley R. 1997. "An Evolutionary Perspective on Sexual Harassment: Seeking Roots in Biology Rather Than Ideology." *Journal of Contemporary Legal Issues*. 8: 5-77.

Browne, Kingsley. 1998. *Divided Labours: An Evolutionary View of Women at Work*. London: Weidenfeld and Nicolson. [キングズレー・ブラウン著『女より男の給料が高いわけ 進化論の現在』（新潮社）]

Browne, Kingsley R. 2002. *Biology at Work: Rethinking Sexual Equality*. New Brunswick: Rutgers University Press.

Browne, Kingsley R. 2006. "Sex, Power, and Dominance: The Evolutionary Psychology of Sexual Harassment." *Managerial and Decision Economics*. 27: 145-58.

Buss, David M. 1988. "From Vigilance to Violence: Tactics of Mate Retention." *Ethology and Sociobiology*. 9: 291-317.

Buss, David M. 1989. "Sex Differences in Human Mate Preferences: Evolutionary Hypotheses Tested in 37 Cultures." *Behavioral and Brain Sciences*. 12: 1-49.

Buss, David M. 1994. *The Evolution of Desire: Strategies of Human Mating*. New York: Basic. [デヴィッド・M・バス著『女と男のだましあい——ヒトの性行動の進化』（草思社）]

Buss, David M. 1995. "Evolutionary Psychology: A New Paradigm for Psychological Science." *Psychological Inquiry*. 6:1-30.

Buss, David M. 1999. *Evolutionary Psychology: The New Science of the Mind*. Bos-

rent Anthropology. 30: 654-76.
Betzig, Laura. 1992. "Roman Polygyny." *Ethology and Sociobiology*. 13: 309-49.
Betzig, Laura. 1993. "Sex, Succession, and Stratification in the First Six Civilizations: How Powerful Men Reproduced, Passed Power on to Their Sons, and Used Power to Defend Their Wealth, Women, and Children." pp.37-74 in *Social Stratification and Socioeconomic Inequality*. Volume 1: A Comparative Biosocial Analysis, edited by Lee Ellis. Westport: Praeger.
Betzig, Laura. 1995. "Medieval Monogamy." *Journal of Family History*. 20:181-216.
Betzig, Laura. 1997a. "People Are Animals." pp.1-17 in *Human Nature: A Critical Reader*, edited by Laura Betzig. New York: Oxford University Press.
Betzig, Laura. (Editor.) 1997b. *Human Nature: A Critical Reader*. New York: Oxford University Press.
Betzig, Laura. 2002. "British Polygyny." pp.30-97 in *Human Biology and History*, edited by Malcolm Smith. London: Taylor and Francis.
Betzig, Laura and Samantha Weber. 1995. "Presidents Preferred Sons." *Politics and the Life Sciences*. 14: 61-4.
Birkhead, T. R. and Anders Pape Møller. (Editors.) 1991. *Sperm Competition in Birds: Evolutionary Causes and Consequences*. London: Academic Press.
Biro, Frank M., Robert P. McMahon, Ruth Striegel-Moore, Patricia B. Crawford, Eva Obarzanek, John A. Morrison, Bruce A. Barton, and Frank Falkner. 2001. "Impact of Timing of Pubertal Maturation on Growth in Black and White Female Adolescents: The National Heart, Lung, and Blood Institute Growth and Health Study." *Journal of Pediatrics*. 138: 636-43.
Blau, Francine D. and Lawrence M. Kahn. 1992. "The Gender Earnings Gap: Learning from International Comparisons." *American Economic Review*. 82 (May): 533-8.
Blau, Francine D. and Lawrence M. Kahn. 2000. "Gender Differences in Pay." *Journal of Economic Perspectives*. 14 (4): 75-99.
Bloch, Konrad. 1994. *Blondes in Venetian Paintings, the Nine-Banded Armadillo, and Other Essays in Biochemistry*. New Haven: Yale University Press.
Blum, Deborah. 1997. *Sex on the Brain: The Biological Differences Between Men and Women*. New York: Penguin. ［デボラ・ブラム著『脳に組み込まれたセックス――なぜ男と女なのか』（白揚社）］
Blumstein, Alfred. 1995. "Youth Violence, Guns, and the Illicit-Drug Industry." *Journal of Criminal Law and Criminology*. 86: 10-36.
Blumstein, Philip, and Pepper Schwartz. 1983. *American Couples: Money, Work, Sex*. Pocket Books. ［フィリップ・ブルームスティーン、ペッパー・シュワルツ著『アメリカン・カップル』（白水社）］
Borgerhoff Mulder, Monique. 1990. "Kipsigis Women's Preference for Wealthy Men: Evidence for Female Choice in Mammals." *Behavioral Ecology and Sociobiology*. 27:255-64.

Barash, David P. and Judith Eve Lipton. 2001. *The Myth of Monogamy: Fidelity and infidelity in Animals and People*. New York: W. H. Freeman. ［デイヴィッド・バラシュ、ジュディス・リプトン著『不倫のDNA――ヒトはなぜ浮気をするのか』（青土社）］

Barkow, Jerome H.(Editor.) 2006. *Missing the Revolution: Darwinism for Social Scientists*. Oxford: Oxford University Press.

Barkow, Jerome H., Leda Cosmides, and John Tooby.(Editors.) 1992. *The Adapted Mind: Evolutionary Psychology and the Generation of Culture*. New York: Oxford University Press.

Baron-Cohen, Simon. 1999. "The Extreme Male Brain Theory of Autism." pp.401-29 in *Neurodevelopmental Disorders*, edited by Helen Tager-Flusberg. Cambridge: MIT Press.

Baron-Cohen, Simon. 2002. "The Extreme Male Brain Theory of Autism." *Trends in Cognitive Science*. 6: 248-54.

Baron-Cohen, Simon. 2003. *The Essential Difference*. London: Penguin. ［サイモン・バロン＝コーエン著『共感する女脳、システム化する男脳』（NHK出版）］

Baron-Cohen, Simon, Patrick Bolton, Sally Wheelwright, Victoria Scahill, Liz Short, Genevieve Mead, and Alex Smith. 1998. "Autism Occurs More Often in Families of Physicists, Engineers, and Mathematicians." *Autism*. 2: 296-301.

Baron-Cohen, Simon and Jessica Hammer. 1997. "Is Autism an Extreme Form of the Male Brain?" *Advances in Infancy Research*. 11: 193-217.

Baron-Cohen, Simon, Svetlana Lutchmaya, and Rebecca Knickmeyer. 2004. *Prenatal Testosterone in Mind: Amniotic Fluid Studies*. Cambridge: MIT Press.

Baron-Cohen, Simon, Sally Wheelwright, Carol Stott, Patrick Bolton, and Ian Goodyer. 1997. "Is There a Link Between Engineering and Autism?" *Autism*. 1:101-9.

Bellis, Mark A. and Robin Baker. 1990. "Do Females Promote Sperm Competition? Data for Humans." *Animal Behaviour*. 40: 997-9.

Bellis, Mark A., Karen Hughes, Sara Hughes, and John R. Ashton. 2005. "Measuring Paternal Discrepancy and Its Public Health Consequences." *Journal of Epidemiology and Community Health*. 59: 749-54.

Bernstein, Ira H., Tsai-Ding Lin, and Pamela McClellan. 1982. "Cross- vs. Within-Racial Judgments of Attractiveness." *Perception and Psychophysics*. 32: 495-503.

Berrebi, Claude. 2003. "Evidence about the Link Between Education, Poverty and Terrorism among Palestinians." Princeton University Industrial Relations Sections Working Paper #477.

Betzig, Laura. 1982. "Despotism and Differential Reproduction: A Cross-Cultural Correlation of Conflict Asymmetry, Hierarchy, and Degree of Polygyny." *Ethology and Sociobiology*. 3: 209-21.

Betzig, Laura L. 1986. *Despotism and Differential Reproduction: A Darwinian View of History*. New York: Aldine.

Betzig, Laura. 1989. "Causes of Conjugal Dissolution: A Cross-Cultural Study." *Cur-*

参考文献

Abbey, Antonia. 1982. "Sex Differences in Attributions for Friendly Behavior: Do Males Misperceive Females' Friendliness?" *Journal of Personality and Social Psychology*. 42: 830-8.

Abdollahi, Panteha and Traci Mann. 2001. "Eating Disorder Symptoms and Body Image Concern in Iran: Comparisons Between Iranian Women in Iran and in America." *International Journal of Eating Disorders*. 30: 259-68.

Al-Eisa, Einas, David Egan, and Richard Wassersub. 2004. "Fluctuating Asymmetry and Low Back Pain." *Evolution and Human Behavior*. 25: 31-7.

Alexander, Gerianne M. and Melissa Hines. 2002. "Sex Differences in Response to Children's Toys in Nonhuman Primates(*Cercopithecus aethiops sabaeus*)." *Evolution and Human Behavior*. 23: 467-79.

Alexander, Richard D., John L. Hoogland, Richard D. Howard, Katharine M. Noonan, and Paul W. Sherman. 1979. "Sexual Dimorphisms and Breeding Systems in Pinnipeds, Ungulates, Primates and Humans." pp.402-35 in *Evolutionary Biology and Human Social Behavior: An Anthropological Perspective*, edited by Napoleon A. Chagnon and William Irons. North Scituate: Duxbury Press.

Allport, Gordon W., 1950. *The Individual and His Religion*. New York: Macmillan.

Alper, Matthew. 2001. *The "God" Part of the Brain: A Scientific Interpretation of Human Spirituality and God*. New York: Rogue Press.

Atran, Scott. 2002. *In Gods We Trust: The Evolutionary Landscape of Religion*. Oxford: Oxford University Press.

Atran, Scott. 2003. "Genesis of Suicide Terrorism." *Science*. 299: 1534-39.

Avner, Judith I. 1994. "Sexual Harassment: Building a Consensus for Change." *Kansas Journal of Law and Public Policy*. 3: 57-76.

Azzi, Corry and Ronald Ehrenberg. 1975. "Household Allocation of Time and Church Attendance." *Journal of Political Economy*. 83: 27-56.

Bailey, J. Michael, Katherine M. Kirk, Gu Zhu, Michael P. Dunne, and Nicholas G. Martin. 2000. "Do Individual Differences in Sociosexuality Represent Genetic or Environmentally Contingent Strategies? Evidence from the Australian Twin Registry." *Journal of Personality and Social Psychology*. 78: 537-45.

Bailit, H. L., P. L. Workman, J. D. Niswander, and J. C. Maclean. 1970. "Dental Asymmetry as an Indicator of Genetic and Environmental Conditions in Human Populations." *Human Biology*. 42: 626-38.

Baker, R. Robin and Mark A. Bellis. 1995. *Human Sperm Competition: Copulation, Masturbation and Infidelity*. London: Chapman and Hall.

Barash, David P. 1982. *Sociobiology and Behavior*, Second Edition. New York: Elsevier.

■著者紹介

アラン・S・ミラー（Alan S. Miller）

2003年1月、多くの人々に惜しまれつつ、44歳の若さで亡くなるまで、北海道大学大学院文学研究科（行動システム科学講座）の教授を務めた。ワシントン大学社会学部の盟員准教授でもあった。カリフォルニア大学ロサンゼルス校を卒業後、ワシントン大学で博士号を取得。ノースカロライナ大学シャーロット校、フロリダ州立大学で教壇に立った。最後の勤務先となった旧帝大系の名門国立大学である北海道大学では、外国人として初めて終身教授の地位を与えられた。北大の行動システム科学講座は、日本の進化心理学研究のメッカに数えられる。

犯罪、反社会的行動、宗教、比較文化、社会心理などのテーマで、権威ある学術誌に25を越える論文を発表。カナザワとの共著に、現代日本の社会秩序の特質とその起源を探った著書『Order By Accident: The Origins And Consequences Of Group Conformity In Contemporary Japan』がある。

サトシ・カナザワ（Satoshi Kanazawa）

ロンドン・スクール・オブ・エコノミクス・アンド・ポリティカルサイエンス経営学准教授。ユニバーシティ・カレッジ・ロンドンおよびロンドン大学バークベック・カレッジ心理学部名誉研究フェロー。ワシントン大学で修士号、アリゾナ大学で博士号を取得（いずれも社会学）。社会学に進化心理学の視点を持ち込んだ初の社会学者となる。社会学のすべての主要分野（社会学、心理学、政治学、経済学、人類学）、および生物学の権威ある学術誌で、進化心理学の論文を発表。70を越える論文・文献の一部の章を執筆している。現在、学術誌『Evolutionary Psychology』『Journal of Social, Evolutionary, and Cultural Psychology』および『Managerial and Decision Economics』の編集委員を務めている。ニューヨーク・タイムズ、タイムズ（ロンドン）、ワシントン・ポスト、ロサンゼルス・タイムズ、ボストン・グローブ、タイム、サイコロジー・トゥデー、タイムズ・ハイアー・エデュケーション・サプリメント、タイムズ・エデュケーション・サプリメント、オーストレイリアン、グローブ・アンド・メールなど、世界各国のメディアに広く研究を紹介されており、FOXニュース・ライブ、BBCワールド・サービス、BBCラジオ4、NPRの『オール・シングズ・コンシダード』などにも出演している。

■訳者紹介

伊藤和子（いとう・かずこ）

早稲田大学第一文学部卒業。創刊時よりニューズウィーク日本版の翻訳、編集、ナショナルジオグラフィック日本版の翻訳に携わる。おもな訳書に、『男の嘘』（阪急コミュニケーションズ）、『脳は眠らない　夢を生みだす脳のしくみ』（ランダムハウス講談社）、『翳りゆく楽園　外来種 vs. 在来種の攻防をたどる』（武田ランダムハウスジャパン）、『不合理　誰もがまぬがれない思考の罠100』（CCCメディアハウス・共訳）などがある。

本書は『女が男を厳しく選ぶ理由』（2007年８月、阪急コミュニケーションズ）を新装改訂したものです。

2019年２月３日 初版第１刷発行
2019年９月２日　　　第２刷発行
2020年５月２日　　　第３刷発行
2021年１月３日　　　第４刷発行
2022年１月２日　　　第５刷発行
2025年１月１日　　　第６刷発行

フェニックスシリーズ ⑧1

進化心理学《しんかしんりがく》から考《かんが》えるホモサピエンス
――一万年変化しない価値観

著　者　アラン・S・ミラー、サトシ・カナザワ
訳　者　伊藤和子
発行者　後藤康徳
発行所　パンローリング株式会社
〒160-0023　東京都新宿区西新宿7-9-18　6階
TEL 03-5386-7391　FAX 03-5386-7393
http://www.panrolling.com/
E-mail　info@panrolling.com
装　丁　パンローリング装丁室
印刷・製本　株式会社シナノ

ISBN978-4-7759-4205-5
落丁・乱丁本はお取り替えします。
また、本書の全部、または一部を複写・複製・転訳載、および磁気・光記録媒体に入力することなどは、著作権法上の例外を除き禁じられています。

© Itou Kazuko 2019　Printed in Japan

関連書

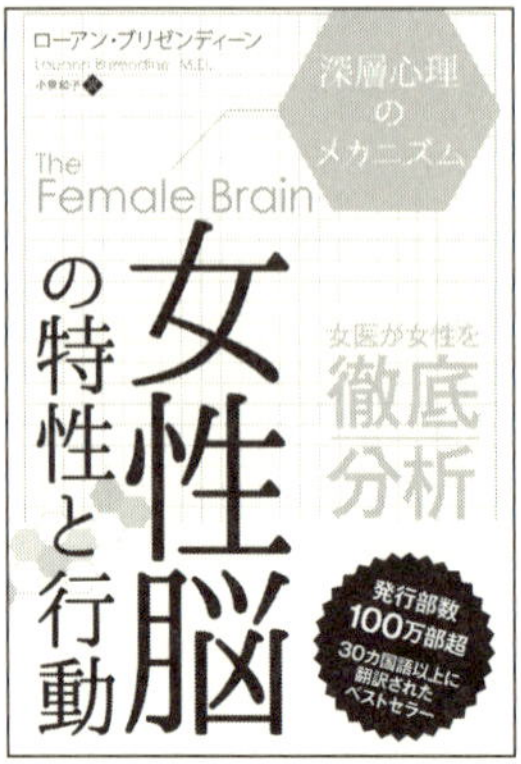

女性脳の特性と行動
――深層心理のメカニズム

ローアン・ブリゼンディーン【著】

定価 本体1,600円+税　ISBN:9784775941904

発行部数100万部超
30カ国語以上に翻訳されたベストセラー
女医が女性を徹底分析

女性と男性の違いは、老若男女を問わず悩みの種でした。その問題を解決すべく神経精神科医ローアン・ブリゼンディーン博士は女性の脳機能を研究し本書を執筆しました。過去の多くの研究が男性のみに焦点を当てていたため、女性に特化した本書は大変な注目を集めています。本書では生物学的に身体の変化が女性の一生にどのような影響を及ぼしているのかを《幼児期・思春期・恋愛期・セックス・育児期・閉経期とその後》に区分し検証をしています。女性脳で何が起こっているのかを理解すれば、永遠の悩みと思われていた問題を解決することができます。

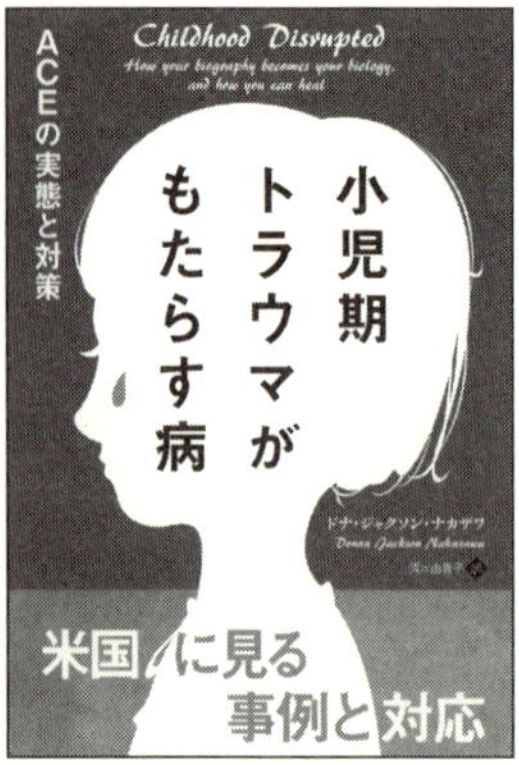

小児期トラウマがもたらす病
――ACEの実態と対策

ドナ・ジャクソン・ナカザワ【著】

定価 本体2,000円+税　ISBN:9784775941935

ACE＝逆境的小児期体験、理解に向けた1冊

最新の研究によれば、子どものころに繰り返し予測不能なストレス、喪失、困難に直面すると、大人になってからの健康状態が影響を受けるという。具体的には、自己免疫疾患、線維筋痛症、うつ病などの重篤な病気の一因になりうる。それだけでなく、他人との関わり、恋愛、子育てにおけるパターンも決まってしまうようだ。
本書では小児期の経験が大人になってどのように身体に影響するのかを、アメリカの複数の家庭の例を挙げながら解説していく。今後の日本でのACE研究と対策の道しるべになる1冊と言えるだろう。

関連書籍『小児期トラウマと闘うツール――進化・浸透するACE対策』ナディン・バーク・ハリス【著】